AF878772

DAS NIBELUNGEN LIED

DAS NIBELUNGEN LIED

ILLUSTRIERTE AUSGABE

PETERSBERG

INHALT

ERSTES ABENTEUER

WIE KRIEMHILDEN TRÄUMTE

Viel Wunderdinge melden | die Mären alter Zeit
Von preiswerten Helden | von großer Kühnheit,
Von Freud' und Festlichkeiten | von Weinen und von Klagen,
Von kühner Recken Streiten | mögt ihr nun Wunder hören sagen.

Es wuchs in Burgunden | solch edel Mägdelein,
Daß in allen Landen | nichts Schönres mochte sein.
Kriemhild war sie geheißen | und ward ein schönes Weib,
Um die viel Degen mußten | verlieren Leben und Leib.

Die Minnigliche lieben | brachte keinem Scham;
Um die viel Recken warben | niemand war ihr gram.
Schön war ohne Maßen | die edle Maid zu schaun;
Der Jungfrau höf'sche Sitte | wär' eine Zier allen Fraun.

Es pflegten sie drei Könige | edel und reich,
Gunther und Gernot | die Recken ohne Gleich,
Und Geiselher, der junge | ein auserwählter Degen;
Sie war ihre Schwester | die Fürsten hatten sie zu pflegen.

Die Herren waren milde | dazu von hohem Stamm,
Unmaßen kühn von Kräften | die Recken lobesam.
Nach den Burgunden | war ihr Land genannt;
Sie schufen starke Wunder | noch seitdem in Etzels Land.

Zu Worms am Rheine wohnten | die Herrn in ihrer Kraft.
Von ihren Landen diente | viel stolze Ritterschaft
Mit rühmlichen Ehren | all ihres Lebens Zeit,
Bis jämmerlich sie starben | durch zweier edeln Frauen Streit.

Ute hieß ihre Mutter | die reiche Königin,
Und Dankrat der Vater | der ihnen zum Gewinn
Das Erbe ließ im Tode | vordem ein starker Mann,
Der auch in seiner Jugend | großer Ehren viel gewann.

Die drei Kön'ge waren | wie ich kund getan,
Stark und hohen Mutes | ihnen waren untertan
Auch die besten Recken | davon man hat gesagt,
Von großer Kraft und Kühnheit | in allen Streiten unverzagt.

Das war von Tronje Hagen | und der Bruder sein,
Dankwart der schnelle | von Metz Herr Ortewein,
Die beiden Markgrafen | Gere und Eckewart,
Volker von Alzei | an allen Kräften wohlbewahrt;

Rumold der Küchenmeister | ein auserwählter Degen,
Sindold und Hunold | die Herren mußten pflegen
Des Hofes und der Ehren | den Kön'gen untertan.
Noch hatten sie viel Recken | die ich nicht alle nennen kann.

Dankwart war Marschall | so war der Neffe sein
Truchseß des Königs | von Metz Herr Ortewein.
Sindold war Schenke | ein weidlicher Degen,
Und Kämmerer Hunold | sie konnten hoher Ehren pflegen.

Von des Hofes Ehre | von ihrer weiten Kraft,
Von ihrer hohen Würdigkeit | und von der Ritterschaft,
Wie sie die Herren übten | mit Freuden all ihr Leben,
Davon weiß wahrlich niemand | euch volle Kunde zu geben.

Es träumte Kriemhilden | der ehrenreichen Maid,
Einen wilden Falken | zöge sie lange Zeit;
Den griffen ihr zwei Aare | daß sie es mochte sehn:
Ihr konnt' auf dieser Erde | größer Leid nicht geschehn.

Sie sagt' ihrer Mutter | den Traum, Frau Uten,
Die wußt' ihn nicht zu deuten | als so der guten:
„Der Falke, den du ziehest | das ist ein edler Mann:
Ihn wolle Gott behüten | sonst ist es bald um ihn getan."

„Was sagt ihr mir vom Manne | vielliebe Mutter mein?
Ohne Reckenminne | will ich immer sein;
So schön will ich verbleiben | bis an meinen Tod,
Daß ich von Mannes Minne | nie gewinnen möge Not."

„Verred' es nicht so völlig" | die Mutter sprach da so,
„Sollst du je auf Erden | von Herzen werden froh,
Das geschieht von Mannesminne | du wirst ein schönes Weib,
Will Gott dir noch vergönnen | eines guten Ritters Leib."

„Die Rede laßt bleiben" | sprach sie, „Herrin mein.
Es hat an manchen Weiben | gelehrt der Augenschein,
Wie Liebe mit Leide | am Ende gerne lohnt;
Ich will sie meiden beide | so bleib' ich sicher verschont."

Kriemhild in ihrem Mute | hielt sich von Minne frei.
So lief noch der guten | manch lieber Tag vorbei,
Daß sie niemand wußte | der ihr gefiel zum Mann,
Bis sie doch mit Ehren | einen kühnen Recken gewann.

Das war derselbe Falke | den jener Traum ihr bot,
Den ihr beschied die Mutter | Ob seinem frühen Tod
Den nächsten Anverwandten | wie gab sie blut'gen Lohn!
Durch dieses Einen Sterben | starb noch mancher Mutter Sohn.

ZWEITES ABENTEUER

VON SIEGFRIEDEN

Da wuchs im Niederlande | eines edeln Königs Kind,
Siegmund hieß sein Vater | die Mutter Siegelind,
In einer mächt'gen Feste | weithin wohlbekannt,
Unten am Rheine | Xanten war sie genannt.

Ich sag' euch von dem Degen | wie so schön er ward.
Er war vor allen Schanden | immer wohl bewahrt.
Stark und hohes Namens | ward bald der kühne Mann:
Hei! Was er großer Ehren | auf dieser Erde gewann!

Siegfried ward geheißen | der edle Degen gut.
Er erprobte viel der Reiche | in hochbeherztem Mut.
Seine Stärke führt' ihn | in manches fremde Land:
Hei! Was er schneller Degen | bei den Burgunden fand!

In seinen besten Zeiten | bei seinen jungen Tagen,
Mochte man viel Wunder | von Siegfrieden sagen,
Wie Ehr' an ihm erblühte | und wie schön er war zu schaun:
Bald dachten sein in Minne | viel der weidlichen Fraun.

Man erzog ihn mit dem Fleiße | wie ihm geziemend war;
Was ihm Zucht und Sitte | der eigne Sinn gebar!
Das ward noch eine Zierde | für seines Vaters Land,
Daß man zu allen Dingen | ihn so recht herrlich fand.

Er war nun so erwachsen | mit an den Hof zu gehn.
Die Leute sahn ihn gerne | viel Fraun und Mädchen schön
Wünschten wohl, er käme | dahin doch immerdar;
Hold waren ihm gar viele | des ward der Degen wohl gewahr.

Selten ohne Hüter | man reiten ließ das Kind.
Mit Kleidern hieß ihn zieren | seine Mutter Siegelind;
Auch pflegten sein die Weisen | denen Ehre war bekannt:
Drum mocht er wohl gewinnen | so die Leute wie das Land.

Nun war er in der Stärke | daß er wohl Waffen trug:
Wes er dazu bedurfte | des gab man ihm genug.
Schon sann er zu werben | um manches schöne Kind;
Die hätten wohl mit Ehren | den kühnen Siegfried geminnt.

Da ließ sein Vater Siegmund | kund tun seinem Lehn,
Mit lieben Freunden woll' er | ein Hofgelag' begehn.
Da brachte man die Märe | in andrer Kön'ge Land.
Den Heimischen und Gästen | gab er Ross' und Gewand.

Wen man finden mochte | aus der Verwandten Art,
Der Ritter werden sollte | die edeln Knappen zart
Lud man nach dem Lande | zu der Lustbarkeit,
Wo sie das Schwert empfingen | mit Siegfried zu gleicher Zeit.

Man mochte Wunder sagen | von dem Hofgelag.
Siegmund und Siegelind | gewannen an dem Tag
Viel Ehre durch die Gaben | die spendet' ihre Hand:
Drum sah man viel der Fremden | zu ihnen reiten in das Land.

Vierhundert Schwertdegen | sollten gekleidet sein
Mit Siegfried zusammen | Manch schönes Mägdelein
Sah man am Werk geschäftig | ihm waren alle hold.
Viel edle Steine legten | die Frauen da in das Gold,

Die sie mit Borten wollten | auf die Kleider nähn
Den jungen stolzen Recken | das mußte so ergehn.
Der Wirt ließ Sitze bauen | für manchen kühnen Mann
Zu der Sonnenwende | wo Siegfried Ritters Stand gewann.

Da ging zu einem Münster | mancher reiche Knecht
Und viel der edeln Ritter | Die Alten taten recht,
Daß sie den Jungen dienten | wie ihnen war geschehn.
Sie hatten Kurzweile | und freuten sich es zu sehn.

Als man da Gott zu Ehren | eine Messe sang,
Da hub sich von den Leuten | ein gewaltiger Drang,
Da sie zu Rittern wurden | dem Ritterbrauch gemäß
Mit also hohen Ehren | so leicht nicht wieder geschäh's.

Sie eilten, wo sie fanden | geschirrter Rosse viel.
Da ward in Siegmunds Hofe | so laut das Ritterspiel,
Daß man ertosen hörte | Pallas und Saal.
Die hochbeherzten Degen | begannen fröhlichen Schall.

Von Alten und von Jungen | mancher Stoß erklang,
Daß der Schäfte Brechen | in die Lüfte drang.
Die Splitter sah man fliegen | bis zum Saal hinan.
Von mancher Recken Händen | ward dies voll Eifers getan.

Der Wirt bat es zu lassen | Man zog die Rosse fort;
Wohl sah man auch zerbrochen | viel starke Schilde dort,
Viel der edeln Steine | auf das Gras gefällt
Von des lichten Schildes Spangen | die hatten Stöße zerschellt.

Da setzen sich die Gäste | wohin man ihnen riet,
Zu Tisch, wo von Ermüdung | viel edle Kost sie schied
Und Wein der allerbeste | des man die Fülle trug.
Den Heimischen und Fremden | bot man Ehren da genug.

So viel sie Kurzweile | gefunden all den Tag,
Das fahrende Gesinde | doch keiner Ruhe pflag:
Sie dienten um die Gabe | die man da reichlich fand;
Ihr Lob ward zur Zierde | König Siegmunds ganzem Land.

Da ließ der Fürst verleihen | Siegfried, den jungen Mann,
Das Land und die Burgen | wie sonst er selbst getan.
Seinen Schwertgenossen | gab er mit milder Hand:
So freute sie die Reise | die sie geführt in das Land.

2. ABENTEUER

Das Hofgelage währte | bis an den siebten Tag.
Sieglind, die reiche | der alten Sitte pflag,
Daß sie dem Sohn zuliebe | verteilte rotes Gold:
Sie konnt' es wohl verdienen | daß ihm die Leute waren hold.

Da war zuletzt kein armer | Fahrender mehr im Land.
Ihnen stoben Kleider | und Rosse von der Hand,
Als hätten sie zu leben | nicht mehr denn einen Tag.
Man sah nie Ingesinde | das so großer Milde pflag.

Mit preiswerten Ehren | zerging die Lustbarkeit.
Man hörte wohl die Reichen | sagen nach der Zeit,
Daß sie dem Jungen gerne | wären untertan;
Das begehrte nicht Siegfried | dieser weidliche Mann.

So lange sie noch lebten | Siegmund und Siegelind,
Wollte nicht Krone tragen | der beiden liebes Kind;
Doch wollt' er herrlich wenden | alle die Gewalt,
Die in den Landen fürchtete | der Degen, kühn und wohlgestalt.

DRITTES ABENTEUER

WIE SIEGFRIED NACH WORMS KAM

Den Herrn beschwerte selten | irgendein Herzeleid.
Er hörte Kunde sagen | wie eine schöne Maid
Bei den Burgunden wäre | nach Wünschen wohlgetan,
Von der er bald viel Freuden | und auch viel Leides gewann.

Von ihrer hohen Schöne | vernahm man weit und breit,
Und auch ihr Hochgemüte | ward zur selben Zeit
Bei den Jungfrauen | den Helden oft bekannt:
Das ladete der Gäste | viel in König Gunthers Land.

So viel um ihre Minne | man Werbende sah,
Kriemhild in ihrem Sinne | sprach dazu nicht Ja,
Daß sie einen wollte | zum geliebten Mann:
Er war ihr noch gar fremde | dem sie bald ward untertan.

Dann sann auf hohe Minne | Sieglindens Kind:
All der andern Werben | war wider ihn ein Wind.
Er mochte wohl verdienen | ein Weib so auserwählt:
Bald ward die edle Kriemhild | dem kühnen Siegfried vermählt.

Ihm rieten seine Freunde | und die in seinem Lehn,
Hab' er stete Minne | sich zum Ziel ersehn,
So soll' er werben, daß er sich | der Wahl nicht dürfe schämen.
Da sprach der edle Siegfried | „So will ich Kriemhilden nehmen,

3. ABENTEUER

Die schöne Königstochter | von Burgundenland,
Um ihre große Schöne | Das ist mir wohl bekannt,
Kein Kaiser sei so mächtig | hätt' er zu frein im Sinn,
Dem nicht zum Minnen ziemte | diese reiche Königin."

Solche Märe hörte | der König Siegmund.
Es sprachen seine Leute | also ward ihm kund
Seines Kindes Wille | Es war ihm höchlich leid,
Daß er werben wolle | um diese herrliche Maid.

Es erfuhr es auch die Königin | die edle Siegelind;
Die mußte große Sorge | tragen um ihr Kind,
Weil sie wohl Gunthern kannte | und die in seinem Heer:
Die Werbung dem Degen | zu verleiden fliß man sich sehr.

Da sprach der kühne Siegfried | „Viellieber Vater mein,
Ohn' edler Frauen Minne | wollt' ich immer sein,
Wenn ich nicht werben dürfte | nach Herzensliebe frei.
Was jemand reden möge | ich bleibe immer dabei."

„Ist dir nicht abzuraten" | der König sprach da so,
„So bin ich deines Willens | von ganzem Herzen froh
Und will dir's fügen helfen | so gut ich immer kann;
Doch hat der König Gunther | manchen hochfährt'gen Mann.

„Und wär' es anders niemand | als Hagen der Degen,
Der kann im Übermute | wohl der Hochfahrt pflegen,
So daß ich sehr befürchte | es mög' uns werden leid,
Wenn wir werben wollen | um diese herrliche Maid."

Wie mag uns das gefährden!" | hub da Siegfried an:
„Was ich mir im Guten | da nicht erbitten kann,
Mag ich schon sonst erwerben | mit meiner starken Hand;
Ich will von ihm erzwingen | so die Leute wie das Land."

„Leid ist mir deine Rede" | sprach König Siegmund;
„Denn würde diese Märe | dort am Rheine kund,
Du dürftest nimmer wagen | zu reiten in ihr Land.
Gunther und Gernot | die sind mir lange bekannt."

Mit Gewalt erwerben | kann niemand die Magd,“
Sprach der König Siegmund | „das ist mir wohl gesagt;
Willst du jedoch mit Recken | reiten in das Land,
Die Freunde, die wir haben | die werden eilends besandt.“

So ist mir nicht zumute,“ | fiel ihm Siegfried ein,
„Daß mir Recken sollten | folgen an den Rhein
Einer Heerfahrt willen | das wäre mir wohl leid,
Sollt’ ich damit erzwingen | diese herrliche Maid.

Ich mag sie schon erwerben | allein mit meiner Hand.
Ich will mit zwölf Gesellen | in König Gunthers Land;
Dazu sollt ihr mir helfen | Vater Siegmund.“
Da gab man seinen Degen | zu Kleidern grau und auch bunt.

Da vernahm auch diese Märe | seine Mutter Siegelind;
Sie begann zu trauern | um ihr liebes Kind:
Sie bangt’ es zu verlieren | durch die in Gunthers Heer.
Die edle Königstochter | darüber weinte sie sehr.

Siegfried der Degen | ging hin, wo er sie sah.
Wider seine Mutter | gütlich sprach er da:
„Frau, ihr sollt nicht weinen | um den Willen mein:
Wohl will ich ohne Sorgen | vor allen Weiganden sein.

Nun helft mir zu der Reise | nach Burgundenland,
Daß mich und meine Recken | ziere solch Gewand,
Wie so stolze Helden | mit Ehren mögen tragen:
Dafür will ich immer | den Dank von Herzen euch sagen.“

Ist dir nicht abzuraten“ | sprach Frau Siegelind,
„So helf ich dir zur Reise | mein einziges Kind,
Mit den besten Kleidern | die je ein Ritter trug,
Dir und deinen Gesellen | ihr sollt der haben genug.“

Da neigte sich ihr dankend | Siegfried, der junge Mann.
Er sprach : „Nicht mehr Gesellen | nehm’ ich zur Fahrt mir an
Als der Recken zwölfe | verseht die mit Gewand.
Ich möchte gern erfahren | wie’s um Kriemhild sei bewandt.“

Da saßen schöne Frauen | über Nacht und Tag,
Daß ihrer selten eine | der Muße eher pflag,
Bis sie gefertigt hatten | Siegfriedens Staat.
Er wollte seiner Reise | nun mit nichten haben Rat.

Sein Vater hieß ihn zieren | sein ritterlich Gewand,
Womit er räumen wollte | König Siegmunds Land,
Und ihre lichten Panzer | die wurden auch bereit,
Und ihre festen Helme | ihre Schilde schön und breit.

Nun sahen sie die Reise | zu den Burgunden nahn.
Und sie begann zu sorgen | beides, Weib und Mann,
Ob sie je wiederkommen | sollten in das Land.
Sie geboten aufzuräumen | ihre Waffen und ihr Gewand.

Schön waren ihre Rosse | ihr Reitzeug goldesrot;
Wenn wer sich höher deuchte | so was es ohne Not,
Als der Degen Siegfried | und die ihm untertan.
Nun hielt er um Urlaub | zu den Burgunden an.

Den gaben ihm mit Trauern | König und Königin.
Er tröstete sie beide | mit minniglichem Sinn
Und sprach: „Ihr sollt nicht weinen | um den Willen mein:
Immer ohne Sorgen | mögt ihr um mein Leben sein."

Es war leid den Recken | auch weinte manche Maid;
Sie ahnten wohl im Herzen | daß sie es nach der Zeit
Noch schwer entgelten müßten | durch lieber Freunde Tod.
Sie hatten Grund zu klagen | es tat ihnen wahrlich not.

Am siebenten Morgen | zu Worms an den Strand
Ritten schon die Kühnen | all ihr Gewand
War von rotem Golde | ihr Reitzeug wohlbestellt;
Ihnen gingen sanft die Rosse | die sich da Siegfried gesellt.

Neu waren ihre Schilde | licht dazu und breit,
Und schön ihre Helme | als mit dem Geleit
Siegfried der kühne | ritt in Gunthers Land.
Man ersah an Helden | nie mehr so herrlich Gewand.

Der Schwerter Enden gingen | nieder auf die Sporen;
Scharfe Speere führten | die Ritter auserkoren.
Von zweier Spannen Breite | war, welchen Siegfried trug;
Der hatt' an seinen Schneiden | grimmer Schärfe genug.

Goldfarbne Zäume | führten sie an der Hand;
Der Brustriem war von Seide | so kamen sie ins Land.
Da gafften sie die Leute | allenthalben an:
Gunthers Mannen liefen | sie zu empfangen heran.

Die hochbeherzten Recken | Ritter so wie Knecht,
Liefen den Herrn entgegen | so war es Fug und Recht,
Und begrüßten diese Gäste | in ihrer Herren Land;
Die Pferde nahm man ihnen | und die Schilde von der Hand.

Da wollten sie die Rosse | ziehn zu ihrer Rast;
Da sprach aber Siegfried | alsbald, der kühne Gast:
„Laßt uns noch stehn die Pferde | mir und meinem Geleit:
Wir reiten bald von hinnen | dazu bin ich ganz bereit.

„Wer von euch es wisse | der soll mir's nicht verschweigen:
Wo ich den König finde | das soll man mir zeigen,
Gunther den reichen | aus Burgundenland."
Da sagt' es ihm einer | dem es wohl war bekannt.

„Wollt ihr den König finden | das mag gar leicht geschehn:
In jenem weiten Saale | hab' ich ihn gesehn
Unter seinen Helden | da geht zu ihm hinan,
So mögt ihr bei ihm finden | manchen herrlichen Mann."

Nun waren auch dem König | die Mären schon gesagt,
Daß gekommen wären | Ritter unverzagt:
Sie führten lichte Panzer | und herrlich Gewand;
Sie erkenne niemand | in der Burgunden Land.

Den König nahm es wunder | woher gekommen sei'n
Die herrlichen Recken | im Kleid von lichtem Schein
Und mit so guten Schilden | so neu und so breit;
Daß ihm das niemand sagte | das war König Gunthern leid.

Zur Antwort gab dem König | von Metz Herr Ortewein,
Stark und kühnes Mutes | mocht' er wohl sein:
„Da wir sie nicht erkennen | so heißt jemand gehn
Nach meinem Oheim Hagen | dem sollt ihr sie lassen sehn.

Ihm sind wohl kund die Reiche | und alles fremde Land;
Erkennt er die Herren | das macht er uns bekannt."
Der König ließ ihn holen | und die in seinem Lehn.
Da sah man ihn herrlich | mit Recken hin zu Hofe gehn.

Warum nach ihm der König | frug Hagen da, geschickt?
„Es werden fremde Degen | in meinem Haus erblickt,
Die niemand mag erkennen | habt ihr sie je gesehn,
So sollt ihr mir, Freund Hagen | in aller Wahrheit Rede stehn."

„Das will ich", sprach Hagen. | Zum Fenster schritt er drauf,
Da ließ er nach den Gästen | den Augen freien Lauf.
Wohl gefiel ihm ihr Geräte | und all ihr Gewand;
Doch waren sie ihm fremde | in der Burgunden Land.

Er sprach: „Woher die Recken | auch kämen an den Rhein,
Es möchten selber Fürsten | oder Fürstenboten sein.
Schön sind ihre Rosse | und ihr Gewand ist gut;
Von wannen sie auch ritten | es sind Helden hochgemut."

Also sprach da Hagen | „Soviel ich mag verstehn,
Hab' ich gleich im Leben | Siegfrieden nie gesehn,
So will ich doch wohl glauben | wie es damit auch steht,
Daß er es sei, der Degen | der so herrlich dorten geht.

Er bringt neue Mären | her in dieses Land:
Die kühnen Nibelungen | schlug des Helden Hand,
Die reichen Königssöhne | Schilbung und Nibelung;
Er wirkte große Wunder | mit des starken Armes Schwung.

Als der Held alleine ritt | aller Hilfe bar,
Fand er an einem Berge | so hört' ich immerdar,
Bei König Niblungs Horte | manchen kühnen Mann;
Sie waren ihm gar fremde | bis er die Kunde hier gewann.

Der Hort König Nibelungs | ward hervorgetragen
Aus einem hohlen Berge | nun hört Wunder sagen,
Wie ihn teilen wollten | die Nibelung untertan.
Das sah der Degen Siegfried | den es zu wundern begann.

„So nah kam er ihnen | daß er die Helden sah
Und ihn die Degen wieder. | Der eine sagte da:
‚Hier kommt der starke Siegfried | der Held aus Niederland.'
Seltsame Abenteuer | er bei den Nibelungen fand.

Den Recken wohl empfingen | Schilbung und Nibelung.
Einhellig baten | die edeln Fürsten jung,
Daß ihnen teilen möchte | den Schatz der kühne Mann:
Das begehrten sie gar dringend | zu geloben es der Herr begann.

Er sah so viel Gesteines | wie wir hören sagen,
Hundert Leiterwagen | die möchten es nicht tragen,
Noch mehr des roten Goldes | von Nibelungenland:
Das alles sollte teilen | des kühnen Siegfriedes Hand.

Sie gaben ihm zum Lohne | König Niblungs Schwert:
Da wurden sie des Dienstes | gar übel gewährt,
Den ihnen leisten sollte | Siegfried der Degen gut.
Er konnt' es nicht vollbringen | sie hatten zornigen Mut.

Da hatten sie zu Freunden | kühne zwölf Mann,
Die starke Riesen waren | was konnt es sie verfahn?
Die erschlug im Zorne | Siegfriedens Hand,
Und siebenhundert Recken | zwang er vom Nibelungenland.

Mit dem guten Schwerte | geheißen Balmung.
Vom Schrecken überwältigt | war mancher Degen jung
Zumal vor dem Schwerte | und vor dem kühnen Mann:
Das Land mit den Burgen | machten sie ihm untertan.

Dazu die reichen Könige | die schlug er beide tot.
Er kam durch Albrichen | darauf in große Not:
Der wollte seine Herren | rächen allzuhand,
Eh' er die große Stärke | noch an Siegfrieden fand.

Mit Streit bestehen konnt' ihn | da nicht der starke Zwerg.
Wie die wilden Leuen | liefen sie an den Berg,
Wo er die Tarnkappe | Albrichen abgewann:
Da war des Hortes Meister | Siegfried der schreckliche Mann.

Die sich getraut zu fechten | die lagen all erschlagen.
Den Schatz ließ er wieder | nach dem Berge tragen,
Dem ihn entnommen hatten | die Niblung untertan.
Alberich der starke | das Amt des Kämmrers gewann.

Er mußt' ihm Eide schwören | er dien' ihm als sein Knecht,
Zu aller Art Diensten | ward er ihm gerecht."
So sprach von Tronje Hagen | „Das hat der Held getan;
Also große Kräfte | nie mehr ein Recke gewann.

Noch ein Abenteuer | ist mir von ihm bekannt:
Einen Linddrachen | schlug des Helden Hand;
Als er im Blut sich badete | ward hörnern seine Haut.
So versehrt ihn keine Waffe | das hat man oft an ihm geschaut.

Man soll ihn wohl empfangen | der beste Rat ist das,
Damit wir nicht verdienen | des schnellen Recken Haß.
Er ist so kühnen Sinnes | man seh' ihn freundlich an:
Er hat mit seinen Kräften | so manche Wunder getan."

Da sprach der Herr des Landes | „Nun sei er uns willkommen.
Er ist kühn und edel | das hab' ich wohl vernommen;
Des soll er auch genießen | im Burgundenland."
Da ging der König Gunther hin | wo er Siegfrieden fand.

Der Wirt und seine Recken | empfingen so den Mann,
Daß wenig an dem Gruße | gebrach, den er gewann;
Des neigte sich vor ihnen | der Degen ausersehn,
Daß ihm so ehrend Grüßen | von ihrer Seite war geschehn.

„Mich wundert diese Märe" | sprach der König zuhand,
„Von wannen, edler Siegfried | ihr kamt in dieses Land,
Oder was ihr wollet suchen | zu Worms an dem Rhein?"
Da sprach der Gast zum König | „Das soll euch unverhohlen sein.

Ich habe sagen hören | in meines Vaters Land,
An euerm Hofe wären | das hätt' ich gern erkannt,
Die allerkühnsten Recken | so hab' ich oft vernommen,
Die je gewann ein König | darum bin ich hierher gekommen.

So hör' ich auch euch selber | viel Mannheit zugestehn,
Man habe keinen König | noch je so kühn gesehn.
Das rühmen viel der Leute | in all diesem Land;
Nun kann ich's nicht verwinden | bis ich die Wahrheit befand.

„Ich bin auch ein Recke | und soll die Krone tragen:
Ich möcht' es gerne fügen | daß sie von mir sagen,
Daß ich mit Recht besäße | die Leute wie das Land.
Mein Haupt und meine Ehre | setz' ich dawider zu Pfand.

Wenn ihr denn so kühn seid | wie euch die Sage zeiht,
So frag' ich nicht, ist jemand | lieb oder leid:
Ich will von euch erzwingen | was euch angehört,
Das Land und die Burgen | unterwerf' ich meinem Schwert."

Der König war verwundert | und all sein Volk umher,
Als sie vernommen hatten | sein seltsam Begehr,
Daß er ihm zu nehmen | gedächte Leut' und Land.
Das hörten seine Degen | die wurden zornig zuhand.

Wie sollt' ich das verdienen" | sprach Gunther, der Degen;
„Wes mein Vater lange | mit Ehren durfte pflegen,
Daß wir das verlören | durch jemands Überkraft?
Das wäre schlecht bewiesen | daß wir auch pflegen Ritterschaft!"

„Ich will davon nicht lassen" | fiel ihm der Kühne drein;
„Von deinen Kräften möge | dein Land befriedet sein,
Ich will es nun verwalten | doch auch das Erbe mein,
Erwirbst du es durch Stärke | es soll dir untertänig sein.

Dein Erbe wie das meine | wir schlagen gleich sie an,
Und wer von uns den andern | überwinden kann,
Dem soll es alles dienen | die Leute wie das Land."
Dem widersprach da Hagen | und mit ihm Gernot zuhand.

So stehn uns nicht die Sinne“ | sprach da Gernot,
„Nach neuen Lands Gewinne | daß jemand sollte tot
Vor Heldeshänden liegen | reich ist unser Land,
Das uns mit Recht gehorsamt | zu niemand besser bewandt.“

In grimmigem Mute | standen da die Freunde sein.
Da war auch darunter | von Metz Herr Ortewein.
Der sprach: „Diese Sühne | ist mir von Herzen leid:
Euch ruft der starke Siegfried | ohn’ allen Grund in den Streit.

Wenn ihr und eure Brüder | ihm auch nicht steht zur Wehr,
Und ob er bei sich führte | ein ganzes Königsheer,
So wollt’ ich’s doch erstreiten | daß der starke Held
Also hohen Übermut | wohl mit Recht beiseite stellt.“

Darüber zürnte mächtig | der Held von Niederland:
„Nicht wider mich vermessen | darf sich deine Hand:
Ich bin ein reicher König | du bist in Königs Lehn;
Deiner zwölfe dürften | mich nicht im Streite bestehn.“

Nach Schwertern rief da heftig | von Metz Herr Ortewein:
Er durfte Hagens Schwestersohn | von Tronje wahrlich sein;
Daß er so lang geschwiegen | das war dem König leid.
Da sprach zum Frieden Gernot | ein Ritter kühn und allbereit.

„Laßt euer Zürnen bleiben“ | hub er zu Ortwein an,
„Uns hat der edle Siegfried | noch solches nicht getan;
Wir scheiden es in Güte | wohl noch, das rat’ ich sehr,
Und haben ihn zum Freunde | es geziemt uns wahrlich mehr.“

Da sprach der starke Hagen | „Uns ist billig leid
Und all euern Degen | daß er je zum Streit
Kam an den Rhein geritten | was ließ er das nicht sein?
So übel nie begegnet | wären ihm die Herren mein.“

Darauf erwidert’ Siegfried | der kraftvolle Held:
„Wenn euch, was ich gesprochen | Herr Hagen, mißfällt,
So will ich schauen lassen | wie noch die Hände mein
Gedenken so gewaltig | bei den Burgunden zu sein.“

Das hoff' ich noch zu wenden" | sprach wieder Gernot.
Allen seinen Degen | zu reden er verbot
In ihrem Übermute | was ihm wäre leid.
Da gedacht' auch Siegfried | an die viel herrliche Maid.

Wie geziemt' uns mit euch zu streiten?" | sprach wieder Gernot.
„Wieviel dabei der Helden | auch fielen in den Tod,
Wenig Ehre brächt' uns | so ungleicher Streit."
Die Antwort hielt da Siegfried | König Siegmunds Sohn, bereit:

„Warum zögert Hagen | und auch Ortewein,
Daß er nicht zum Streite | eilt mit den Freunden sein,
Deren er so manchen | bei den Burgunden hat?"
Sie blieben Antwort schuldig | das war Gernotens Rat.

Ihr sollt uns willkommen sein" | sprach Geiselher, das Kind,
„Samt euren Heergesellen | die mit euch gekommen sind:
Wir wollen gern euch dienen | ich und die Freunde mein."
Da hieß man den Gästen | schenken König Gunthers Wein.

Da sprach der Wirt des Landes | „Alles, was uns gehört,
Verlangt ihr es in Ehren | das sei euch unverwehrt;
Wir wollen mit euch teilen | unser Gut und Blut."
Da ward dem Degen Siegfried | ein wenig sanfter zumut.

Da ließ man ihnen wahren | all ihr Wehrgewand:
Man suchte Herbergen | die besten, die man fand:
Siegfriedens Knappen | schuf man gut Gemach.
Man sah den Fremdling gerne | in Burgundenland hernach.

Man bot ihm große Ehre | darauf in manchen Tagen,
Mehr zu tausend Malen | als ich euch könnte sagen;
Das hatte seine Kühnheit | verdient, das glaubt fürwahr:
Ihn sah wohl selten jemand | der ihm nicht gewogen war.

Blissen sich der Kurzweil | die Kön'ge und ihr Lehn,
So war er stets der Beste | was man auch ließ geschehn.
Es konnt' ihm niemand folgen | so groß war seine Kraft,
Ob sie den Stein warfen | oder schossen den Schaft.

Nach höf'scher Sitte ließen | sich auch vor den Fraun
Der Kurzweile pflegend | die kühnen Ritter schaun:
Da sah man stets den Helden | gern von Niederland;
Er hatt' auf hohe Minne | seine Sinne gewandt.

Was man beginnen wollte | er war dazu bereit;
Er trug in seinem Sinne | eine minnigliche Maid,
Und auch nur ihn die Schöne | die er noch nie gesehn,
Und die sich doch viel Gutes | von ihm schon heimlich versehn.

Wenn man auf dem Hofe | das Waffenspiel begann,
Ritter so wie Knappen | immer sah es an
Kriemhild aus den Fenstern | die Königstochter hehr;
Keiner andren Kurzweil | hinfort bedurfte sie mehr.

Und wüßt' er, daß ihn sähe | die er im Herzen trug,
Davon hätt' er Kurzweil | immerdar genug.
Ersähn sie seine Augen | ich glaube sicherlich,
Keine andre Freude | hier auf Erden wünscht' er sich.

Wenn er bei den Recken | auf dem Hofe stand,
Wie man noch Kurzweil | pflegt in allem Land,
Wie stand dann so minniglich | das Sieglindenkind,
Daß manche Frau ihm heimlich | war von Herzen hold gesinnt.

Er gedacht' auch manchmal | „Wie soll das geschehn,
Daß ich das edle Mägdlein | mit Augen möge sehn,
Die ich von Herzen minne | wie ich schon längst getan?
Die ist mir noch gar fremde | mit Trauern denk' ich daran."

So oft die reichen Könige | ritten in ihr Land.
So mußten auch die Recken | mit ihnen all zur Hand.
Auch Siegfried ritt mit ihnen | das war der Frauen leid;
Er litt von ihrer Minne | auch Beschwer zu mancher Zeit.

So wohnt' er bei den Herren | das ist alles wahr,
In König Gunthers Lande | völliglich ein Jahr,
Daß er die Minnigliche | in all der Zeit nicht sah,
Durch die ihm bald viel Liebes | und auch viel Leides geschah.

VIERTES ABENTEUER

WIE SIEGFRIED MIT DEN SACHSEN STRITT

Nun nahen fremde Mären | in König Gunthers Land,
Durch Boten aus der Ferne | ihnen zugesandt
Von unbekannten Recken | die ihnen trugen Haß:
Als sie die Rede hörten | gar sehr betrübte sie das.

Die will ich euch nennen | es war Lüdeger
Aus der Sachsen Lande | ein mächtiger König hehr;
Dazu vom Dänenlande | der König Lüdegast:
Die gewannen zu dem Kriege | gar manchen herrlichen Gast.

Ihre Boten kamen | in König Gunthers Land,
Die seine Widersacher | hatten hingesandt,
Da frug man um die Märe | die Unbekannten gleich
Und führte bald die Boten | zu Hofe vor dem König reich.

Schön grüßte sie der König | und sprach: „Seid willkommen!
Wer euch hierher gesendet | hab' ich noch nicht vernommen;
Das sollt ihr hören lassen“ | sprach der König gut.
Da bangten sie gewaltig | vor des grimmen Gunther Mut.

Wollt ihr uns, Herr, erlauben | daß wir euch Bericht
Von unsrer Märe sagen | wir hehlen sie euch nicht.
Wir nennen euch die Herren | die uns hierher gesandt:
Lüdegast und Lüdeger | die suchen heim euer Land.

Ihren Zorn habt ihr verdienet | wir vernahmen das
Gar wohl, die Herren tragen | euch beide großen Haß.
Sie wollen heerfahrten | gen Worms an den Rhein;
Ihnen helfen viel der Degen | laßt euch das zur Warnung sein.

Binnen zwölf Wochen | muß ihre Fahrt geschehn;
Habt ihr nun guter Freunde | so laßt es bald ersehn,
Die euch befrieden helfen | die Burgen und das Land:
Hier werden sie verhauen | manchen Helm und Schildesrand.

„Oder wollt ihr unterhandeln | so macht es offenbar;
So reitet euch so nahe | nicht gar manche Schar
Eurer starken Feinde | zu bitterm Herzeleid,
Davon verderben müssen | viel der Ritter kühn im Streit."

„Nun harrt eine Weile | (ich künd euch meinen Mut),
Bis ich mich recht bedachte" | sprach der König gut.
„Hab' ich noch Getreue | denen will ich's sagen:
Diese schwere Botschaft | muß ich meinen Freunden klagen."

Dem mächtigen Gunther | war es leid genug;
Den Botenspruch er heimlich | in seinem Herzen trug.
Er hieß berufen Hagen | und andr' in seinem Lehn
Und hieß auch gar geschwinde | zu Hof nach Gernoten gehn.

Da kamen ihm die Besten | so viel man deren fand.
Er sprach: „Die Feinde wollen | heimsuchen unser Land
Mit starken Heerfahrten | das sei euch geklagt."
Drauf erwiderte Gernot | ein Ritter kühn und unverzagt:

Dem wehren wir mit Schwertern" | sprach da Gernot,
„Da sterben nur, die müssen | die lasset liegen tot.
Ich werde nie vergessen | darum der Ehre mein:
Unsre Widersacher | sollen uns willkommen sein."

Da sprach von Tronje Hagen | „Das dünkt mich nicht gut;
Lüdegast und Lüdeger | sind voll Übermut.
Wir können uns nicht sammeln | in so kurzen Tagen,"
So sprach der kühne Recke | „Ihr sollt es Siegfrieden sagen."

Da gab man den Boten | Herbergen in der Stadt.
Wie feind sie ihnen waren | sie gut zu pflegen bat
Gunther, der reiche | das war wohlgetan,
Bis er erprobt an Freunden | wer ihm zu Hilfe zög' heran.

Der König trug im Herzen | Sorge doch und Leid.
Da sah ihn also trauern | ein Ritter allbereit,
Der nicht wissen konnte | was ihm war geschehn:
Da bat er König Gunthern | ihm den Grund zu gestehn.

„Mich nimmt höchlich wunder" | sprach da Siegfried,
„Wie die frohe Weise | so völlig von euch schied,
Deren ihr so lange | mit uns mochtet pflegen."
Zur Antwort gab ihm Gunther | dieser zierliche Degen:

„Wohl mag ich allen Leuten | nicht von dem Leide sagen,
Das ich muß verborgen | in meinem Herzen tragen:
Steten Freunden klagen | soll man des Herzens Not."
Siegfriedens Farbe | ward da bleich und wieder rot.

Er sprach zu dem Könige | „Was blieb euch je versagt?
Ich will euch wenden helfen | das Leid, das ihr klagt.
Wollt ihr Freunde suchen | so will ich einer sein
Und getrau es zu vollbringen | mit Ehren bis ans Ende mein."

„Nun lohn' euch Gott, Herr Siegfried | die Rede dünkt mich gut;
Und kann mir auch nicht helfen | eure Kraft und hoher Mut,
So freut mich doch die Märe | daß ihr so hold mir seid:
Leb' ich noch eine Weile | ich vergelt' es mit der Zeit.

Ich will euch hören lassen | was mich traurig macht.
Von Boten meiner Feinde | ward mir hinterbracht,
Mit Heerfahrten kämen | sie mich zu suchen hie:
Das geschah uns von Degen | in diesen Landen noch nie."

„Das laßt euch nicht betrüben" | sprach da Siegfried,
„Sänftet eur Gemüte | und tut, wie ich euch riet:
Laßt mich euch erwerben | Ehre so wie Frommen
Und bittet eure Degen | daß sie euch zu Hilfe kommen.

„Und hätten dreißigtausend | Helfer sich ersehn
Eure starken Feinde | doch wollt' ich sie bestehn,
Hätt' ich auch selbst nur tausend | verlaßt euch auf mich."
Da sprach der König Gunther | „Das verdien' ich stets um dich."

So heißt mir eurer Leute | gewinnen tausend Mann,
Da ich von den Meinen | nicht mehr hier stellen kann
Als der Recken zwölfe | so wehr' ich euer Land.
Immer soll getreulich | euch dienen Siegfriedens Hand.

Dazu soll Hagen helfen | und auch Ortewein,
Dankwart und Sindold | die lieben Recken dein.
Auch soll da mit uns reiten | Volker, der kühne Mann:
Der soll die Fahne führen | keinen Bessern trefft ihr an.

Und laßt die Boten reiten | heim in ihrer Herren Land;
Daß sie uns bald da sehen | macht ihnen das bekannt,
So daß unsre Burgen | befriedet mögen sein."
Der König hieß besenden | Freund' und Mannen insgemein.

Zu Hofe gingen wieder | die Lüdeger gesandt;
Sie freuten sich der Reise | zurück ins Heimatland.
Ihnen bot da reiche Gabe | Gunther, der König gut,
Und sicheres Geleite | des waren sie wohlgemut.

„Nun sagt," sprach da Gunther | „meinen starken Feinden an,
Ihre Reise bliebe | besser ungetan;
Doch wollten sie mich suchen | hier in meinem Land,
Mir zerrännen denn die Freunde | ihnen werde Not bekannt."

Den Boten reiche Gaben | man da zur Stelle trug:
Deren hatte Gunther | zu geben genug.
Das durften nicht verschmähen | die Lüdeger gesandt.
Sie baten um Urlaub | und räumten fröhlich das Land.

Als die Boten waren | gen Dänemark gekommen,
Und der König Lüdegast | den Bericht vernommen,
Wie's ihnen am Rhein ergangen | als das ihm ward gesagt,
Seine übermüt›ge Botschaft | ward da bereut und beklagt.

Sie sagten ihm, sie hätten | manch kühnen Mann im Lehn;
Auch sahen sie darunter | einen Recken stehn,
Der war geheißen Siegfried | ein Held aus Niederland.
Leid war's Lüdegasten | als er die Dinge so befand.

Als die vom Dänenlande | hörten diese Mär,
Da eilten sie, der Helfer | zu gewinnen desto mehr,
Bis der König Lüdegast | zwanzigtausend Mann
Seiner kühnen Degen | zu seiner Heerfahrt gewann.

Da besandte sich von Sachsen | auch König Lüdeger,
Bis sie vierzigtausend | hatten und wohl mehr,
Die mit ihnen ritten | gen Burgundenland.
Da hatt' auch schon zu Hause | der König Gunther gesandt

Zu seinen nächsten Freunden | und seiner Brüder Heer,
Womit sie fahren wollten | im Kriegszug einher,
Und auch mit Hagens Recken | das tat den Helden not.
Darum mußten Degen | bald erschauen den Tod.

Sie schickten sich zur Reise | als es ging hindann,
Die Fahne mußte führen | Volker, der kühne Mann,
Da sie reiten wollten | von Worms über Rhein;
Hagen von Tronje | der mußte Scharmeister sein.

Mit ihnen ritt auch Sindold | und der kühne Hunold,
Die wohl verdienen konnten | König Gunthers Gold.
Dankwart, Hagens Bruder | und auch Ortewein,
Die mochten wohl mit Ehren | bei dem Heerzuge sein.

„Herr König," sprach da Siegfried | „bleibet ihr zu Haus:
Da mir eure Degen | folgen zu dem Strauß,
So weilt bei den Frauen | und tragt hohen Mut:
Ich will euch wohl behüten | die Ehre so wie das Gut.

Die euch heimsuchen wollten | zu Worms an dem Rhein,
Der will ich euch erwehren | sie sollen zu Hause sein;
Wir wollen ihnen reiten | so nah ins eigne Land,
Daß ihnen bald in Sorge | der Übermut wird gewandt."

Vom Rheine sie durch Hessen | mit ihren Helden ritten
Nach dem Sachsenlande | da wurde bald gestritten.
Mit Raub und mit Brande | verheerten sie das Land,
Daß bald den Fürsten beiden | ward Not und Sorge bekannt.

Sie kamen an die Marke | die Knechte rückten an.
Siegfried der starke | zu fragen da begann:
„Wer soll nun der Hüter | des Gesindes sein?"
Wohl konnte nie den Sachsen | ein Heerzug übler gedeihn.

Sie sprachen: „Laßt der Knappen | hüten auf den Wegen
Dankwart, den kühnen | das ist ein schneller Degen:
Wir verlieren desto minder | durch die in Lüdgers Lehn;
Laßt ihn mit Ortweinen | hie die Nachhut versehn."

„So will ich selber reiten," | sprach Siegfried, der Degen,
„Den Feinden gegenüber | der Warte zu pflegen,
Bis ich recht erkunde | wo die Recken sind."
Da stand bald in den Waffen | der schönen Sieglinde Kind.

Das Volk befahl er Hagen | als er zog hindann,
Ihm und Gernoten | diesem kühnen Mann.
So ritt er hin alleine | in der Sachsen Land:
Dabei ward verhauen | von ihm wohl manchen Helmes Band.

Er sah ein groß Geschwader | das auf dem Felde zog
Und die Kraft der Seinen | gewaltig überwog:
Es waren vierzigtausend | oder wohl noch mehr.
Siegfried in hohem Mute | sah gar fröhlich das Heer.

Da hatte sich ein Recke | auch aus der Feinde Schar
Erhoben auf die Warte | der wohl gewappnet war:
Den sah der Degen Siegfried | und ihn der kühne Mann;
Jedweder auf den andern | mit Zorn zu blicken begann.

Ich sag' euch, wer der wäre | der hier der Warte pflag;
Ein lichter Schild von Golde | ihm vor der Linken lag:
Es war der König Lüdegast | der hütete sein Heer.
Der edle Fremdling sprengte | herrlich wider ihn einher.

Nun hatt' auch ihn Herr Lüdegast | sich feindlich erkoren:
Ihre Rosse reizten beide | zur Seite mit den Sporen;
Sie neigten auf die Schilde | mit aller Macht den Schaft;
Da kam der mächt'ge König | darob in großer Sorgen Haft.

Dem Stich gehorsam trugen | die Rosse pfeilgeschwind
Die Könige zusammen | als wehte sie der Wind;
Dann mit den Zäumen wandten | sie ritterlich zurück:
Die grimmen zwei versuchten | da mit dem Schwerte das Glück.

Da schlug der Degen Siegfried | das Feld erscholl umher,
Aus dem Helme stoben | als ob's von Bränden wär',
Die feuerroten Funken | von des Helden Hand.
Jeder an dem andern | seinen rechten Partner fand.

Auch ihm schlug Herr Lüdegast | manchen grimmen Schlag;
Jedweder auf dem Schilde | mit ganzer Stärke lag.
Da hatten es wohl dreißig | erspäht aus seiner Schar:
Eh' die ihm Hilfe brachten | der Sieg doch Siegfriedens war

Mit drei starken Wunden | die er dem König schlug
Durch einen lichten Harnisch | der war doch fest genug.
Das Schwert mit seiner Schärfe | entlockte Wunden Blut;
Davon der König Lüdegast | gewann wohl traurigen Mut.

Er bat ihn um sein Leben | und bot ihm all sein Land
Und sagt' ihm, er wäre | Lüdegast genannt.
Da kamen seine Recken | die hatten wohl gesehn,
Was da von ihnen beiden | auf der Warte war geschehn.

Er führt' ihn gern von dannen | da ward er angerannt
Von dreißig seiner Mannen | doch wehrte seine Hand
Seinen edeln Geisel | mit ungestümen Schlägen.
Bald tat noch größern Schaden | dieser zierliche Degen.

Die Dreißig zu Tode | wehrlich er schlug;
Ihrer einen ließ er leben | der ritt da schnell genug
Und brachte hin die Märe | von dem, was hier geschehn;
Auch konnte man die Wahrheit | an seinem roten Helme sehn.

Gar leid war's den Recken | aus dem Dänenland,
Als ihres Herrn Gefängnis | ihnen ward bekannt.
Man sagt' es seinem Bruder | der fing zu toben an
In ungestümem Zorne | ihm war gar wehe getan.

Lüdegast der König | ward hinweggebracht
Zu Gunthers Ingesinde | von Siegfrieds Übermacht.
Er befahl ihn Hagen | als ihnen zu Ohren kam,
Es sei der fremde König | nicht allzu groß war ihr Gram.

Man gebot den Burgunden | „Die Fahne bindet an."
„Wohlauf," sprach da Siegfried | „hier wird noch mehr getan
Vor Abendzeit, verlier' ich | Leben nicht und Leib:
Das betrübt im Sachsenlande | noch manches weidliche Weib.

„Ihr Helden vom Rheine | ihr sollt mein nehmen wahr:
Ich kann euch wohl geleiten | zu Lüdegers Schar.
Da seht ihr Helme hauen | von guter Helden Hand:
Eh' wir uns wieder wenden | wird ihnen Sorge bekannt."

Zu den Rossen sprangen Gernot | und die ihm untertan.
Die Heerfahne faßte | der kühne Spielmann,
Volker der Degen | und ritt der Schar vorauf.
Da war auch das Gesinde | zum Streite mutig und wohlauf.

Sie führten doch der Degen | nicht mehr denn tausend Mann,
Darüber zwölf Recken. | Zu stieben da begann
Der Staub von den Straßen | sie ritten über Land;
Man sah von ihnen scheinen | manchen schönen Schildesrand.

Nun waren auch die Sachsen | gekommen und ihr Heer
Mit Schwertern wohlgewachsen | die Klingen schnitten sehr,
Das hab' ich wohl vernommen | den Helden an der Hand:
Da wollten sie die Gäste | von Burgen wehren und Land.

Der Herren Scharmeister | führten das Volk heran.
Da war auch Siegfried kommen | mit samt seinen Mann,
Die er mit sich führte | aus dem Niederland.
Des Tags sah man im Sturme | manche blutige Hand.

Sindold und Hunold | und auch Gernot,
Die schlugen in dem Streite | viel der Helden tot,
Eh' sie ihrer Kühnheit | noch selber mochten traun:
Das mußten bald beweinen | viel der weidlichen Fraun.

Volker und Hagen | und auch Ortwein
Löschten in dem Streite | manches Helmes Schein
Mit fließendem Blute | die Kühnen in der Schlacht.
Von Dankwarten wurden | viel große Wunder vollbracht.

Da versuchten auch die Dänen | weidlich ihre Hand;
Von Stößen laut erschallte | mancher Schildesrand
Und von den scharfen Schwertern | womit man Wunden schlug.
Die streitkühnen Sachsen | taten Schadens da genug.

Als die Burgunden | drangen in den Streit,
Von ihnen ward gehauen | manche Wunde weit:
über sie Sättel fließen | sah man da das Blut;
So warben um die Ehre | diese Ritter kühn und gut.

Man hörte laut erhallen | den Helden an der Hand
Ihr scharfen Waffen | als die von Niederland
Ihrem Herrn nachdrangen | in die dichten Reihn;
Die zwölfe kamen ritterlich | zugleich mit Siegfried hinein.

Deren vom Rheine | kam ihnen niemand nach.
Man konnte fließen sehen | den blutroten Bach
Durch die lichten Helme | von Siegfriedens Hand,
Bis er Lüdegeren | vor seinen Heergesellen fand.

Dreimal die Kehre | hat er nun genommen
Bis an des Heeres Ende | da war Hagen kommen:
Der half ihm wohl vollbringen | im Kampfe seinen Mut.
Es mußte heut' ersterben | vor ihnen mancher Ritter gut.

Als der starke Lüdeger | Siegfrieden fand,
Wie er so erhaben | trug in seiner Hand
Balmung, den guten | und da so manchen schlug,
Drob ward der Fürst zornig | und ingrimmig genug.

Da gab es stark Gedränge | und lauten Schwerterklang,
Wo ihr Ingesinde | aufeinander drang.
Da versuchten desto heftiger | die beiden Recken sich;
Die Scharen wichen beide | der Kämpen Haß ward fürchterlich.

Dem Vogt vom Sachsenlande | war es wohl bekannt,
Sein Bruder sei gefangen | drum war er zornentbrannt;
Nicht wußt' er, der's vollbrachte | sei der Sieglindensohn.
Man zeihte des Gernoten | hernach befand er es schon.

Da schlug so starke Schläge | Lüdegers Schwert,
Siegfrieden unterm Sattel | niedersank das Pferd;
Doch bald erhob sich's wieder | der kühne Siegfried auch
Gewann jetzt im Sturme | einen furchtbaren Brauch.

Dabei half ihm Hagen | wohl und Gernot,
Dankwart und Volker | da lagen viele tot.
Sindold und Hunold | und Ortwein der Degen
Die konnten in dem Streite | zum Tode manchen niederlegen.

Untrennbar im Kampfe | waren die Fürsten hehr.
Über die Helme fliegen | sah man manchen Speer
Durch die lichten Schilde | von der Helden Hand;
Auch ward von Blut gerötet | mancher herrliche Rand.

In dem starken Sturme | sank da mancher Mann
Von den Rossen nieder. | Einander rannten an
Siegfried, der kühne | und König Lüdeger;
Man sah da Schäfte fliegen | und manchen schneidigen Speer.

Der Schildbeschlag des Königs | zerstob vor Siegfrieds Hand.
Sieg zu erwerben dachte | der Held von Niederland
An den kühnen Sachsen | die waren von Wunden schwach.
Hei! Was da lichte Panzer | der kühne Dankwart zerbrach!

Da hatte König Lüdeger | auf einem Schild erkannt
Eine gemalte Krone | vor Siegfriedens Hand:
Da sah er wohl, es wäre | der kraftreiche Mann.
Laut auf zu seinen Freunden | der Held zu rufen begann:

„Begebt euch des Streites | ihr all mir untertan!
Den Sohn König Siegmunds | traf ich hier an,
Siegfried, den starken | hab' ich hier erkannt;
Den hat der üble Teufel | her zu den Sachsen gesandt."

Er gebot die Fahnen | zu senken in dem Streit.
Friedens er begehrte | der ward ihm nach der Zeit;
Doch mußt' er Geisel werden | in König Gunthers Land:
Das hatt' an ihm erzwungen | des kühnen Siegfriedes Hand.

Nach allgemeinem Rate | ließ man ab vom Streit.
Viel zerschlagner Helme | und der Schilde weit
Legten sie aus Händen | so viel man deren fand,
Die waren blutgerötet | von der Burgunden Hand.

Sie fingen, wen sie wollten | sie hatten volle Macht.
Gernot und Hagen | die schnellen, hatten Acht,
Daß man die Wunden bahne | da führten sie hindann
Gefangen nach dem Rheine | der Kühnen fünfhundert Mann.

Die sieglosen Recken | zum Dänenlande ritten.
Da hatten auch die Sachsen | so tapfer nicht gestritten,
Daß man sie loben sollte | das war den Helden leid.
Da beklagten ihre Freunde | die Gefallnen in dem Streit.

Sie ließen ihre Waffen | aufsäumen nach dem Rhein.
Es hatte wohl geworben | mit den Gefährten sein
Siegfried der Recke | und hatt' es gut vollbracht:
Das mußt' ihm zugestehen | König Gunthers ganze Macht.

Gen Worms sandte Boten | der König Gernot:
Daheim in seinem Lande | den Freunden er entbot,
Wie ihm gelungen wäre | und all seinem Lehn:
Es war da von den Kühnen | nach allen Ehren geschehn.

Die Botenknaben liefen | so ward es angesagt.
Da freuten sich in Liebe | die eben Leid geklagt,
Dieser frohen Märe | die ihnen war gekommen.
Da ward von edlen Frauen | großes Fragen vernommen,

Wie es den Herrn gelungen | wär' in des Königs Heer.
Man rief der Boten einen | zu Kriemhilden her.
Das geschah verstohlen | sie durfte es wohl nicht laut:
Denn einer war darunter | dem sie längst ihr Herz vertraut.

Als sie in ihre Kammer | den Boten kommen sah,
Kriemhild, die schöne | gar gütlich sprach sie da:
„Nun sag' mir liebe Märe | so geb' ich dir mein Gold,
Und tust du's ohne Trügen | will ich dir immer bleiben hold.

Wie schied aus dem Streite | mein Bruder Gernot
Und meine andern Freunde? | Blieb uns nicht mancher tot?
Wer tat da das Beste? | Das sollst du mir sagen."
Da sprach alsbald der Bote | „Wir hatten nirgend einen Zagen.

In Gefahr und Streite | ritt niemand so wohl,
Hehre Königstochter | wenn ich es sagen soll,
Als der edle Fremdling | aus dem Niederland:
Da wirkte große Wunder | des kühnen Siegfriedes Hand.

Was von den Recken allen | im Streit da geschehn,
Dankwart und Hagen | und des Königs ganzem Lehn,
Wie wehrlich sie auch stritten | das ist doch wie ein Wind
Nur gegen Siegfrieden | König Siegmundens Kind.

Sie haben in dem Sturme | der Helden viel erschlagen;
Doch möcht' euch dieser Wunder | ein Ende niemand sagen,
Die da Siegfried wirkte | ritt er in den Streit.
Den Fraun an ihren Freunden | tat er mächtiges Leid.

Auch mußte vor ihm fallen | der Friedel mancher Braut.
Seine Schläge schollen | auf Helmen also laut,
Daß sie aus Wunden brachten | das fließende Blut:
Er ist in allen Dingen | ein Ritter kühn und auch gut.

Wieviel auch hat begangen | von Metz Herr Ortewein:
Was er nur mocht' erlangen | mit dem Schwerte sein,
Das fiel vor ihm verwundet | oder meistens tot:
Doch schuf euer Bruder | die allergrößeste Not,

Die jemals in Stürmen | mochte sein geschehn;
Man muß dem Auserwählten | die Wahrheit zugestehn.
Die stolze Burgunden | bestanden so die Fahrt,
Daß sie vor allen Schanden | die Ehre haben wohl bewahrt.

Man sah von ihren Händen | der Sättel viel geleert,
Als so laut das Feld erhallte | von manchem lichten Schwert.
Die Recken vom Rheine | die ritten allezeit,
Daß ihre Feinde besser | vermieden hätten den Streit.

Auch die kühnen Tronjer | schufen großes Leid,
Als mit Volkskräften | das Heer sich traf im Streit.
Da schlug so manchen nieder | des kühnen Hagen Hand,
Es wäre viel zu sagen | davon in der Burgunden Land.

Sindold und Hunold | in Gernotens Heer
Und Rumold, der kühne | schufen so viel Beschwer,
König Lüdger mag es | beklagen allezeit,
Daß er deine Anverwandten | am Rhein berief in den Streit.

Kampf, den allerhöchsten | der irgend da geschah,
Vom ersten bis zum letzten | den jemand nur sah,
Hat Siegfried gefochten | mit wehrlicher Hand;
Er bringt reiche Geisel | her in König Gunthers Land.

Die zwang mit seinen Kräften | der streitbare Held,
Wovon der König Lüdegast | den Schaden nun behält
Und von Sachsenlande | sein Bruder Lüdeger.
Nun hört meine Märe | viel edle Königin hehr!

Gefangen hat sie beide | Siegfriedens Hand:
Nie so mancher Geisel | kam in dieses Land,
Als nun seine Kühnheit | bringt an den Rhein."
Ihr konnten diese Mären | nicht willkommener sein.

„Man führt der Gesunden | fünfhundert oder mehr
Und der zum Sterben Wunden | wißt, Königin hehr,
Wohl achtzig blut'ge Bahren | her in unser Land:
Die hat zumeist verhauen | des kühnen Siegfriedes Hand.

Die uns im Übermute | widersagten hier am Rhein,
Die müssen nun Gefangene | König Gunthers sein;
Die bringt man mit Freuden | her in dieses Land."
Ihre lichte Farb' erblühte | als ihr die Märe ward bekannt.

Ihr schönes Antlitz wurde | von Farbe rosenrot,
Da in Freuden war geschieden | aus so großer Not
Der weidliche Recke | Siegfried der junge Mann.
Sie war auch froh der Freunde | und tat wohl weislich daran.

Die Schöne sprach: „Du machtest | mir frohe Mär bekannt:
Ich lasse dir zum Lohne | geben reich Gewand,
Und zehn Mark von Golde | heiß' ich dir tragen."
Drum mag man solche Botschaft | reichen Frauen gerne sagen.

Man gab ihm zum Lohne | das Gold und auch das Kleid.
Da trat an die Fenster | manche schöne Maid
Und schaute nach der Straße | wo man reiten fand
Viel hochherz'ge Degen | in der Burgunden Land.

Da kamen die Gesunden | der Wunden Schar auch kam:
Die mochten grüßen hören | von Freunden ohne Scham.
Der Wirt ritt seinen Gästen | entgegen hocherfreut:
Mit Freuden war beendet | all sein mächtiges Leid.

Da empfing er wohl die Seinen | die Fremden auch zugleich,
Wie es nicht anders ziemte | dem Könige reich,
Als denen gütlich danken | die da waren kommen,
Daß sie den Sieg mit Ehren | im Sturme hatten genommen.

Herr Gunther ließ sich Kunde | von seinen Freunden sagen,
Wer ihm auf der Reise | zu Tode wär' erschlagen.
Da hat er nicht verloren | mehr als sechzig Mann;
Die mußte man verschmerzen | wie man noch manchen getan.

Da brachten die Gesunden | zerhauen manchen Rand
Und viel zerschlagner Helme | in König Gunthers Land.
Das Volk sprang von den Rossen | vor des Königs Saal;
Zu liebem Empfange | vernahm man fröhlichen Schall.

Da gab man Herbergen | den Recken in der Stadt.
Der König seine Gäste | wohl zu verpflegen bat:
Die Wunden ließ er hüten | und warten fleißiglich.
Wohl zeigte seine Milde | auch an seinen Feinden sich.

Er sprach zu Lüdegeren | „Nun seid mir willkommen!
Ich bin zu großem Schaden | durch eure Schuld gekommen:
Der wird mir nun vergolten | wenn ich das schaffen kann.
Gott lohne meinen Freunden | sie haben wohl an mir getan.“

„Wohl mögt ihr ihnen danken“ | sprach da Lüdeger,
„Solche hohe Geisel | gewann kein König mehr.
Um ritterlich Gewahrsam | bieten wir großes Gut
Und bitten, daß ihr gnädiglich | an euern Widersachern tut.“

„Ich will euch,“ sprach er, „beide | ledig lassen gehn;
Nur daß meine Feinde | hier bei mir bestehn,
Dafür verlang' im Bürgschaft: | damit sie nicht mein Land
Räumen ohne Frieden“ | Darauf bot Lüdeger die Hand.

Man brachte sie zur Ruhe | wo man sie wohl verpflag,
Und bald auf guten Betten | mancher Wunde lag.
Man schenkte den Gesunden | Meth und guten Wein;
Da konnte das Gesinde | nicht wohl fröhlicher sein.

Die zerhaunen Schilde | man zum Verschlusse trug;
Blutgefärbte Sättel | sah' man da genug.
Die ließ man verbergen | so weinten nicht die Fraun.
Da waren reisemüde | viel gute Ritter zu schaun.

Seiner Gäste pflegen | hieß der König wohl;
Von Heimischen und Fremden | lag das Land ihm voll:
Er ließ die Fährlichwunden | gütlich verpflegen:
Wie hart war darnieder | nun ihr Übermut gelegen!

Die Arzneikunst wußten | denen bot man reichen Sold,
Silber ungewogen | dazu das lichte Gold,
Wenn sie die Helden heilten | nach des Streites Not.
Dazu viel große Gaben | der König seinen Gästen bot.

Wer wieder heimzureisen | sann in seinem Mut,
Den bat man noch zu bleiben. wie man mit Freunden tut.
Der König ging zu Rate | wie er lohne seinem Lehn:
Durch sie war sein Wille | nach allen Ehren geschehn.

Da sprach der König Gernot | „Laßt sie jetzt hindann:
über sechs Wochen | das kündigt ihnen an,
Sollten sie wiederkehren | zu einem Hofgelag':
Heil ist dann wohl mancher | der jetzt schwer verwundet lag."

Da bat auch um Urlaub | Siegfried von Niederland.
Als dem König Gurrther | sein Wille ward bekannt,
Bat er ihn gar minniglich | noch bei ihm zu bestehn;
Wenn nicht um seine Schwester | so wär' es nimmer geschehn.

Dazu war er zu mächtig | daß man ihm böte Sold,
So sehr er es verdiente | Der König war ihm hold
Undall seine Freunde | die das mit angesehn,
Was da von seinen Händen | war im Streite geschehn.

Er dachte noch zu bleiben | um die schöne Maid;
Vielleicht, daß er sie sähe | Das geschah auch nach der Zeit:
Wohl nach seinem Wunsche | ward sie ihm bekannt.
Dann ritt er reich an Freuden | in König Siegmundes Land.

Der Wirt bat alle Tage | des Ritterspiels zu pflegen;
Das tat mit gutem Willen | mancher junge Degen.
Auch ließ er Sitz' errichten | vor Worms an dem Strand
Für die da kommen sollten | in der Burgunden Land.

Nun hat auch in den Tagen | als sie sollten kommen,
Kriemhild die schöne | die Märe wohl vernommen,
Er stell' ein Hofgelage | mit lieben Freunden an.
Da dachten schöne Frauen | mit großem Fleiße daran,

Gewand und Band zu suchen | das sie wollten tragen.
Ute die reiche | vernahm die Märe sagen
Von den stolzen Recken | die da sollten kommen:
Da wurden aus dem Einschlag | viel reiche Kleider genommen.

Ihrer Kinder halb bereiten | ließ sie Rock und Kleid,
Womit sich da zierten | viel Fraun und manche Maid
Und viele der jungen Recken | aus Burgundenland.
Sie ließ auch manchem Fremden | bereiten herrlich Gewand.

FÜNFTES ABENTEUER

WIE SIEGFRIED KRIEMHILDEN ZUERST ERSAH

Man sah die Helden täglich | nun reiten an den Rhein,
Die bei dem Hofgelage | gerne wollten sein
Und dem König zuliebe | kamen in das Land.
Man gab ihrer vielen | Roß und herrlich Gewand.

Es war auch das Gestühle | allen schon bereit,
Den Höchsten und den Besten | so hörten wir Bescheid,
Zweiunddreißig Fürsten | zu dem Hofgelag':
Da zierten um die Wette | sich die Frauen für den Tag.

Gar geschäftig sah man | Geiselher das Kind.
Die Heimischen und Fremden | empfing er holdgesinnt
Mit Gernot seinem Bruder | und beider Mannen da.
Wohl grüßten sie die Degen | wie es nach Ehren geschah.

Viel goldroter Sättel | führten sie ins Land,
Zierliche Schilde | und herrlich Gewand
Brachten sie zu Rheine | bei dem Hofgelag'.
Mancher Ungesunde | hing der Freude wieder nach.

Die wund zu Bette liegend | vordem gelitten Not,
Die durften nun vergessen | wie bitter sei der Tod;
Die Siechen und die Kranken | vergaß man zu beklagen.
Es freute sich ein jeder | entgegen festlichen Tagen:

Wie sie da leben wollten | in gastlichem Genuß!
Wonnen ohne Maßen | der Freuden Überfluß
Hatten alle Leute | so viel man immer fand:
Da hub sich große Wonne | über Gunthers ganzes Land.

An einem Pfingstmorgen | sah man sie alle gehn
Wonniglich gekleidet | viel Degen ausersehn,
Fünftausend oder drüber | dem Hofgelag' entgegen.
Da hub um die Wette | sich viel Kurzweil allerwegen.

Der Wirt hatt' im Sinne | was er schon längst erkannt,
Wie von ganzem Herzen | der Held von Niederland
Seine Schwester liebe | sah er sie gleich noch nie,
Der man das Lob der Schönheit | vor allen Jungfrauen lieh.

Da sprach zu dem Könige | von Metz Herr Ortewein:
„Soll dieses Hofgelage | mit vollen Ehren sein,
So laßt eure Gäste | die schönen Kinder sehn,
Denen so viel Ehren | in Burgundenland geschehn.

„Was wäre Mannes Wonne | was freut' er sich zu schaun,
Wenn nicht schöne Mägdlein | und herrliche Fraun?
Drum laßt eure Schwester | vor die Gäste gehn."
Der Rat war manchem Helden | zu hoher Freude geschehn.

„Dem will ich gerne folgen" | der König sprach da so.
Alle, die's erfuhren | waren darüber froh.
Er entbot es Frauen Uten | und ihrer Tochter schön,
Daß sie mit ihren Maiden | hin zu Hofe sollten gehn.

Da ward aus den Schreinen | gesucht gut Gewand,
So viel man eingeschlagen | der lichten Kleider fand,
Der Borten und der Spangen | des lag genug bereit.
Da zierte sich voll Eifers | manche weidliche Maid.

Mancher junge Recke | wünschte heut so sehr,
Daß er wohlgefallen | möchte den Frauen hehr,
Daß er dafür nicht nähme | ein reiches Königsland:
Sie sahen die gar gerne | die sie nie zuvor gekannt.

Da ließ der reiche König | mit seiner Schwester gehn
Hundert seiner Recken | zu ihrem Dienst ersehn,
Aus ihren Anverwandten | die Schwerter in der Hand:
Das war das Hofgesinde | in der Burgunden Land.

Ute die reiche | sah man mit ihr kommen,
Die hatte schöner Frauen | sich zum Geleit genommen
Hundert oder drüber | geschmückt mit reichem Kleid.
Auch folgte Kriemhilden | manche weidliche Maid.

Aus einer Kemenate | sah man sie alle gehn:
Da mußte heftig Drängen | von Helden bald geschehn,
Die alle harrend standen | ob es möchte sein,
Daß sie da fröhlich sähen | dieses edle Mägdelein.

Da kam die Minnigliche | wie das Morgenrot
Tritt aus trüben Wolken. | Da schied von mancher Not,
Der sie im Herzen hegte | was lange war geschehn.
Er sah die Minnigliche | nun gar herrlich vor sich stehn.

Von ihrem Kleide leuchtete | mancher edle Stein.
Ihre rosenrote Farbe | gab wonniglichen Schein.
Was jemand wünschen mochte | er mußte doch gestehn,
Daß er hier auf Erden | noch nicht so Schönes gesehn.

Wie der lichte Vollmond | vor den Sternen schwebt,
Des Schein so hell und lauter | sich aus den Wolken hebt,
So glänzte sie in Wahrheit | vor andern Frauen gut:
Das mochte wohl erhöhen | den zieren Helden den Mut.

Die reichen Kämmerlinge | schritten vor ihr her;
Die hochgemuten Degen | ließen es nicht mehr:
Sie drängten, daß sie sähen | die minnigliche Maid.
Siegfried dem Degen | war es lieb und wieder leid.

Er sann in seinem Sinne | „Wie dacht' ich je daran,
Daß ich dich minnen sollte? | das ist ein eitler Wahn;
Soll ich dich aber meiden | so wär' ich sanfter tot."
Er ward von den Gedanken | oft bleich und oft wieder rot.

Da sah man den Sieglindensohn | so minniglich da stehn,
Als wär' er entworfen | auf einem Pergamen
Von guten Meisters Händen | gern man ihm zugestand,
Daß man nie im Leben | so schönen Helden noch fand.

Die mit Kriemhilden gingen | die hießen aus den Wegen
Allenthalben weichen | dem folgte mancher Degen.
Die hochgetragnen Herzen | freute man sich zu schaun:
Man sah in hohen Züchten | viel der herrlichen Fraun.

Da sprach von Burgunden | der König Gernot:
„Dem Helden, der so gütlich | euch seine Dienste bot,
Gunther, lieber Bruder | dem bietet hier den Lohn
Vor allen diesen Recken | des Rates spricht man mir nicht Hohn:

Heißet Siegfrieden | zu meiner Schwester kommen,
Daß ihn das Mägdlein grüßte | das bringt uns immer Frommen:
Die niemals Recken grüßte | soll sein mit Grüßen pflegen,
Daß wir uns so gewinnen | diesen zierlichen Degen."

Des Wirtes Freunde gingen | dahin wo man ihn fand;
Sie sprachen zu dem Recken | aus dem Niederland:
„Der König will erlauben | ihr sollt zu Hofe gehn,
Seine Schwester soll euch grüßen | die Ehre soll euch geschehn."

Der Rede ward der Degen | in seinem Mut erfreut:
Er trug in seinem Herzen | Freude sonder Leid,
Daß er der schönen Ute | Tochter sollte sehn.
In minniglichen Züchten | empfing sie Siegfrieden schön.

Als sie den Hochgemuten | vor sich stehen sah,
Seine Farbe ward entzündet | die Schöne sagte da:
„Willkommen, Herr Siegfried | ein edler Ritter gut."
Da ward ihm von dem Gruße | gar wohl erhoben der Mut.

Er neigte sich ihr eifrig | sie faßte ihn bei der Hand.
In minniglicher Anmut | er bei der Fürstin stand.
Mit liebem Blick der Augen | sahn einander an
Der Held und auch das Mägdlein | das ward verstohlen getan.

Ward da etwa zärtlich | gedrückt weiße Hand
In herzlicher Minne | das ist mir unbekannt.
Doch kann ich auch nicht glauben | daß es unterblieb:
Sie ließ gar bald ihn merken | daß er ihr war von Herzen lieb.

Zu des Sommers Zeiten | und in des Maien Tagen
Durft' er in seinem Herzen | nimmer wieder tragen
So viel hoher Wonne | als er da gewann,
Da die ihm an der Hand ging | die der Held zu minnen sann.

Da gedachte mancher Recke | „Hei! wär' mir so geschehn,
Daß ich so bei ihr ginge | wie ich ihn gesehn,
Oder bei ihr läge! | das nähm' ich willig hin."
Es diente nie ein Recke | so gut noch einer Königin.

Aus welchen Königs Landen | ein Gast gekommen war,
Er nahm im ganzen Saale | nur dieser beiden wahr.
Ihr ward erlaubt zu küssen | den weidlichen Mann:
Ihm ward in seinem Leben | nie so Liebes getan.

Von Dänemark der König | hub an und sprach zur Stund:
„Des hohen Grußes willen | liegt gar mancher wund,
Wie ich wohl hier gewahre | von Siegfriedens Hand:
Gott laß ihn nimmer wieder | kommen in der Dänen Land!"

Da hieß man allenthalben | weichen aus den Wegen
Kriemhild der schönen | manchen kühnen Degen
Sah man wohlgezogen | mit ihr zur Kirche gehn.
Bald ward von ihr geschieden | dieser Degen ausersehn.

Da ging sie zu dem Münster | und mit ihr viel der Fraun.
Da war in solcher Zierde | die Königin zu schaun,
Daß da hoher Wünsche | mancher ward verloren;
Sie war zur Augenweide | viel der Recken auserkoren.

Kaum erharrte Siegfried | bis schloß der Meßgesang;
Er mochte seinem Heile | des immer sagen Dank,
Daß ihm so gewogen war | die er im Herzen trug:
Auch war er der Schönen | nach Verdiensten hold genug.

Als sie aus dem Münster | nach der Messe kam,
Lud man wieder zu ihr | den Helden lobesam.
Da begann ihm erst zu danken | die minnigliche Maid,
Daß er vor allen Recken | so kühn gefochten im Streit.

Nun lohn' euch Gott, Herr Siegfried!" | sprach das schöne Kind,
„Daß ihr das verdientet | daß euch die Recken sind
So hold mit ganzer Treue | wie sie zumal gestehn."
Da begann er Frau Kriemhilden | minniglich anzusehn.

„Stets will ich ihnen dienen" | sprach Siegfried der Degen,
„Und will mein Haupt nicht eher | zur Ruhe niederlegen,
Bis ihr Wunsch geschehen | so lang mein Leben währt;
Das tu' ich, Frau Kriemhild | daß ihr mir Minne gewährt."

Innerhalb zwölf Tagen | so oft es neu getagt,
Sah man bei dem Degen | die wonnigliche Magd,
So sie zu Hofe durfte | vor ihren Freunden gehn.
Der Dienst war dem Recken | aus großer Liebe geschehn.

Freude und Wonne | und lauten Schwerterschall
Vernahm man alle Tage | vor König Gunthers Saal,
Davor und darinnen | von manchem kühnen Mann.
Von Ortewein und Hagen | wurden Wunder viel getan.

Was man zu üben wünschte | dazu sah man bereit
In völligem Maße | die Degen kühn im Streit.
Da machten vor den Gästen | die Recken sich bekannt;
Es war eine Zierde König Gunthers ganzem Land.

Die lange wund gelegen | wagten sich an den Wind:
Sie wollten kurzweilen | mir des Königs Ingesind,
Schirmen mit den Schilden | und schießen manchen Schaft.
Des halfen ihnen viele | sie hatten größliche Kraft.

Bei dem Hofgelage | ließ sie der Wirt verpflegen
Mit der besten Speise | es durfte sich nicht regen
Nur der kleinste Tadel | der Fürsten mag entstehn;
Man sah ihn jetzo freundlich | hin zu seinen Gästen gehn.

Er sprach: „Ihr guten Recken | bevor ihr reitet hin,
So nehmt meine Gaben | also steht mein Sinn,
Im will euch immer danken | verschmäht nicht mein Gut:
Es unter euch zu teilen | hab' im willigen Mut."

Die vom Dänenlande | sprachen gleich zur Hand:
„Bevor wir wieder reiten | heim in unser Land,
Gewährt uns steten Frieden | das ist uns Recken not;
Uns sind von euern Degen | viel der lieben Freunde tot."

Genesen von den Wunden | war Lüdegast derweil;
Der Vogt des Sachsenlandes | war bald vom Kampfe heil.
Etliche Tote | ließen sie im Land.
Da ging der König Gunther | hin, wo er Siegfrieden fand.

Er sprach zu dem Recken | „Nun rat mir, wie ich tu'.
Unsre Gäste wollen | reiten morgen fruh
Und gehn um stete Sühne | mich und die Meinen an:
Nun rat, Degen Siegfried | was dich dünke wohlgetan.

„Was mir die Herren bieten | das will ich dir sagen:
Was fünfhundert Mähren | an Gold mögen tragen,
Das bieten sie mir gerne | für ihre Freiheit an."
Da sprach der starke Siegfried | „Das wär gar übel getan.

„Ihr sollt sie beide ledig | von hinnen lassen ziehn;
Nur daß die edeln Recken | sich hüten fürderhin
Vor feindlichem Reiten | her in euer Land,
Laßt euch zu Pfande geben | der beiden Könige Hand."

Dem Rate will ich folgen." | So gingen sie hindann.
Seinen Widersachern | ward es kundgetan,
Des Golds begehre niemand | das sie geboten eh'.
Daheim den lieben Freunden | war nach den Heermüden weh.

Viel Schilde schatzbeladen | trug man da herbei:
Das teilt' er ungewogen | seinen Freunden frei,
An fünfhundert Marken | und manchem wohl noch mehr;
Gernot riet es Gunthern | dieser Degen kühn und hehr.

Um Urlaub baten alle | sie wollten nun hindann,
Da kamen die Gäste | vor Kriemhild heran
Und dahin auch, wo Frau Ute | saß, die Königin.
Es zogen nie mehr Degen | so wohl beurlaubt dahin.

Die Herbergen leerten sich | als sie von dannen ritten.
Doch verblieb im Lande | mit herrlichen Sitten
Der König mit den Seinen | und mancher edle Mann:
Die gingen alle Tage | zu Frau Kriemhild heran.

Da wollt' auch Urlaub nehmen | Siegfried, der gute Held,
Verzweifelnd, zu erwerben | worauf sein Sinn gestellt.
Der König hörte sagen | er wolle nun hindann:
Geiselher der junge | ihn von der Reise gewann.

„Wohin, edler Siegfried | wohin reitet ihr?
Hört meine Bitte | bleibt bei den Recken hier,
Bei Gunther, dem König | und bei seinem Lehn:
Hier sind viel schöne Frauen | die läßt man euch gerne sehn."

Da sprach der starke Siegfried | „So laßt die Rosse stehn.
Von hinnen wollt' ich reiten | das laß ich mir vergehn.
Tragt auch hinweg die Schilde | wohl wollt' ich in mein Land:
Davon hat mich Herr Geiselher | mit großen Treuen gewandt."

So verblieb der Kühne | dem Freund zuliebe dort.
Auch wär' ihm in den Landen | an keinem andern Ort
So wohl als hier geworden | daher es nun geschah,
Daß er alle Tage | die schöne Kriemhild ersah.

Ihrer hohen Schönheit willen | der Degen da verblieb.
Mit mancher Kurzweile | man nun die Zeit vertrieb;
Nur zwang ihn ihre Minne | die schuf ihm oftmals Not;
Darum hernach der Kühne | lag zu großem Jammer tot.

SECHSTES ABENTEUER

WIE GUNTHER UM BRUNHILD GEN ISENLAND FUHR

Wieder neue Märe | erhob sich über Rhein:
Man sagte sich, da wäre | manch schönes Mägdelein.
Sich eins davon zu werben | sann Gunther, der König gut.
Davon begann dem Recken | gar hoch zu heben sich der Mut.

Es war eine Königin | gesessen über Meer,
Ihr zu vergleichen | war keine andre mehr.
Schön war sie aus der Maßen | gar groß war ihre Kraft;
Sie schoß mit schnellen Degen | um ihre Minne den Schaft.

Den Stein warf sie ferne | nach dem sie weithin sprang;
Wer ihrer Minne gehrte | der mußte sonder Wank
Drei Spiel' ihr abgewinnen | der Frauen wohlgeboren;
Gebrach es ihm an einem | so war das Haupt ihm verloren.

Die Königstochter hatte | das manches Mal getan.
Das erfuhr am Rheine | ein Ritter wohlgetan,
Der seine Sinne wandte | auf das schöne Weib.
Drum mußten bald viel Degen | verlieren Leben und Leib.

Da sprach der Vogt vom Rheine | „Ich will hinab zur See
Hin zu Brunhilden | wie es mir ergeh'.
Um ihre Minne wag' ich | Leben und Leib,
Die will ich verlieren | gewinn ich sie nicht zum Weib."

Das möcht' ich widerraten" | sprach Siegfried wider ihn:
„So grimmiger Sitte | pflegt die Königin,
Um ihre Minne werben | das kommt hoch zu stehn!
Drum mögt ihr's wohl entraten | auf diese Reise zu gehn."

„So will ich euch raten" | begann da Hagen,
„Bittet Siegfrieden | mit euch zu tragen
Die Last dieser Sorge | das ist der beste Rat,
Weil er von Brunhilden | so gute Kunde doch hat."

Er sprach: „Edler Siegfried | willst du mir Helfer sein,
Zu werben um die Schöne? | Tu nach der Bitte mein;
Und gewinn ich mir zur Trauten | das herrliche Weib,
So verwag ich deinetwillen | Ehre, Leben und Leib."

Zur Antwort gab ihm Siegfried | König Siegmunds Sohn:
„Ich will es tun, versprichst du | die Schwester mir zum Lohn,
Kriemhild die schöne | eine Königin hehr;
So begehr' ich keines Dankes | nach meinen Arbeiten mehr.

„Das gelob' ich," sprach Gunther | „Siegfried, dir an die Hand.
Und kommt die schöne Brunhild | hierher in dieses Land,
So will ich dir zum Weibe | meine Schwester geben:
So magst du mit der Schönen | immerdar in Freuden leben."

Des schwuren sich Eide | diese Recken hehr.
Da schuf es ihnen beiden | viel Müh und Beschwer,
Eh' daß sie die Jungfrau | brachten an den Rhein.
Es mußten die Kühnen | darum in großen Sorgen sein.

Die Tarnkappe führte | Siegfried mit hindann,
Die der kühne Degen | mit Sorgen einst gewann
Von einem Gezwerge | mit Namen Alberich.
Da schickten sich zur Reise | die Recken kühn und ritterlich.

Wenn der starke Siegfried | die Tarnkappe trug,
So gewann er drinnen | der Kräfte genug,
Zwölf Männer Stärke | zu dem eignen Leib.
Er warb mit großen Listen | um das herrliche Weib.

Auch war so beschaffen | die Nebelkappe gut,
Ein jeder mochte drinnen | tun nach seinem Mut,
Was immer er wollte | daß ihn doch niemand sah.
So gewann er Brunhild | durch die ihm bald viel Leid geschah.

„Nun sage mir, Degen Siegfried | eh' unsre Fahrt gescheh'
Wie wir mit vollen Ehren | kommen über See?
Sollen wir Recken führen | in Brunhildens Land?
Dreißigtausend Degen | die werden eilends besandt."

„Wieviel wir Volkes führten" | sprach Siegfried wider ihn,
„So grimmiger Sitte | pflegt die Königin,
Das müßte doch ersterben | vor ihrem Übermut.
Ich will euch besser raten | Degen ihr kühn und gut.

„In Reckenweise fahren | laßt uns zu Tal den Rhein.
Die will ich dir nennen | die das sollen sein:
Wir selbviert der Helden | ziehen an die See:
Daß wir die Frau erwerben | was auch nachher gescheh.

Der Gesellen bin ich einer | du sollst der andre sein,
Und Hagen sei der dritte | wir mögen wohl gedeihn;
Der vierte das sei Dankwart | dieser kühne Mann.
Es dürfen andrer tausend | zum Streite nimmer uns nahn."

„Die Märe wüßt ich gerne" | der König sprach da so,
„Eh' wir von hinnen führen | des wär' ich herzlich froh,
Was wir für Kleider sollten | vor Brunhilden tragen,
Die uns geziemen möchten | Siegfried, das sollst du mir sagen."

Gewand das allerbeste | das man irgend fand,
Trägt man zu allen Zeiten | in Brunhildens Land:
Drum laßt uns reiche Kleider | vor der Frauen tragen,
Daß wir's nicht Schande haben | hört man künftig von uns sagen."

Da sprach der gute Degen | „So will ich selber gehn
Zu meiner lieben Mutter | ob es nicht mag geschehn,
Daß ihre schönen Mägde | uns schaffen solch Gewand,
Das wir mit Ehren tragen | in der hehren Jungfrau Land."

Da sprach von Tronje Hagen | mit herrlichen Sitten:
„Was wollt ihr eure Mutter | um solche Dienste bitten?
Laßt eure Schwester hören | euern Sinn und Mut:
So wird für diese Reise | ihr Dienst euch kommen zugut.“

Da entbot er seiner Schwester | er wünschte sie zu sehn
Und auch der Degen Siegfried. | Eh’ sie das ließ geschehn,
Da hatte sich die Schöne | geschmückt mit reichem Kleid.
Daß die Herren kamen | schuf ihr wenig Herzeleid.

Da war auch ihr Gesinde | geziert nach seinem Stand.
Die Fürsten kamen beide | als sie das befand,
Erhob sie sich vom Sitze | wie höfisch sie da ging,
Als sie den edeln Fremdling | und ihren Bruder empfing!

„Willkommen sei mein Bruder | und der Geselle sein!
Nun möcht’ ich gerne wissen“ | sprach das Mägdelein,
„Was euch Herrn geliebe | daß ihr zu Hofe kommt:
Laßt mich doch hören | was euch edeln Recken frommt.“

Da sprach König Gunther | „Frau, ich will’s euch sagen.
Wir müssen große Sorge | bei hohem Mute tragen:
Wir wollen werben reiten | fern in fremdes Land
Und hätten zu der Reise | gerne zierlich Gewand.“

„Nun sitzt, lieber Bruder“ | sprach das Königskind,
„Und laßt mich erst erfahren | wer die Frauen sind,
Die ihr begehrt zu minnen | in fremder Könige Land.“
Die Auserwählten beide | nahm das Mägdlein bei der Hand:

Hin ging sie mit den beiden | wo sie gesessen war
Auf prächt’gen Ruhebetten | das glaubt mir fürwahr,
Mit eingewirkten Bildern | in Gold wohl erhaben.
Sie mochten bei der Frauen | gute Kurzweile haben.

Freundliche Blicke | und gütliches Sehn,
Des mochte von den beiden | da wohl viel geschehn.
Er trug sie in dem Herzen | sie war ihm wie sein Leben.
Hernach ward schön Kriemhild | Siegfried zum Weibe gegeben.

Da sprach der edle König | „Viel liebe Schwester mein,
Ohne deine Hilfe | kann es nimmer sein,
Wir wollen abenteuern | in Brunhildens Land;
Da müssen wir vor Frauen | tragen herrlich Gewand."

Da sprach die Königstochter | „Viel lieber Bruder mein,
Kann euch an meiner Hilfe | dabei gelegen sein,
So sollt ihr inne werden | ich bin dazu bereit;
Versagte sie ein andrer euch | das wäre Kriemhilden leid.

Ihr sollt mich, edler Ritter | nicht in Sorgen bitten,
Ihr sollt mir gebieten | mit herrlichen Sitten:
Was euch gefallen möge | dazu bin ich bereit;
Und tu's mit gutem Willen" | sprach die wonnigliche Maid.

„Wir wollen, liebe Schwester | tragen gut Gewand:
Das soll bereiten helfen | eure edle Hand.
Laßt eure Mägdlein sorgen | daß es uns herrlich steht,
Da man uns diese Reise | doch vergebens widerrät."

Da begann die Jungfrau: | „Nun hört, was ich sage.
Ich habe selber Seide | befehlt, daß man uns trage
Gestein auf den Schilden | so schaffen wir das Kleid."
Dazu waren Gunther | und auch Siegfried bereit.

„Wer sind die Gesellen" | sprach die Königin,
„Die mit euch gekleider | zu Hofe sollen ziehn?"
„Das bin ich selbvierter | noch zwei aus meinem Lehn,
Dankwart und Hagen | sollen mit uns zu Hofe gehen

Merket wohl, Schwester | was wir euch nun sagen:
Daß wir viere sollen | zu vier Tagen tragen
Je der Kleider dreierlei | und also gut Gewand,
Daß wir ohne Schande | räumen Brunhildens Land."

Mit gutem Urlaube | schieden die Herren hin.
Da berief der Jungfraun | Kriemhild, die Königin
Aus ihrer Kemenate | dreißig Mägdelein,
Die gar sinnreich mochten | zu solcher Kunstübung sein.

In arabische Seide | so weiß als der Schnee,
Und gute Zazamanker | so grün als der Klee,
Legten sie Gesteine | das gab ein gut Gewand;
Kriemhild die schöne | schnitt's mit eigener Hand,

Von seltner Fische Häuten | Bezüge wohlgetan,
Zu schauen fremd den Leuten | so viel man nur gewann,
Bedeckten sie mit Seide | wie's Brauch war sie zu tragen.
Nun höret große Wunder | von den lichten Kleidern sagen.

Aus dem Land Marokko | und auch von Libya
Der allerbesten Seide | die man jemals sah
Königskinder tragen | der hatten sie genug.
Wohl ließ sie Kriemhild schauen | wie sie Liebe für sie trug.

Da sie so teure Kleider | begehrt zu ihrer Fahrt,
Hermelinfelle | wurden nicht gespart,
Darauf von Kohlenschwärze | mancher Flecken lag:
Das trügen schnelle Helden | noch gern bei einem Hofgelag'.

Aus arabischem Golde | glänzte mancher Stein;
Der Frauen Unmuße | war nicht zu klein.
Sie schufen die Gewande | in sieben Wochen Zeit;
Da war auch ihr Gewaffen | den guten Degen bereit.

Als sie gerüstet standen | sah man auf dem Rhein
Fleißiglich gezimmert | ein starkes Schiffelein,
Das sie da tragen sollte | hernieder an die See.
Den edeln Jungfrauen | war von Arbeiten weh.

Da sagte man den Recken | es sei für sie zur Hand,
Das sie tragen sollten | das zierliche Gewand.
Was sie erbeten hatten | das war nun geschehn:
Da wollten sie nicht länger | mehr am Rheine bestehn.

Zu den Heergesellen | ein Bote ward gesandt,
Ob sie schauen wollten | ihr neues Gewand,
Ob es den Helden wäre | zu kurz oder lang.
Es war von rechtem Maße | des sagten sie den Frauen Dank.

Vor wen sie immer kamen | die mußten all gestehn,
Sie hätten nie auf Erden | schöner Gewand gesehn.
Drum mochten sie es gerne | da zu Hofe tragen:
Von besserm Ritterstaate | wußte niemand mehr zu sagen.

Den edeln Maiden wurde | höchlich Dank gesagt.
Da baten um Urlaub | die Recken unverzagt;
In ritterlichen Züchten | taten die Herren das.
Da wurden lichte Augen | getrübt von Weinen und naß.

Sie sprach: „Viellieber Bruder | ihr bliebet besser hier
Und würbt andre Frauen | klüger schien' es mir,
Wo ihr nicht wagen müßtet | Leben und Leib.
Ihr fändet in der Nähe | wohl ein so hochgeboren Weib."

Sie ahnten wohl im Herzen | ihr künftig Ungemach.
Sie mußten alle weinen | was da auch einer sprach.
Das Gold vor ihren Brüsten | ward von Tränen fahl:
Die fielen ihnen dichte | von den Augen zu Tal.

Da sprach sie: „Herr Siegfried | laßt euch befohlen sein
Auf Treu und auf Gnade | den lieben Bruder mein,
Daß ihn nichts gefährde | in Brunhildens Land."
Das versprach der Kühne | Frau Kriemhilden in die Hand.

Da sprach der edle Degen | „So lang' mein Leben währt,
So bleibt von allen Sorgen | Herrin, unbeschwert:
Ich bring' ihn euch geborgen | wieder an den Rhein.
Des seiet ihr versichert" | Da dankt ihm schön das Mägdelein.

Die goldroten Schilde | trug man an den Strand
Und schaffte hin zu ihnen | all ihr Rüstgewand;
Ihre Rosse ließ man bringen | sie wollten nun hindann.
Wie da von schönen Frauen | so großes Weinen begann!

Da stellte sich ins Fenster | manch minnigliches Kind.
Das Schiff mit seinem Segel | ergriff ein hoher Wind.
Die stolzen Heergesellen | saßen auf dem Rhein;
Da sprach der König Gunther | „Wer soll nun Schiffmeister sein?"

„Das will ich," sprach Siegfried | „ich kann euch auf der Flut
Wohl von hinnen führen | das wißt, Helden gut;
Die rechten Wasserstraßen | sind mir wohl bekannt."
So schieden sie mit Freuden | aus der Burgunden Land.

Eine Ruderstange | Siegfried ergriff:
Vom Gestade schob er | kräftig das Schiff.
Gunther der kühne | ein Ruder selber nahm.
Da huben sich vom Lande | die schnellen Ritter lobesam.

Sie führten reichlich Speise | dazu guten Wein,
Den besten, den sie finden | mochten um den Rhein.
Ihre Rosse standen | still in guter Ruh;
Das Schiff ging so eben | kein Ungemach stieß ihnen zu.

Ihre starken Segelseile | streckte die Luft mit Macht:
Sie fuhren zwanzig Meilen | eh' niedersank die Nacht,
Mit günstigem Winde | nieder nach der See;
Ihr starkes Arbeiten | tat einst noch den Beherzten weh.

An dem zwölften Morgen | wie wir hören sagen,
Da hatten sie die Winde | weit hinweggetragen
Nach Isenstein der Feste | in Brunhildens Land,
Das war ihrer keinem | außer Siegfried bekannt.

Als der König Gunther | so viel der Burgen sah
Und auch der weiten Marken | wie bald sprach er da:
„Nun sagt mir, Freund Siegfried | ist euch das bekannt?
Wem sind diese Burgen | und wem das herrliche Land?"

Zur Antwort gab ihm Siegfried | „Das ist mir wohl bekannt:
Das ist Brunhilden | Volk und auch Land
Und Isenstein die Feste | glaubt mir fürwahr:
Da mögt ihr heute schauen | schöner Frauen große Schar.

Ich will euch Helden raten | seid all von einem Mut
Und sprecht in gleichem Sinne | so dünkt es mich gut.
Denn wenn wir heute | vor Brunhilden gehn,
So müssen wir in Sorgen | vor der Königstochter stehn.

Wenn wir die Minnigliche | bei ihren Leuten sehn,
Sollt ihr erlauchte Helden | nur einer Rede stehn:
Gunther sei mein Lehnsherr | und ich ihm Untertan;
So wird ihm sein Verlangen | nach seinem Wunsche getan."

Sie waren all willfährig | zu tun, wie er sie hieß:
In seinem Übermute | es auch nicht einer ließ,
Sie sprachen, wie er wollte | wohl frommt' es ihnen da,
Als der König Gunther | die schöne Brunhild ersah.

„Wohl tu' ich's nicht so gerne | dir zu lieb allein
Als um deine Schwester | das schöne Mägdelein.
Die ist mir wie die Seele | und wie mein eigner Leib;
Ich will es gern verdienen | daß sie werde mein Weib."

SIEBENTES ABENTEUER

WIE GUNTHER BRUNHILDEN GEWANN

Ihr Schifflein unterdessen | war auf dem Meer
Zur Burg heran geflossen | da sah der König hehr
Oben in den Fenstern | manche schöne Maid.
Daß er sie nicht erkannte | das war in Wahrheit ihm leid.

Er fragte Siegfrieden | den Gesellen sein:
„Hättet ihr wohl Kunde | um diese Mägdelein,
Die dort hernieder schauen | nach uns auf die Flut?
Wie ihr Herr auch heiße | so tragen sie hohen Mut.“

Da sprach der kühne Siegfried | „Nun sollt ihr heimlich spähn
Nach den Jungfrauen | und sollt mir dann gestehn,
Welche ihr nehmen wolltet | wär’ euch die Wahl verliehn.“
„Das will ich,“ sprach Gunther | dieser Ritter schnell und kühn.

„So schau’ ich ihrer eine | in jenem Fenster an,
Im schneeweißen Kleide | die ist so wohlgetan:
Die wünschen meine Augen | so schön ist sie von Leib.
Wenn ich gebieten dürfte | sie müßte werden mein Weib.“

Dir hat recht erkoren | deiner Augen Schein:
Es ist die edle Brunhild | das schöne Mägdelein,
Nach der das Herz dir ringet | der Sinn und auch der Mut.“
All ihr Gebaren | deuchte König Gunthern gut.

Da hieß die Königstochter | von dem Fenster gehn
Die herrlichen Maide | sie sollten da nicht stehn
Zum Anblick für die Fremden | sie folgten unverwandt.
Was da die Frauen taten | das ist uns auch wohl bekannt.

Sie zierten sich entgegen | den unkunden Herrn,
Wie es immer taten | schöne Frauen gern.
Dann an die engen Fenster | traten sie heran,
Wo sie die Helden sahen | das ward aus Neugier getan.

Nur ihrer viere waren | die kamen in das Land.
Siegfried, der kühne | ein Roß zog auf den Strand.
Das sahen durch die Fenster | die schönen Frauen an:
Große Ehre deuchte | sich König Gunther getan.

Er hielt ihm bei dem Zaume | das zierliche Roß,
Das war gut und stattlich | stark dazu und groß,
Bis der König Gunther | fest im Sattel saß.
Also dient' ihm Siegfried | was er hernach doch ganz vergaß.

Dann zog er auch das seine | aus dem Schiff heran:
Er hatte solche Dienste | gar selten sonst getan,
Daß er am Steigreif Helden | je gestanden war'.
Das sahen durch die Fenster | diese schönen Frauen hehr.

Es war in gleicher Weise | den Helden allbereit
Von schneeblanker Farbe | das Roß und auch das Kleid,
Dem einem wie dem andern | und schön der Schilde Rand:
Die warfen hellen Schimmer | an der edeln Recken Hand.

Ihre Sättel wohlgesteinet | die Brustriemen schmal:
So ritten sie herrlich | vor Brunhildens Saal;
Daran hingen Schellen | von lichtem Golde rot.
Sie kamen zu dem Lande | wie ihr Hochsinn gebot,

Mit Speeren neu geschliffen | mit wohlgeschaffnem Schwert,
Das bis auf die Sporen | ging den Helden wert.
Die Wohlgemuten führten | es scharf genug und breit.
Das alles sah Brunhild | diese herrliche Maid.

Mit ihnen kam auch Dankwart | und sein Bruder Hagen:
Diese beiden trugen | wie wir hören sagen,
Von rabenschwarzer Farbe | reichgewirktes Kleid;
Neu waren ihre Schilde | gut, dazu auch lang und breit.

Von India, dem Lande | trugen sie Gestein,
Das warf an ihrem Kleide | auf und ab den Schein.
Sie ließen unbehütet | das Schifflein bei der Flut;
So ritten nach der Feste | diese Helden kühn und gut.

Sechsundachtzig Türme | sahn sie drin zumal,
Drei weite Pfalzen | und einen schönen Saal
Von edelm Marmelsteine | so grün wie das Gras,
Darin Brunhild selber | mit ihrem Ingesinde saß.

Die Burg war erschlossen | und weithin aufgetan,
Brunhildes Mannen | liefen alsbald heran
Und empfingen die Gäste | in ihrer Herrin Land.
Die Rosse nahm man ihnen | und die Schilde von der Hand.

Da sprach der Kämmrer einer | „Gebt uns euer Schwert
Und die lichten Panzer." | „Das wird euch nicht gewährt,"
Sprach Hagen von Tronje | „wir wollen's selber tragen."
Da begann ihm Siegfried | rechten Bescheid davon zu sagen:

„In dieser Burg ist Sitte | das will ich euch sagen,
Keine Waffen dürfen | da die Gäste tragen:
Laßt sie von hinnen bringen | das ist wohlgetan."
Ihm folgte wider Willen | Hagen, König Gunthers Mann.

Man ließ den Gästen schenken | und schaffen gute Ruh.
Manchen schnellen Recken | sah man dem Hofe zu
Allenthalben eilen | in fürstlichem Gewand;
Doch wurden nach den Kühnen | ringsher die Blicke gesandt.

Nun wurden auch Brunhilden | gesagt die Mären,
Daß unbekannte Recken | gekommen wären
In herrlichem Gewande | geflossen auf der Flut.
Da begann zu fragen | diese Jungfrau schön und gut:

„Ihr sollt mich hören lassen“ | sprach das Mägdelein,
„Wer die unbekannten | Recken mögen sein,
Die ich dort stehen sehe | in meiner Burg so hehr,
Und wem zulieb die Helden | wohl gefahren sind hieher.“

Des Gesindes sprach da einer | „Frau, ich muß gestehn,
Daß ich ihrer keinen | je zuvor gesehn;
Doch einer steht darunter | der Siegfrieds Weise hat:
Den sollt ihr wohl empfangen | das ist in Treuen mein Rat.

Der andere der Gesellen | gar löblich dünkt er mich;
Wenn er die Macht besäße | zum König ziemt' er sich
Ob weiten Fürstenlanden | sollt er die versehn.
Man sieht ihn bei den andern | so recht herrlich da stehn.

Der dritte der Gesellen | der hat gar herben Sinn,
Doch schönen Wuchs nicht minder | reiche Königin.
Die Blicke sind gewaltig | deren so viel er tut:
Er trägt in seinem Sinne | wähn' ich, grimmigen Mut.

Der jüngste darunter | gar löblich dünkt er mich:
Man sieht den reichen Degen | so recht minniglich
In jungfräulicher Sitte | und edler Haltung stehn:
Wir müßten's alle fürchten | wär' ihm ein Leid hier geschehn,

So freundlich er gebare | so wohlgetan sein Leib,
Er brächte doch zum Weinen | manch weidliches Weib,
Wenn er zürnen sollte | sein Wuchs ist wohl so gut,
Er ist an allen Tugenden | ein Degen kühn und wohlgemut.“

Da sprach die Königstochter: | „Nun bringt mir mein Gewand:
Und ist der starke Siegfried | gekommen in mein Land
Um meiner Minne willen | es geht ihm an den Leib:
Ich fürcht' ihn nicht so heftig | daß ich würde sein Weib.“

Brunhild die schöne | trug bald erlesen Kleid.
Auch gab ihr Geleite | manche schöne Maid,
Wohl hundert oder drüber | sie all in reicher Zier.
Die Gäste kam zu schauen | manches edle Weib mit ihr.

Mit ihnen gingen Degen | da aus Island,
Brunhildens Recken | die Schwerter in der Hand,
Fünfhundert oder drüber | das war den Gästen leid.
Aufstanden von den Sitzen | die kühnen Helden allbereit.

Als die Königstochter | Siegfrieden sah,
Nun höret, wie die Jungfrau | zu ihm redet' da:
„Seid willkommen, Siegfried | hier in diesem Land.
Was meint eure Reise? | das macht mir, bitt' ich, bekannt."

„Viel Dank muß ich euch sagen | Frau Brunhild,
Daß ihr mich geruht zu grüßen | Fürstentochter mild,
Vor diesem edlen Recken | der hier vor mir steht:
Denn der ist mein Lehnsherr | der Ehre Siegfried wohl enträt.

Er ist geboren vom Rheine | was soll ich sagen mehr?
Dir nur zuliebe | fuhren wir hieher.
Er will dich gerne minnen | was ihm geschehen mag.
Nun bedenke dich bei Zeiten | mein Herr läßt nimmermehr nach.

Er ist geheißen Gunther | ein König reich und hehr.
Erwirbt er deine Minne | nicht mehr ist sein Begehr.
Er gebot mir, herzufahren | mit ihm, meinem Herrn.
Hätt' ich's ihm weigern können | ich unterließ die Reise gern."

Sie sprach: „Wenn er dein Herr ist | und du in seinem Lehn,
Wagt er, die ich erteile | meine Spiele zu bestehn
Und bleibt darin der Meister | so werd' ich sein Weib;
Doch ist's, daß ich gewinne | es geht euch allen an den Leib."

Da sprach von Tronje Hagen: | „So zeigt uns, Königin,
Eure starken Spiele. | Eh' euch den Gewinn
Mein Herr Gunther ließe | so müßt' es übel sein:
Er mag wohl noch erwerben | ein so schönes Mägdelein."

Den Stein soll er werfen | und springen darnach,
Den Speer mit mir schießen | drum sei euch nicht zu jach.
Ihr verliert hier mit der Ehre | Leben leicht und Leib:
Drum mögt ihr euch bedenken" | sprach das minnigliche Weib.

Siegfried, der schnelle | ging zu dem König hin
Und bat ihn, frei zu reden | mit der Königin
Ganz nach seinem Willen | angstlos soll' er sein!
„Ich will dich wohl behüten | vor ihr mit den Listen mein."

Da sprach der König Gunther: | „Königstochter hehr,
Erteilt mir, was ihr wollet | und wär' es auch noch mehr,
Euer Schönheit willen | bestünd' ich alles gern.
Mein Haupt will ich verlieren | gewinnt ihr mich nicht zum Herrn."

Als da seine Rede | vernahm die Königin,
Bat sie, wie ihr ziemte | das Spiel nicht zu verziehn.
Sie ließ sich zum Streite | bringen ihr Gewand,
Einen goldnen Panzer | und einen guten Schildesrand.

Ein seiden Waffenhemde | zog sich an die Maid,
Daß ihr keine Waffe | verletzen konnt' im Streit,
Von Zeugen wohlgeschaffen | aus Libya dem Land:
Lichtgewirkte Borten | erglänzten rings an dem Rand.

Derweil hat ihr Übermut | den Gästen schwer gedräut.
Dankwart und Hagen | die standen unerfreut.
Wie es dem Herrn erginge | sorgte sehr ihr Mut.
Sie dachten: „Unsre Reise | bekommt uns Recken nicht gut."

Derweilen ging Siegfried | der weidliche Mann,
Eh' es wer bemerkte | an das Schiff heran,
Wo er die Tarnkappe | verborgen liegen fand,
In die er hurtig schlüpfte | da war er niemand bekannt.

Er eilte bald zurücke | und fand hier Recken viel:
Die Königin erteilte | da ihr hohes Spiel.
Da ging er hin verstohlen | (durch Zauber dies geschah),
Von allen, die da waren | ihn nicht einer ersah.

Es war ein Kreis gezogen | wo das Spiel geschehn
Vor kühnen Recken sollte | die es wollten sehn.
Mehr denn siebenhundert | sah man Waffen tragen:
Wer das Spiel gewänne | das sollten diese Helden sagen.

Da war gekommen Brunhild | die man gewaffnet fand,
Als ob sie streiten wolle | um aller Kön'ge Land.
Wohl trug sie auf der Seide | viel Golddrähte fein;
Ihre minnigliche Farbe | gab darunter holden Schein.

Nun kam ihr Gesinde | das trug herbei zuhand
Aus allrotem Golde | einen Schildesrand
Mit hartem Stahlbeschlage | mächtig groß und breit,
Worunter spielen wollte | diese minnigliche Maid.

An einer edlen Borte | ward der Schild getragen,
Auf der Edelsteine | grasgrüne, lagen;
Die tauschten mannigfaltig | Gefunkel mit dem Gold.
Er bedurfte großer Kühnheit | dem die Jungfrau wurde hold.

Der Schild war untern Buckeln | so ward uns gesagt,
Von dreier Spannen Dicke | den trug hernach die Magd.
An Stahl und auch an Golde | war er reich genug,
Den ihrer Kämmrer einer | selbvierter nur mit Mühe trug.

Als der starke Hagen | den Schild hertragen sah,
In grimmigem Mute | sprach der Tronjer da:
„Wie nun, König Gunther? | An Leben geht's und Leib:
Die ihr begehrt zu minnen | die ist ein teuflisches Weib."

Hört noch von ihren Kleidern | deren hatte sie genug.
Von Azagauger Seide | einen Wappenrock sie trug,
Der kostbar war und edel | daran warf hellen Schein
Von der Königstochter | gar mancher herrliche Stein.

Da brachten sie der Frauen | mächtig und breit
Einen scharfen Wurfspieß | den verschoß sie allezeit,
Stark und ungefüge | groß dazu und schwer.
An seinen beiden Seiten | schnitt gar grimmig der Speer.

Von des Spießes Schwere | höret Wunder sagen:
Wohl hundert Pfund Eisen | war dazu verschlagen.
Ihn trugen mühsam Dreie | von Brunhildens Heer;
Gunther, der edle | rang mit Sorgen da schwer.

Er dacht' in seinem Sinne: | „Was soll das sein hier?
Der Teufel aus der Hölle | wie schützt er sich vor ihr?
War' ich mit meinem Leben | wieder an dem Rhein,
Sie dürfte hier wohl lange | meiner Minne ledig sein."

Da sprach Hagens Bruder | der kühne Dankwart:
„Mich reut in der Seele | her zu Hof die Fahrt.
Nun hießen wir einst Recken | wie verlieren wir den Leib,
Soll uns in diesem Lande | nun verderben ein Weib?

„Des muß mich sehr verdrießen | daß ich kam in dieses Land.
Hätte mein Bruder Hagen | sein Schwert an der Hand
Und auch ich das meine | so sollten sachte gehn
Mit ihrem Übermute | die in Brunhildens Lehn.

„Sie sollten sich bescheiden | das glaubet mir nur.
Hätt' ich den Frieden tausendmal | bestärkt mit einem Schwur,
Bevor ich sterben sähe | den lieben Herren mein,
Das Leben müßte lassen | dieses schöne Mägdelein."

„Wir möchten ungefangen | wohl räumen dieses Land,"
Sprach sein Bruder Hagen | „hätten wir das Gewand,
Des wir zum Streit bedürfen | und die Schwerter gut,
So sollte sich wohl sänften | der schönen Fraue Übermut."

Wohl hörte, was er sagte | die Fraue wohlgetan;
Über die Achsel | sah sie ihn lächelnd an.
„Nun er so kühn sich dünket | so bringt doch ihr Gewand,
Ihre scharfen Waffen | gebt den Helden an die Hand."

Als man die Waffen brachte | wie die Maid gebot,
Dankwart der kühne | ward vor Freuden rot.
„Nun spielt, was ihr wollet" | sprach der Degen wert,
„Gunther ist unbezwungen | wir haben wieder unser Schwert."

Brunhildens Stärke | zeigte sich nicht klein:
Man trug ihr zu dem Kreise | einen schweren Stein,
Groß und ungefüge | rund dabei und breit.
Ihn trugen kaum zwölfe | dieser Degen kühn im Streit.

Den warf sie allerwegen | wie sie den Speer verschoß.
Darüber war die Sorge | der Burgunden groß.
„Wen will der König werben?" | sprach da Hagen laut:
„Wär' sie in der Hölle | doch des Übeln Teufels Braut!"

An ihre weißen Arme | sie die Ärmel wand,
Sie schickte sich und faßte | den Schild an die Hand,
Sie schwang den Spieß zur Höhe | das war des Kampfs Beginn.
Gunther und Siegfried bangten | vor Brunhildens grimmem Sinn.

Und wär' ihm da Siegfried | zu Hilfe nicht gekommen,
So hätte sie dem König | das Leben wohl benommen.
Er trat hinzu verstohlen | und rührte seine Hand;
Gunther seine Künste | mit großen Sorgen befand.

„Wer war's, der mich berührte?" | dachte der kühne Mann,
Und wie er um sich blickte | da traf er niemand an.
Er sprach: „Ich bin es, Siegfried | der Geselle dein:
Du sollst ganz ohne Sorge | vor der Königin sein.

„Den Schild gib aus den Händen | und laß mich ihn tragen
Und behalt' im Sinne | was du mich hörest sagen:
Du habe die Gebärde | ich will das Werk begehn."
Als er ihn erkannte | da war ihm Liebes geschehn.

„Verhehl' auch meine Künste | die darfst du niemand sagen:
So mag die Königstochter | schwerlich viel erjagen
An dir etwelches Ruhmes | wie sie gesonnen ist:
Nun sieh doch, welcher Kühnheit | sie wider dich sich vermißt."

Da schoß mit ganzen Kräften | die herrliche Maid
Den Speer nach einem neuen Schild | mächtig und breit;
Den trug an der Linken | Sieglindens Kind.
Das Feuer sprang vom Stahle | als ob es wehte der Wind.

Des starken Spießes Schneide | den Schild ganz durchdrang,
Daß das Feuer lohend | aus den Ringen sprang.
Von dem Schusse fielen | die kraftvollen Degen:
War nicht die Tarnkappe | sie wären beide da erlegen.

Siegfried, dem kühnen | vom Munde brach das Blut.
Bald sprang er auf die Füße | da nahm der Degen gut
Den Speer, den sie geschossen | ihm hatte durch den Rand:
Den warf ihr jetzt zurücke | Siegfried mit kraftvoller Hand.

Er dacht': „Ich will nicht schießen | das Mägdlein wonniglich."
Des Spießes Schneide kehrt' er | hinter den Rücken sich;
Mit der Speerstange | schoß er auf ihr Gewand,
Daß es laut erhallte | von seiner kraftreichen Hand.

Das Feuer stob vom Panzer | als trieb' es der Wind.
Es hatte wohl geschossen | der Sieglinde Kind:
Sie vermochte mit den Kräften | dem Schusse nicht zu stehn;
Das war' von König Gunthern | in Wahrheit nimmer geschehn.

Brunhild die schöne | bald auf die Füße sprang:
„Gunther, edler Ritter | des Schusses habe Dank!"
Sie wähnt', er hätt' es selber | mit seiner Kraft getan;
Nein, zu Boden warf sie | ein viel stärkerer Mann.

Da ging sie hin geschwinde | zornig war ihr Mut,
Den Stein hoch erhub sie | die edle Jungfrau gut;
Sie schwang ihn mit Kräften | weithin von der Hand,
Dann sprang sie nach dem Wurfe | daß laut erklang ihr Gewand.

Der Stein fiel zu Boden | von ihr zwölf Klafter weit:
Den Wurf überholte | im Sprung die edle Maid.
Hin ging der schnelle Siegfried | wo der Stein nun lag:
Gunther mußt' ihn wägen | des Wurfs der Held selber pflag.

Siegfried war kräftig | kühn und auch lang;
Den Stein warf er ferner | dazu er weiter sprang.
Ein großes Wunder war es | und künstlich genug,
Daß er in dem Sprunge | den König Gunther noch trug.

Der Sprung war ergangen | am Boden lag der Stein:
Gunther war's, der Degen | den man sah allein.
Brunhild die schöne | ward vor Zorne rot;
Gewendet hatte Siegfried | dem König Gunther den Tod.

Zu ihrem Ingesinde | sprach die Königin da,
Als sie gesund den Helden | an des Kreises Ende sah:
„Ihr, meine Freund' und Mannen | tretet gleich heran:
Ihr sollt dem König Gunther | alle werden untenan."

Da legten die Kühnen | die Waffen von der Hand
Und boten sich zu Füßen | von Burgundenland
Gunther dem reichen | so mancher kühne Mann:
Sie wähnten, die Spiele | hätt' er mit eigner Kraft getan.

Er grüßte sie gar minniglich | wohl trug er höf'schen Sinn.
Da nahm ihn bei der Rechten | die schöne Königin:
Sie erlaubt' ihm, zu gebieten | in ihrem ganzen Land.
Des freute sich da Hagen | der Degen kühn und gewandt.

Sie bat den edeln Ritter | mit ihr zurückzugehn
Zu dem weiten Saale | als dies war geschehn,
Begrüßte man die Recken | erst recht ehrenvoll.
Dankwart und Hagen | nahmen's hin ohne Groll.

Siegfried der schnelle | war wohl schlau genug,
Daß er die Tarnkappe | aufzubewahren trug.
Dann ging er zu dem Saale | wo manche Fraue saß;
Er sprach zu dem König | gar listiglich tat er das:

„Was säumt ihr, Herr König | und beginnt die Spiele nicht,
Die euch aufzugeben | die Königin verspricht?
Laßt uns doch bald erschauen | wie es damit bestellt."
Als wüßt' er nichts von allem | so tat der listige Held.

Da sprach die Königstochter: | „Wie konnte das geschehn,
Daß ihr nicht die Spiele | Herr Siegfried, habt gesehn,
Worin hier Sieg errungen | hat König Gunthers Hand?"
Zur Antwort gab ihr Hagen | aus der Burgunden Land:

Er sprach: „Da habt ihr, Königin | uns betrübt den Mut:
Da war bei dem Schiffe | Siegfried der Degen gut,
Als der Vogt vom Rheine | das Spiel euch abgewann;
Drum ist es ihm unkundig" | sprach da Gunthers Untertan.

„Nun wohl mir dieser Märe“ | sprach Siegfried der Held,
„Daß hier eure Hochfahrt | also ward gefällt,
Und jemand lebt, der euer | Meister möge sein.
Nun sollt ihr, edle Jungfrau | uns hinnen folgen an den Rhein.“

Da sprach die Wohlgetane: | „Das mag noch nicht geschehn.
Erst frag’ ich meine Vettern | und die in meinem Lehn.
Ich darf ja nicht so leichthin | räumen dies mein Land:
Meine höchsten Freunde | die werden erst noch besandt.“

Da ließ sie ihre Boten | nach allen Seiten gehn:
Sie besandte ihre Freunde | und die in ihrem Lehn,
Daß sie zum Isensteine | kämen unverwandt;
Einem jeden ließ sie geben | reiches, herrliches Gewand.

Da ritten alle Tage | beides, spat und fruh,
Der Feste Brunhildens | die Recken scharweis zu.
„Nun ja doch,“ sprach da Hagen | „was haben wir getan!
Wir erwarten uns zum Schaden | hier die Brunhild untenan.

„Wenn sie mit ihren Kräften | kommen in dies Land,
Der Königin Gedanken | die sind uns unbekannt:
Wie, wenn sie uns zürnte? | so wären wir verloren,
Und wär’ uns das edle Mägdlein | zu großen Sorgen geboren!“

Da sprach der starke Siegfried: | „Dem will ich widerstehn.
Was euch da Sorge schaffet | das lass’ ich nicht geschehn.
Ich will euch Hilfe bringen | her in dieses Land
Durch auserwählte Degen | die sind euch noch unbekannt.

Ihr sollt nach mir nicht fragen | ich will von hinnen fahren;
Gott möge eure Ehre | derweil wohl bewahren.
Ich komme bald zurücke | und bring euch tausend Mann
Der allerbesten Degen | deren ich Kunde je gewann.“

„So bleibt nur nicht zu lange“ | der König sprach da so,
„Wir sind eurer Hilfe | nicht unbillig froh.“
Er sprach: „Ich komme wieder | gewiß in wenig Tagen.
Ihr hättet mich versendet | sollt ihr der Königin sagen.“

ACHTES ABENTEUER

WIE SIEGFRIED NACH DEN NIBELUNGEN FUHR

Von dannen ging da Siegfried | zum Hafen an den Strand
In seiner Tarnkappe | wo er ein Schifflein fand.
Darin stand verborgen | König Siegmunds Kind:
Er führt' es bald von dannen | als ob es wehte der Wind.

Den Steuermann sah niemand | wie schnell das Schifflein floß
Von Siegfriedens Kräften | die waren also groß.
Da wähnten sie, es trieb' es | ein eigner starker Wind:
Nein, es führt' es Siegfried | der schönen Sieglinde Kind.

Nach des Tags Verlaufe | und in der einen Nacht
Kam er zu einem Lande | von gewalt'ger Macht:
Es war wohl hundert Rasten | und noch darüber lang,
Das Land der Nibelungen | wo er den großen Schatz errang.

Der Held fuhr alleine | nach einem Werder breit:
Sein Schiff band er feste | der Ritter allbereit.
Er fand auf einem Berge | eine Burg gelegen
Und suchte Herberge | wie die Wegemüden pflegen.

Da kam er vor die Pforte | die ihm verschlossen stand:
Sie bewachten ihre Ehre | wie Sitte noch im Land.
Ans Tor begann zu klopfen | der unbekannte Mann:
Das wurde wohl behütet | da traf er innerhalben an

Einen Ungefügen | der da der Wache pflag,
Bei dem zu allen Zeiten | sein Gewaffen lag.
Der sprach: „Wer pocht so heftig | da draußen an das Tor?“
Da wandelte die Stimme | der kühne Siegfried davor

Und sprach: „Ich bin ein Recke | tut mir auf alsbald,
Sonst erzürn’ ich etlichen | hier außen mit Gewalt,
Der gern in Ruhe läge | und hätte sein Gemach.“
Das verdroß den Pförtner | als da Siegfried also sprach.

Der kühne Riese hatte | die Rüstung angetan,
Den Helm aufs Haupt gehoben | der gewaltige Mann:
Den Schild alsbald ergriffen | und schwang nun auf das Tor.
Wie lief er Siegfrieden | da so grimmig an davor!

Wie er zu wecken wage | so manchen kühnen Mann?
Da wurden schnelle Schläge | von seiner Hand getan.
Der edle Fremdling schirmte | sich vor manchem Schlag;
Da hieb ihm der Pförtner | in Stücke seines Schilds Beschlag

Mit einer Eisenstange | so litt der Degen Not.
Schier begann zu fürchten | der Held den grimmen Tod,
Als der Türhüter | so mächtig auf ihn schlug.
Dafür war ihm gewogen | sein Herre Siegfried genug.

Sie stritten so gewaltig | die Burg gab Widerhall:
Man hörte fern das Tosen | in König Niblungs Saal.
Doch zwang er den Pförtner | zuletzt, daß er ihn band;
Kund ward diese Märe | in allem Nibelungenland.

Das Streiten hatte ferne | gehört durch den Berg
Alberich der kühne | ein wildes Gezwerg.
Er waffnete sich balde | und lief hin, wo er fand
Diesen edeln Fremdling | als er den Riesen eben band.

Alberich war mutig | dazu auch stark genug.
Helm und Panzerringe | er am Leibe trug
Und eine schwere Geisel | von Gold an seiner Hand.
Da lief er hin geschwinde | wo er Siegfrieden fand.

Sieben schwere Knöpfe | hingen vorn daran,
Womit er vor der Linken | den Schild dem kühnen Mann
So bitterlich zergerbte | in Splitter ging er fast.
In Sorgen um sein Leben | geriet der herrliche Gast.

Den Schild er ganz zerbrochen | seiner Hand entschwang:
Da stieß er in die Scheide | eine Waffe, die war lang.
Seinen Kammerwärter | wollt' er nicht schlagen tot:
Er schonte seiner Leute | wie ihm die Treue gebot.

Mit den starken Händen | Albrichen lief er an,
Und erfaßte bei dem Barte | den altgreisen Mann.
Den zuckt' er ungefüge | der Zwerg schrie auf vor Schmerz.
Des jungen Helden Züchtigung | ging Alberichen ans Herz.

Laut rief der Kühne | „Nun laßt mir das Leben:
Und hätt' ich einem Helden | mich nicht schon ergeben,
Dem ich schwören mußte | ich wär' ihm Untertan,
Ich dient' euch, bis ich stürbe" | so sprach der listige Mann.

Er band auch Alberichen | wie den Riesen eh:
Siegfriedens Kräfte | taten ihm gar weh.
Der Zwerg begann zu fragen | „Wie seid ihr genannt?"
Er sprach: „Ich heiße Siegfried | ich wähnt', ich wäre euch bekannt."

„So wohl mir dieser Kunde" | sprach da Alberich,
„An euern Heldenwerken | spürt' ich nun sicherlich,
Daß ihr's wohl verdientet | des Landes Herr zu sein.
Ich tu', was ihr gebietet | laßt ihr nur mich gedeihn."

Da sprach der Degen Siegfried | „So macht euch auf geschwind
Und bringt mir her der Besten | die in der Feste sind,
Tausend Nibelungen | die will ich vor mir sehn.
So lass' ich euch kein Leides | an euerm Leben geschehn."

Albrichen und den Riesen | löst' er von dem Band.
Hin lief der Zwerg geschwinde | wo er die Recken fand.
Sorglich erweckt' er | die in Niblungs Lehn
Und sprach: „Wohlauf, ihr Helden | ihr sollt zu Siegfrieden gehn."

Sie sprangen von den Betten | und waren gleich bereit:
Tausend schnelle Ritter | standen im Eisenkleid.
Er brachte sie zur Stelle | wo er Siegfried fand:
Der grüßte schön die Degen | und gab manchem die Hand.

Viel Kerzen ließ man zünden | man schenkt' ihm lautern Trank.
Daß sie so bald gekommen | des sagt' er allen Dank.
Er sprach: „Ihr sollt von hinnen | mir folgen über Flut."
Dazu fand er willig | diese Helden kühn und gut.

Wohl dreißig hundert Recken | kamen ungezählt:
Von denen wurden tausend | der besten auserwählt,
Man brachte ihre Helme | und ander Rüstgewand,
Da er sie führen wollte | hin zu Brunhildens Land.

Er sprach: „Ihr guten Ritter | Eins laßt euch sagen:
Ihr sollt reiche Kleider | dort am Hofe tragen,
Denn uns wird da schauen | manch minnigliches Weib:
Darum sollt ihr zieren | mit guten Kleidern den Leib."

Eines frühen Morgens | begannen sie die Fahrt:
Was schneller Mannen hatte | da Siegfried sich geschart!
Sie führten gute Rosse | und herrlich Gewand:
Sie kamen stolz gezogen | hin zu Brunhildens Land.

Da stand in den Zinnen | manch minnigliches Kind.
Da sprach die Königstochter | „Weiß jemand, wer die sind,
Die ich dort fließen sehe | so fern auf der See?
Sie führen reiche Segel | sie sind noch weißer als der Schnee."

Da sprach der König vom Rheine | „Es ist mein Heergeleit,
Das ich auf der Reise | verließ von hier nicht weit:
Ich habe sie besendet | nun sind sie, Frau, gekommen."
Der herrlichen Gäste | ward mit Züchten wahrgenommen.

Da sah man Siegfrieden | im Schiffe stehn voran
In herrlichem Gewande | mit manchem andern Mann.
Da sprach die Königstochter | „Herr König, wollt mir sagen:
Soll ich die Gäste grüßen | oder ihnen Gruß versagen?"

Er sprach: „Ihr sollt entgegen | ihnen vor den Pallas gehn,
Ob ihr sie gerne sehet | daß sie das wohl verstehn."
Da tat die Königstochter | wie ihr der König riet;
Siegfrieden mit dem Gruße | sie von den andern unterschied.

Herberge gab man ihnen | und wahrt' ihr Gewand.
Da waren so viel Gäste | gekommen in das Land,
Daß sie sich allenthalben | drängten mit den Scharen:
Da wollten heim die Kühnen | zu den Burgunden fahren.

Da sprach die Königstochter | „Dem blieb ich immer hold,
Der zu verteilen wüßte | mein Silber und mein Gold
Meinen Gästen und des Königs | des ich so viel gewann."
Zur Antwort gab ihr Dankwart | des kühnen Geiselher Mann:

„Viel edle Königstochter | laßt mich der Schlüssel pflegen;
Ich will es so verteilen" | sprach der kühne Degen,
„Wenn ich mir Schand' erwerbe | die treffe mich allein."
Daß er milde wäre | das leuchtete da wohl ein.

Als sich Hagens Bruder | der Schlüssel unterwand,
So manche reiche Gabe | bot des Helden Hand:
Wer eine Mark begehrte | dem ward so viel gegeben,
Daß die Armen alle | da in Freuden mochten leben.

Wohl mit hundert Pfunden | gab er ohne Wahl.
Da ging in reichem Kleide | mancher aus dem Saal,
Der nie zuvor im Leben | so hehr Gewand noch trug.
Die Königin erfuhr es | da war es ihr leid genug.

Sie sprach zu dem König | „Des hätt' ich gerne Rat,
Daß nichts mir soll verbleiben | von meinem Kleiderstaat
Vor euerm Kämmerlinge | er verschwendet all mein Gold.
Wer dem noch widerstände | dem wollt' ich immer bleiben hold.

Er gibt so reiche Gaben | der Degen wähnet eben,
Ich habe nach dem Tode | gesandt: ich will noch leben
Und kann wohl selbst verschwenden | meines Vaters Gut."
Nie hatt' einer Königin | Kämmerer so milden Mut.

Da sprach von Tronje Hagen | „Frau, euch sei bekannt:
Der König vom Rheine | hat Gold und Gewand
Zu geben solche Fülle | daß es nicht Not ihm tut,
Von hier hinweg zu führen | einen Teil von Brunhilds Gut."

Nein, wenn ihr mich liebet" | sprach sie zu dem Herrn,
„Zwanzig Reiseschreine | füllt' ich mir gern
Mit Gold und mit Seide | das soll meine Hand
Verteilen, so wir kommen | hinüber in Burgunden Land."

Da lud man ihr die Kisten | mit edelm Gestein.
Der Frauen Kämmerlinge | mußten zugegen sein:
Sie wollt' es nicht vertrauen | Geiselhers Untertan.
Gunther und Hagen | darob zu lachen begann.

Da sprach die Königstochter | „Wem lass' ich nun mein Land?
Das soll hier erst bestimmen | mein und eure Hand."
Da sprach der edle König | „So rufet wen herbei,
Der euch dazu gefalle | daß er zum Vogt geordnet sei."

Ihrer nächsten Freunden einen | die Jungfrau bei sich sah;
Es war ihr Mutterbruder | zu dem begann sie da:
„Nun laßt euch sein befohlen | die Burgen und das Land,
Bis seine Amtleute | der König Gunther gesandt."

Aus dem Gesinde wählte | sie zweitausend Mann,
Die mit ihr fahren sollten | gen Burgund hindann
Mit jenen tausend Recken | aus Nibelungenland.
Sie schickten sich zur Reise | man sah sie reiten nach dem Strand.

Sie führten mit von dannen | sechsundachtzig Fraun,
Dazu wohl hundert Mägdelein | die waren schön zu schaun.
Sie säumten sich nicht länger | sie eilten nun hindann:
Die sie zuhause ließen | wie manche hub zu weinen an!

In höfischen Züchten | räumte die Frau ihr Land,
Die nächsten Freunde küssend | die sie bei sich fand.
Mit gutem Urlaube | kamen sie aufs Meer;
Ihres Vaters Lande | sah die Jungfrau nimmermehr.

Auf ihrer Fahrt ertönte | vielfaches Freudenspiel;
Aller Kurzweile | hatten sie da viel.
Auch hob sich zu der Reise | der rechte Wasserwind.
Sie fuhren ab vom Lande | das beweinte mancher Mutter Kind.

Doch wollte sie den König | nicht minnen auf der Fahrt:
Ihre Kurzweil wurde | bis in sein Haus gespart
Zu Worms in der Feste | zu einem Hofgelag,
Dahin mit ihren Helden | sie fröhlich kamen hernach.

NEUNTES ABENTEUER

WIE SIEGFRIED NACH WORMS GESANDT WARD

Da sie gefahren waren | voll neun Tage,
Da sprach von Tronje Hagen | „Nun höret, was ich sage.
Wir säumen mit der Kunde | nach Worms an den Rhein:
Nun sollten eure Boten | schon bei den Burgunden sein."

Da sprach König Gunther | „Ihr redet recht daran;
Auch hätt' uns wohl niemand | die Fahrt so gern getan
Als ihr selbst, Freund Hagen | nun reitet in mein Land,
Unsre Hofreise | macht niemand besser da bekannt."

Drauf entgegnet' Hagen | „Ich bin kein Bote gut:
Laßt mich der Kammer pflegen | bleiben auf der Flut
Will ich hier bei den Frauen | behüten ihr Gewand,
Bis daß wir sie bringen | in der Burgunden Land.

Nein, bittet Siegfrieden | um die Botschaft dahin:
Der mag sie wohl verrichten | mit zuchtreichem Sinn.
Versagt er euch die Reise | ihr sollt mit guten Sitten
Bei eurer Schwester Liebe | um die Fahrt ihn freundlich bitten."

Er sandte nach dem Recken | der kam, als man ihn fand.
Er sprach zu ihm: „Wir nahen | uns schon meinem Land;
Da sollt' ich Boten senden | der lieben Schwester mein
Und auch meiner Mutter | daß wir kommen an den Rhein.

So bin' ich euch, Herr Siegfried | erfüllet mein Begehr,
Ich will's euch immer danken" | so sprach der Degen hehr.
Da weigerte sich Siegfried | dieser kühne Mann,
Bis ihn König Gunther | sehr zu flehen begann.

Er sprach: „Ihr sollt reiten | um den Willen mein,
Dazu auch um Kriemhild | das schöne Mägdelein,
Daß es mit mir vergelte | die herrliche Maid."
Als Siegfried das hörte | da war der Recke bald bereit.

„Entbietet, was ihr wollet | es soll gemeldet sein:
Ich will es gern bestellen | um das schöne Mägdelein.
Die ich im Herzen trage | verzichtet' ich auf die?
Leisten will ich alles | was ihr gebietet, um sie."

„So saget meiner Mutter | Ute der Königin,
Daß ich auf dieser Reise | hohen Mutes bin.
Wie wir geworben haben | sagt meinen Brüdern an;
Auch unsern Freunden werde | diese Märe kund getan.

Ihr sollt auch nichts verschweigen | der schönen Schwester mein,
Ich wollt' ihr mit Brunhilden | stets zu Diensten sein;
So sagt auch dem Gesinde | und wer mir untenan
Was je mein Herz sich wünschte | daß ich das alles gewann.

Und saget Ortweinen | dem lieben Neffen mein,
Daß er Gestühl errichte | zu Worms bei dem Rhein;
Den Mannen auch und Freunden | sei es kund getan,
Ich stelle mit Brunhilden | eine große Hochzeit an.

Und bittet meine Schwester | werd' ihr das bekannt,
Daß ich mit meinen Gästen | gekommen sei ins Land,
Daß sie dann wohl empfange | die liebe Traute mein:
So woll' ich Kriemhilden | stets zu Dienst erbötig sein."

Da bat bei Brunhilden | und ihrem Ingesind
Alsbald um den Urlaub | Siegfried, Siegmunds Kind,
Wie es ihm geziemte | da ritt er an den Rhein.
Es könnt' in allen Landen | ein beßrer Bote nicht sein.

Mit vierundzwanzig Recken | zu Worms kam er an;
Ohne den König kam er | das wurde kund getan.
Da mühten all die Degen | in Jammer sich und Not,
Besorgt, daß dort der König | gefunden habe den Tod.

Sie stiegen von den Rossen | und trugen hohen Mut;
Da kam alsbald Herr Geiselher | der junge König gut,
Und Gernot, sein Bruder | wie hurtig sprach er da,
Als er den König Gunther | nicht bei Siegfrieden sah:

„Willkommen, Herr Siegfried | ich bitte, sagt mir an:
Wo habt ihr meinen Bruder | den König, hingetan?
Brunhildens Stärke | hat ihn uns wohl benommen;
So war uns sehr zum Schaden | ihre hohe Minne gekommen."

„Die Sorge lasset fahren | euch und den Freunden sein
Entbietet seine Dienste | der Heergeselle mein.
Ich verließ ihn wohlgeborgen | er hat mich euch gesandt,
Daß ich sein Bote würde | mit Mären her in euer Land.

„Nun helft mir es fügen | wie es auch gescheh',
Daß ich die Königin Ute | und eure Schwester seh';
Die soll ich hören lassen | was ihr zu wissen tut,
Gunther und Frau Brunhild | um sie beide steht es gut."

Da sprach der junge Geiselher | „So sprecht bei ihnen an;
Da habt ihr meiner Schwester | einen Liebesdienst getan.
Sie trägt noch große Sorge | um den Bruder mein:
Die Maid sieht euch gerne | dafür will ich euch Bürge sein."

Da sprach der Degen Siegfried | „Wo ich ihr dienen kann,
Das soll immer treulich | und willig sein getan.
Wer sagt nun, daß ich komme | den beiden Frauen an?"
Da warb die Botschaft Geiselher | dieser weidliche Mann.

Geiselher der junge | sprach zu der Mutter da
Und auch zu seiner Schwester | als er die beiden sah:
„Uns ist gekommen Siegfried | der Held aus Niederland;
Ihn hat mein Bruder Gunther | her zum Rheine gesandt.

Er bringt uns die Kunde | wie's um den König steht;
Nun sollt ihr ihm erlauben | daß er zu Hofe geht:
Er bringt die rechten Mären | uns her von Island."
Noch war den edlen Frauen | große Sorge nicht gewandt.

Sie sprangen nach dem Staate | und kleideten sich drein
Und luden Siegfrieden | nach Hof zu kommen ein.
Das tat der Degen williglich | weil er sie gerne sah.
Kriemhild die edle | sprach zu ihm in Güte da:

„Willkommen, Herr Siegfried | ein Ritter ohne Gleich,
Wo blieb mein Bruder Gunther | der edle König reich?
Durch Brunhilds Stärke, fürcht' ich | ging er uns verloren:
O weh mir armen Mägdelein | daß ich je ward geboren!"

Da sprach der kühne Ritter | „Nun gebt mir Botenbrot!
Ihr zwei schönen Frauen | weinet ohne Not.
Ich verließ ihn wohlgeborgen | das tu' ich euch bekannt:
Sie haben mich euch beiden | mit der Märe hergesandt.

„Mit freundlicher Liebe | viel edle Herrin mein,
Entbeut euch seine Dienste | er und die Traute sein.
Nun laßt euer Weinen | sie wollen balde kommen."
Sie hatte lange Tage | so liebe Märe nicht vernommen.

Mit schneeweißem Kleide | aus Augen wohlgetan
Wischte sie die Tränen | zu danken hüben sie an
Dem Boten dieser Märe | die ihr war gekommen.
Ihr war die große Trauer | und auch ihr Weinen benommen.

Sie hieß den Boten sitzen | des war er gern bereit.
Da sprach die Minnigliche | „Es wäre mir nicht leid,
Wenn ich euch geben dürfte | zum Botenlohn mein Gold.
Dazu seid ihr zu vornehm | so bleib' ich sonst denn euch hold."

Und würden dreißig Lande" | sprach er, „mein genannt,
So empfing' ich Gabe | doch gern aus eurer Hand."
Da sprach die Wohlgezogne | „Wohlan, es soll geschehn."
Da hieß sie ihren Kämmerer | nach dem Botenlohne gehn.

Vierundzwanzig Spangen | mit Edelsteinen gut
Gab sie ihm zum Lohne | So stund des Helden Mut:
Er wollt' es nicht behalten | er gab es unverwandt
Ihren schönen Maiden | die er in der Kammer fand.

Ihre Dienste bot ihnen | die Mutter gütlich an.
„Ich soll euch ferner sagen" | sprach der kühne Mann,
„Um was der König bittet | gelangt er an den Rhein:
Wenn ihr das, Fraue, leistet | er will euch stets gewogen sein.

„Seine reichen Gäste | das ist sein Begehr,
Sollt ihr wohl empfangen | auch bittet er euch sehr,
Entgegen ihm zu reiten | vor Worms ans Gestad.
Das ist's, worum der König | euch in Treun gebeten hat."

„Das will ich gern vollbringen" | sprach die schöne Magd:
„Worin ich ihm kann dienen | das ist ihm unversagt.
Mit freundlicher Treue | wird all sein Wunsch getan."
Da mehrte sich die Farbe | die sie vor Freude gewann.

Nie sah man Fürstenboten | besser wohl empfahn:
Wenn sie ihn küssen durfte | sie hätt' es gern getan;
Wie minniglicherweise | er von den Frauen schied!
Da taten die Burgunden | wie da Siegfried ihnen riet.

Sindold und Hunold | und Rumold der Degen
Großer Unmuße | mußten sie da pflegen,
Als sie die Sitze richteten | vor Worms an dem Strand:
Die Schaffner des Königs | man sehr beflissen da fand.

Ortwein und Gere | säumten auch nicht mehr,
Sie sandten nach den Freunden | allwärts umher,
Die Hochzeit anzusagen | die da sollte sein;
Der zierten sich entgegen | viel der schönen Mägdelein.

Der Pallas und die Wände | waren allzumal
Verziert der Gäste wegen | König Gunthers Saal
Ward herrlich ausgerüstet | für manchen fremden Mann;
Das große Hofgelage | mit hohen Freuden begann.

Da ritten allenthalben | die Wege durch das Land
Der drei Kön'ge Freunde | die hatte man besandt,
Die Gäste zu empfangen | die da sollten kommen.
Da wurden aus dem Einschlag | viel reicher Kleider genommen.

Bald brachte man die Kunde | daß man schon reiten sah
Brunhilds Gefolge | Gedränge gab es da
Von des Volkes Menge | in Burgundenland.
Hei! was man kühner Degen | da zu beiden Seiten fand!

Da sprach die schöne Kriemhild | „Ihr, meine Mägdelein,
Die bei dem Empfange | mit mir wollen sein,
Die suchen aus den Kisten | ihr allerbest Gewand:
So wird uns Lob und Ehre | von den Gästen zuerkannt."

Da kamen auch die Recken | und ließen vor sich her
Schöne Sättel tragen | von rotem Golde schwer,
Daß drauf die Frauen ritten | von Worms an den Rhein.
Besser Pferdgeräte | konnte wohl nimmer sein.

Wie warf da von den Mähren | den Schein das lichte Gold!
Viel Edelsteine glänzten | von den Zäumen hold;
Die goldenen Schemel | auf lichtem Teppich gut
Brachte man den Frauen | sie hatten fröhlichen Mut.

Die Frauenpferde standen | auf dem Hof bereit,
Wie gemeldet wurde | für manche edle Maid.
Die schmalen Brustriemen | sah man die Mähren tragen
Von der besten Seide | davon man je hörte sagen.

Sechsundachtzig Frauen | traten da heraus,
Die Kopfgebinde trugen | zu Kriemhild vor das Haus
Zogen die Schönen | jetzt in reichem Kleid;
Da kam in vollem Schmucke | auch manche weidliche Maid.

Funfzig und viere | aus Burgundenland:
Es waren auch die besten | die man irgend fand.
Man sah sie gelblockig | unter lichten Borten gehn.
Was sich bedingt der König | das sah er fleißig geschehn.

Von kostbaren Zeugen | den besten, die man fand,
Trugen sie vor den Gästen | manch herrlich Gewand.
Zu ihrer schönen Farbe | stand es ihnen gut:
Wer einer abhold wäre | litte wohl an schwachem Mut.

Von Hermelin und Zobel | viel Kleider man da fand.
Da schmückte sich gar manche | den Arm und auch die Hand
Mit Spangen auf der Seide | die sie sollten tragen.
Es könnt' euch dies Befleißen | niemand wohl zu Ende sagen.

Viel Gürtel kunstgeschaffen | kostbar und lang,
Über lichte Kleider | die Hand der Frauen schwang
Um edle Ferransröcke | von Zeug aus Arabia.
Die edeln Jungfrauen | waren in hohen Freuden da.

Man sah in Brustgeschmeide | manch schöne Maid
Minniglich sich schnüren | Die mochte tragen Leid,
Deren lichte Farbe | das Kleid nicht überschien.
So schönes Ingesinde | hat nun keine Königin.

Als die Minniglichen | nun trugen ihr Gewand,
Die sie da führen sollten | die kamen unverwandt,
Die hochgemuten Recken | in großer Zahl daher;
Man bracht' auch hin viel Schilde | und manchen eschenen Speer.

ZEHNTES ABENTEUER

WIE GUNTHER MIT BRUNHILD HOCHZEIT HIELT

Jenseits des Rheines | sah man dem Gestad'
Mit allen seinen Gästen | den König schon genaht.
Da sah man auch am Zaume | leiten manche Maid:
Die sie empfangen sollten | die waren alle bereit.

Als bei den Schiffen ankam | von Island die Schar
Und die der Nibelungen | die Siegfried eigen war,
Sie eilten an das Ufer | wohl fliß sich ihre Hand,
Als man des Königs Freunde | jenseits am Gestade fand.

Nun hört auch die Märe | von der Königin,
Ute der reichen | wie sie die Mägdlein hin
Brachte von der Feste | und selber ritt zum Strand.
Da wurden miteinander | viel Maid' und Ritter bekannt.

Der Herzog Gere führte | am Zaum Kriemhildens Pferd
Bis vor das Tor der Feste | Siegfried der Degen wert,
Dürft' ihr weiter dienen | sie war so schön und hehr.
Das ward ihm wohl vergolten | von der Jungfrau nachher.

Ortwein der kühne führte | Ute die Königin,
Und so ritt mancher Ritter | neben den Frauen hin.
Zu festlichem Empfange | das mag man wohl gestehn,
Wurden nie der Frauen | so viel beisammen gesehn.

Viel hohe Ritterspiele | wurden da getrieben
Von preiswerten Helden | (wie wär es unterblieben?)
Vor Kriemhild, der schönen | die zu den Schiffen kam.
Da hub man von den Mähren | viel der Frauen lobesam.

Der König war gelandet | mit fremder Ritterschaft.
Wie brach da vor den Frauen | mancher starke Schaft!
Man hört' auf den Schilden | erklingen Stoß auf Stoß.
Hei! reicher Buckeln Schallen | ward im Gedränge da groß!

Vor dem Hafen standen | die Frauen minniglich;
Gunther mit seinen Gästen | hub von den Schiffen sich:
Er führte Brunhilden | selber an der Hand.
Wider einander leuchtete | schön Gestein und licht Gewand.

In höfischen Züchten | hin Frau Kriemhild ging,
Wo sie Frau Brunhilden | und ihr Gesind' empfing.
Man konnte lichte Hände | am Kränzlein rücken sehn,
Da sich die beiden küßten | das war aus Liebe geschehn.

Da sprach wohlgezogen | Kriemhild das Mägdelein:
„Ihr sollt uns willkommen | in diesem Lande sein,
Mir und meiner Mutter | und allen, die uns treu
Von Mannen und von Freunden" | Da verneigten sich die zwei.

Oftmals mit den Armen | umfingen sich die Fraun.
So minniglich Empfangen | war nimmer noch zu schaun,
Als die Frauen beide | der Braut da taten kund,
Frau Ute mit der Tochter | sie küßten oft den süßen Mund.

Da Brunhilds Frauen alle | nun standen auf dem Strand,
Von weidlichen Recken | wurden bei der Hand
Freundlich genommen | viel Frauen ausersehn.
Man sah die edeln Maide | vor Frau Brunhilden stehn.

Bis der Empfang vorüber war | das währte lange Zeit,
Manch rosigem Munde | war da ein Kuß bereit.
Noch standen beieinander | die Königinnen reich:
Das freuten sich zu schauen | viel der Recken ohne Gleich.

Da spähten mit den Augen | die oft gehört vorher,
Man hab' also Schönes | gesehen nimmermehr
Als die Frauen beide | das fand man ohne Lug.
Man sah an ihrer Schöne | auch nicht den mindesten Trug.

Wer Frauen schätzen konnte | und minniglichen Leib,
Der pries um ihre Schöne | König Gunthers Weib;
Doch sprachen da die Kenner | die es recht besehn,
Man müsse vor Brunhilden | den Preis Kriemhilden zugestehn.

Nun gingen zueinander | Mägdelein und Frauen;
Es war in hoher Zierde | manch schönes Weib zu schaun.
Da standen seidne Hütten | und manches reiche Zelt,
Womit man erfüllt sah | hier vor Worms das ganze Feld.

Des Königs Freunde drängten | sich, um sie zu sehn.
Da hieß man Brunhilden | und Kriemhilden gehn
Und all die Fraun mit ihnen | hin, wo sich Schatten fand;
Es führten sie die Degen | aus der Burgunden Land.

Nun waren auch die Gäste | zu Roß gesessen all;
Da gab's beim Lanzenbrechen | durch Schilde lauten Schall.
Das Feld begann zu stäuben | als ob das ganze Land
Entbrannt war in der Lohe | da machten Helden sich bekannt.

Was da die Recken taten | sah manche Maid mit an.
Wohl ritt mit seinen Degen | Siegfried der kühne Mann
In mancher Wiederkehre | vorbei an dem Gezelt;
Der Nibelungen führte | tausend Degen der Held.

Da kam von Tronje Hagen | wie ihm der König riet;
Der Held mit guter Sitte | die Ritterspiele schied,
Daß sie nicht bestaubten | die schönen Mägdelein:
Da mochten ihm die Gäste | gerne wohl gehorsam sein.

Da sprach der edle Gernot | „Die Rosse laßt stehn,
Bis es beginnt zu kühlen | daß wir die Frauen schön
Mit unserm Dank geleiten | bis vor den weiten Saal;
Will dann der König reiten | find' er euch bereit zumal."

Das Kampfspiel war vergangen | über all dem Feld:
Da gingen kurzweilen | in manches hohe Zelt
Die Ritter zu den Frauen | um hoher Lust Gewinn:
Da vertrieben sie die Stunden | bis sie weiter sollten ziehn.

Vor des Abends Nahen | als sank der Sonne Licht
Und es begann zu kühlen | ließ man es länger nicht:
Zu der Feste hüben | Fraun und Ritter sich;
Mit Augen ward geliebkost | mancher Schönen minniglich.

Von guten Helden wurden | viel Pferde müd' geritten,
Von den Hochgemuten | nach des Landes Sitten,
Bis vor dem Saale | abstieg der König wert.
Da diente man den Frauen | und hob sie nieder vom Pferd.

Da wurden auch geschieden | die Königinnen reich.
Hin ging Frau Ute | und Kriemhild zugleich
Mit ihrem Ingesinde | in ein weites Haus;
Da vernahm man allenthalben | der Freude rauschenden Braus.

Man richtete die Stühle | der König wollte gehn
Zu Tisch mit den Gästen | Da sah man bei ihm stehn
Brunhild die schöne | die da die Krone trug
In des Königs Lande | sie erschien wohl reich genug.

Da sah man viele Sitze | und gute Tafeln breit
Mit Speisen beladen | so hörten wir Bescheid.
Was sie da haben sollten | wie wenig fehlte dran!
Da sah man bei dem König | gar manchen herrlichen Mann.

Des Wirtes Kämmerlinge | in Becken goldesrot
Reichten ihnen Wasser | das wär' vergebne Not,
Sagte wer, man hätte | je fleiß'gern Dienst getan
Bei eines Fürsten Hochzeit | ich glaubte schwerlich daran.

Eh' der Vogt vom Rheine | hier das Wasser nahm,
Zu Gunthern trat da Siegfried | er durft' es ohne Scham,
Und mahnt' ihn seiner Treue | die er ihm gab zu Pfand,
Bevor er Brunhilden | daheim gesehen in Island.

Er sprach zu ihm: „Gedenket | mir schwur eure Hand,
Wenn wir Frau Brunhilden | brächten in dies Land,
Ihr gäbt mir eure Schwester | wo blieb nun der Eid?
Ihr wißt, bei eurer Reise | war keine Mühe mir leid."

Da sprach der Wirt zum Gaste | „Recht, daß ihr mich mahnt.
Ich will den Eid nicht brechen | den ich schwur mit Mund und Hand:
Ich helf' es euch fügen | so gut es mag geschehn."
Da hieß man Kriemhilden | zu Hofe vor den König gehn.

Mit ihren schönen Maiden | kam sie vor den Saal.
Da sprang von einer Stiege | Geiselher zu Tal:
„Nun heiß' wiederkehren | diese Mägdelein:
Meine Schwester soll alleine | hier bei dem Könige sein."

Hin brachten sie Kriemhilden | wo man den König fand:
Da standen edle Ritter | von mancher Fürsten Land.
In dem weiten Saale | hieß man sie stille stehn;
Frau Brunhilden sah man | eben auch zu Tische gehn.

Da sprach der König Gunther | „Schwester, edle Maid,
Bei deiner Zucht und Güte | löse meinen Eid.
Ich schwur dich einem Recken | und nimmst du ihn zum Mann,
So hast du meinen Willen | mit großen Treuen getan."

Die edle Maid versetzte | „Lieber Bruder mein,
Ihr sollt mich nicht flehen | ich will gehorsam sein.
Wie ihr mir gebietet | so soll es sein getan:
Dem will ich mich verloben | den ihr, Herr, mir gebt zum Mann."

Von lieber Augen Blicken | ward Siegfrieds Farbe rot:
Zu Diensten sich der Recke | Frau Kriemhilden bot.
Man ließ sie miteinander | in einem Kreise stehn
Und frug sie, ob sie wolle | diesen Recken ausersehn.

Scheu, wie Mädchen pflegen | schämte sie sich ein Teil;
Jedoch war Siegfrieden | so günstig Glück und Heil,
Daß sie nicht verschmähen | wollte seine Hand.
Auch versprach sich ihr zum Manne | der edle Held von Niederland.

Da er sich ihr verlobte | und sich ihm die Maid,
Ein gütlich Umfangen | war da alsbald bereit
Von Siegfriedens Armen | dem schönen Mägdlein zart:
Die edle Königin küßt' er | in der Helden Gegenwart.

Sich schied das Gesinde | Als das geschah,
Auf dem Ehrenplatze | man Siegfrieden sah
Mit Kriemhilden sitzen | ihnen dient' da mancher Mann.
Man sah die Nibelungen | zugleich mit Siegfried sich nahn.

Der König saß zu Tische | bei Brunhild der Maid.
Da sah sie Kriemhilden | (nichts war ihr je so leid)
Bei Siegfrieden sitzen | zu weinen hub sie an,
Daß ihr manch heiße Träne | über lichte Wangen rann.

Da sprach der Wirt des Landes | „Was ist euch, Fraue mein,
Daß ihr so trüben lasset | lichter Augen Schein?
Ihr solltet recht euch freuen | euch ist Untertan
Mein Land und meine Burgen | und mancher weidliche Mann."

„Recht weinen sollt' ich eher" | sprach die schöne Maid,
„Deiner Schwester wegen | trag' ich Herzeleid.
Ich seh' sie sitzen neben | dem Eigenholden dein:
Wohl muß ich immer weinen | soll sie so erniedrigt sein."

Da sprach der König Gunther | „Schweigt davon jetzt still,
Da ich euch ein andermal | die Kunde sagen will,
Warum meine Schwester | Siegfrieden ward gegeben.
Wohl mag sie mit dem Recken | allezeit in Freuden leben."

Sie sprach: „Mich jammern immer | ihre Schönheit, ihre Zucht;
Wüßt' ich, wohin ich sollte | ich nähme gern die Flucht
Und wollt' euch nimmer eher | nahe liegen bei,
Bis ich wüßte, weshalb Kriemhild | die Braut von Siegfrieden sei."

Da sprach König Gunther | „Ich mach' es euch bekannt:
Er hat selber Burgen | wie ich und weites Land.
Das dürft' ihr sicher glauben | er ist ein König reich:
Drum gönn' ich ihm zum Weibe | die schöne Magd ohne Gleich."

Was ihr der König sagte | traurig blieb ihr Mut.
Da eilte von den Tischen | mancher Ritter gut:
Das Kampfspiel ward so heftig | daß rings die Burg erklang.
Dem Wirt bei seinen Gästen | ward die Weile viel zu lang.

Er dacht', er läge sanfter | der schönen Frauen bei.
Er wurde des Gedankens | nicht mehr im Herzen frei,
Von ihrer Minne müsse | ihm Liebes viel geschehn.
Da begann er freundlich | Frau Brunhilden anzusehn.

Vom Ritterspiel die Gäste | bat man abzustehn:
Mit seinem Weibe wollte | zu Bett der König gehn,
Vor des Saales Stiege | begegneten da
Sich Kriemhild und Brunhild | noch in Güte das geschah.

Da kam ihr Ingesinde | sie säumten länger nicht:
Ihre reichen Kämmerlinge | brachten ihnen Licht.
Es teilten sich die Recken | in beider Kön'ge Lehn.
Da sah man viel der Degen | hinweg mit Siegfrieden gehn.

sDie Helden kamen beide | hin wo sie sollten liegen.
Da dachte jedweder | mit Minnen obzusiegen
Den minniglichen Frauen | des freute sich ihr Mut.
Siegfriedens Kurzweil | die wurde herrlich und gut.

Als Siegfried, der Degen | bei Kriemhilden lag
Und er da der Jungfrau | so minniglich pflag
Mit seinen edeln Minnen | sie ward ihm wie sein Leben:
Er hätte nicht die eine | für tausend andre gegeben.

Ich sag' euch nicht weiter | wie er der Frauen pflag.
Nun hört diese Märe | wie der König Gunther lag
Bei Brunhild der Frauen | der zierliche Degen
Hätte leichtlich sanfter | bei andern Frauen gelegen.

Das Volk hatt' ihn verlassen | zumal, so Frau als Mann:
Da ward die Kemenate | balde zugetan.
Er wähnt', er solle kosen | ihren minniglichen Leib:
Da währt' es noch gar lange | bevor sie wurde sein Weib.

Im weißen Linnenhemde | ging sie ins Bett hinein.
Der edle Ritter dachte | „Nun ist das alles mein,
Wes mich je verlangte | in allen meinen Tagen."
Sie mußt' ob ihrer Schöne | mit großem Recht ihm behagen.

Das Licht begann zu bergen | des edeln Königs Hand.
Hin ging der kühne Degen | wo er die Jungfrau fand.
Er legte sich ihr nahe | seine Freude die war groß,
Als die Minnigliche | der Held mit Armen umschloß.

Minnigliches Kosen | möcht' er da viel begehn,
Ließe das willig | die edle Frau geschehn.
Doch zürnte sie gewaltig | den Herrn betrübte das.
Er wähnt, er fände Freude | da fand er feindlichen Haß.

Sie sprach: „Edler Ritter | laßt euch das vergehn:
Was ihr da habt im Sinne | das kann nicht geschehn.
Ich will noch Jungfrau bleiben | Herr König, merkt euch das,
Bis ich die Mär' erfahre" | Da faßte Gunther ihr Haß.

Er rang nach ihrer Minne | und zerrauft' ihr Kleid.
Da griff nach einem Gürtel | die herrliche Maid,
Einer starken Borte | die sie um sich trug:
Da tat sie dem König | großen Leides genug.

Die Füß' und die Hände | sie ihm zusammenband,
Zu einem Nagel trug sie ihn | und hing ihn an die Wand,
Als er im Schlaf sie störte | sein Minnen sie verbot.
Von ihrer Stärke hätt' er | beinah' gewonnen den Tod.

Da begann zu flehen | der Meister sollte sein:
„Nun löst mir die Bande | viel edle Fraue mein.
Ich getrau' euch, schöne Herrin | doch nimmer obzusiegen
Und will auch wahrlich selten | mehr so nahe bei euch liegen."

Sie frug nicht, wie ihm wäre | da sie in Ruhe lag.
Dort muß' er hangen bleiben | die Nacht bis an den Tag,
Bis der lichte Morgen | durchs Fenster warf den Schein:
Hatt' er je Kraft besessen | die ward an seinem Leibe klein.

„Nun sagt mir, Herr Gunther | ist euch das etwa leid,
Wenn euch gebunden finden" | sprach die schöne Maid,
„Eure Kämmerlinge | von einer Frauen Hand?"
Da sprach der edle Ritter | „Das würd' euch übel gewandt.

Auch wär' mir's wenig Ehre," | sprach der edle Mann:
„Bei eurer Zucht und Güte | nehmt mich nun bei euch an.
Und ist euch meine Minne | denn so mächtig leid,
So will ich nie berühren | mit meiner Hand euer Kleid."

Da löste sie den König | daß er nicht länger hing:
Wieder an das Bette | er wieder zu den Frauen ging.
Er legte sich so ferne | daß er ihr Hemde fein
Nicht oft darnach berührte | auch wollte sie das ledig sein.

Da kam auch ihr Gesinde | das brachte neu Gewand:
Des war heute morgen | genug für sie zur Hand.
Wie froh man da gebahrte | traurig genug
War der Herr des Landes | wie er des Tags die Krone trug.

Nach des Landes Sitte | die zu begehen Pflicht,
Unterließ es Gunther mit | Brunhild länger nicht:
Sie gingen nach dem Münster | wo man die Messe sang.
Dahin auch kam Herr Siegfried | da hob sich mächtiger Drang.

Nach königlichen Ehren | war da für sie bereit,
Was sie haben sollten | die Krone wie das Kleid.
Da ließen sie sich weihen | als das war geschehn,
Da sah man unter Krone | alle viere herrlich stehn.

Das Schwert empfingen Knappen | sechshundert oder mehr,
Den Königen zu Ehren | auf meines Worts Gewähr.
Da hob sich große Freude | im Burgundenland:
Man hörte Schäfte klirren | an der Schwertdegen Hand.

Da saßen in den Fenstern | die schönen Mägdelein.
Sie sahen vor sich leuchten | manches Schildes Schein.
Nun hatte sich der König | getrennt von seinem Lehn:
Was man beginnen mochte | er ließ es trauernd geschehn.

Ihm und Siegfrieden | ungleich stand der Mut:
Wohl wußte, was ihm fehlte | der edle Ritter gut.
Da ging er zu dem König | zu fragen er begann:
„Wie ist´s euch gelungen | die Nacht? Das saget mir an."

Da sprach der Wirt zum Gaste: - „Den Schimpf und den Schaden
Hab' ich an meiner Frauen | in mein Haus geladen
Ich wähnte sie zu minnen | wie schnell sie mich da band!
Zu einem Nagel trug sie mich | und hing mich hoch an die Wand.

Da hing ich sehr in Ängsten | die Nacht bis an den Tag,
Eh' sie mich wieder löste | wie sanft sie da lag!
Das sei dir in der Stille | geklagt in Freundlichkeit."
Da sprach der Starke Siegfried | „Das ist in Wahrheit mir leid.

Das will ich euch beweisen | verschmerzt ihr den Verdruß.
Ich schaffe, daß Sie heute nacht | so nah euch liegen muß,
Daß sie euch ihre Minne | nicht länger vorenthält."
Die Rede hörte gerne | nach seinem Leide der Held.

Da sprach der starke Siegfried | „Es wird noch alles gut.
Uns beiden war wohl ungleich | heute nacht zumut.
Mir ist deine Schwester | wie Leben lieb und Leib!
So muß nun auch Frau Brunhild | noch heute werden dein Weib.

Ich komme heute abend | zu deinem Kämmerlein
Also wohlverborgen | in der Tarnkappe mein,
Daß sich meiner Künste | niemand mag versehn.
Laß dann die Kämmerlinge | zu ihren Herbergen gehen:

So lösch' ich den Knappen | die Lichter an der Hand:
Daß ich sei darinnen | sei dir dadurch bekannt,
Und daß ich gern dir diene | So zwing' ich dir dein Weib
Daß du sie heute minnest | ich verlör' denn Leben und Leib."

„Wenn du sie nicht minnest" | der König sprach da so,
„Meine liebe Fraue | des andern bin ich froh;
Was du auch tust und nähmst du | Leben ihr und Leib,
Das wollt' ich wohl verschmerzen | sie ist ein schreckliches Weib."

Das nehm' ich," sprach da Siegfried | „auf die Treue mein,
Daß ich sie nicht berühre | die liebe Schwester dein
Geht mir über alle | die ich jemals sah."
Wohl glaubte König Gunther | der Rede Siegfriedens da.

Da gab's von Ritterspielen | Freude so wie Not,
Den Buhurd und das Lärmen | man allzumal verbot.
Da wo die Frauen sollten | nach dem Saale gehn,
Geboten Kämmerlinge | den Leuten, nicht im Weg zu stehn.

Von Rossen und von Leuten | räumte man den Hof.
Der Frauen jedwede | führt' ein Bischof,
Als sie vor den Königen | zu Tische sollten gehn.
Ihnen folgten zu den Stühlen | viel der Degen ausersehn.

Bei seinem Weib der König | in froher Hoffnung saß:
Was Siegfried ihm verheißen | im Sinne lag ihm das.
Der eine Tag ihn deuchte | wohl dreißig Tage lang:
Nach seiner Fraue Minne | all sein Denken ihm rang.

Er konnt' es kaum erwarten | bis vorbei das Mahl.
Brunhild die schöne | rief man aus dem Saal
Und auch Kriemhilden | sie sollten schlafen gehn:
Hei! was man kühner Degen | sah vor den Königinnen stehn!

Siegfried der Herre | gar minniglich saß
Bei seinem schönen Weibe | mit Freuden ohne Haß.
Sie koste seine Hände | mit ihrer weißen Hand,
Bis er ihr vor den Augen | sie wußte nicht wie, verschwand.

Da sie mit ihm spielte | und sie ihn nicht mehr sah,
Zu seinem Ingesinde | sprach die Königin da:
„Mich wundert sehr, wo ist doch | der König hingekommen?
Wer hat seine Hände | mir aus den meinen genommen?"

Sie ließ die Rede bleiben | Da eilt' er hinzugehn,
Wo er die Kämmerlinge | fand mit Lichtern stehn:
Die lescht' er unversehens | den Knappen an der Hand:
Daß es Siegfried wäre | das war da Gunthern bekannt.

Wohl wußt' er, was er wolle | er ließ von dannen gehn
Mägdelein und Frauen | Als das war geschehn,
Der edle König selber | verschloß der Kammer Tür:
Starke Riegel zweie | die warf er eilends dafür.

Hinterm Bettvorhange | barg er der Kerzen Licht.
Ein Spiel sogleich begannen | vermeiden ließ sich's nicht,
Siegfried der starke | und die schöne Maid:
Das war dem König Gunther | beides lieb und auch leid.

Da legte sich Siegfried | der Königin bei.
Sie sprach: „Nun laßt es, Gunther | wie lieb es euch auch sei,
Daß ihr nicht Not erleidet | heute so wie eh."
Nicht lang, so tat die Fraue | dem kühnen Siegfried ein Weh.

Er hehlte seine Stimme | kein Wörtlein sprach er da.
Wohl hörte König Gunther | obgleich er sie nicht sah,
Daß Heimliches von beiden | wenig geschehen sei;
Nicht viel bequeme Ruhe | im Bette fanden die Zwei.

Er stellte sich, als wär' er | Gunther der König reich;
Er umschloß mit Armen | das Mägdlein ohne Gleich.
Sie warf ihn aus dem Bette | dabei auf eine Bank,
Daß laut an einem Schemel | ihm das Haupt davon erklang.

Wieder auf mit Kräften | sprang der kühne Mann,
Es besser zu versuchen | wie er das begann,
Daß er sie zwingen wollte | da widerfuhr ihm Weh.
Ich glaube nicht, daß solche Wehr | von Frauen je wieder gescheh'.

Da er's nicht lassen wollte | das Mägdlein aufsprang:
„Euch ziemt nicht zu zerraufen | mein Hemd also blank.
Ihr seid ungezogen | das wird euch noch leid.
Des bring' ich euch wohl inne" | sprach die weidliche Maid.

Sie umschloß mit den Armen | den teuerlichen Degen
Und wollt' ihn auch in Bande | wie den König legen,
Daß sie im Bette läge | mit Gemächlichkeit.
Wie grimmig sie das rächte | daß er zerzerret ihr Kleid!

Was half ihm da die Stärke | was seine große Kraft?
Sie erwies dem Degen | ihres Leibes Meisterschaft.
Sie trug ihn übermächtig | das mußte nur so sein,
Und drückt' ihn ungefüge | bei dem Bett an einen Schrein.

„O weh," gedacht' er, „soll ich | Leben nun und Leib
Von einer Maid verlieren | so mag jedes Weib
In allen künft'gen Zeiten | tragen Frevelmut
Dem Manne gegenüber | die es sonst wohl nimmer tut."

Der König hörte alles | er bangte für den Mann.
Da schämte sich Siegfried | zu zürnen fing er an.
Mit ungefügen Kräften | ihr widersetzt' er sich
Und versuchte seine Stärke | an Brunhilden ängstiglich.

Es währte lang dem König | bis Siegfried sie bezwang.
Sie drückte seine Hände | daß aus den Nägeln sprang
Das Blut von ihren Kräften | das war dem Helden leid.
Bald zwang er zu verleugnen | diese herrliche Maid

Den ungestümen Willen | den sie erst dargetan.
Alles vernahm der König | doch hört' er's schweigend an.
Er drückte sie ans Bette | daß sie aufschrie laut:
Des starken Siegfrieds Kräfte | schmerzten übel die Braut.

Da griff sie nach der Hüfte | wo sie die Borte fand,
Und dacht' ihn zu binden | doch wehrt' es seine Hand,
Daß ihr die Glieder krachten | dazu der ganze Leib.
Da war der Streit zu Ende | da wurde sie Gunthers Weib.

Sie sprach: „Edler König | nimm mir das Leben nicht:
Was ich dir tat zuleide | vergüt' ich dir nach Pflicht.
Ich wehre mich nicht wieder | der edeln Minne dein:
Ich hab' es wohl erfahren | daß du magst Frauen Meister sein."

Aufstand da Siegfried | liegen blieb die Maid,
Als dächt' er abzuwerfen | eben nur das Kleid.
Er zog ihr vom Finger | ein Ringlein von Gold,
Daß es nicht gewahrte | die edle Königin hold.

Auch nahm er ihren Gürtel | eine Borte gut.
Ich weiß nicht, geschah es | aus hohem Übermut.
Er gab ihn seinem Weibe | das ward ihm später leid.
Da lagen beieinander | der König und die schöne Maid.

Er pflag der Frauen minniglich | wie es geziemend war:
Scham und Zorn verschmerzen | mußte sie da gar.
Von seinen Heimlichkeiten | ihre lichte Farb' erblich.
Hei! wie von der Minne | die große Kraft ihr entwich!

Da war auch sie nicht stärker | als ein ander Weib.
Minniglich umfing er | ihren schönen Leib;
Wenn sie noch widerstände | was könnt' es sie verfahn?
Das hat' ihr alles Gunther | mit seinem Minnen getan.

Wie minniglich der Degen | da bei der Frauen lag
In freundlicher Liebe | bis an den lichten Tag!
Inzwischen war Herr Siegfried | längst schon hindann:
Da ward er wohl empfangen | von einer Frauen wohlgetan.

Er wich allen Fragen | aus, die sie erdacht,
Und hehlt' ihr noch lange | was er mitgebracht,
Bis sie in seinem Lande | unter der Krone ging:
Da unterblieb's nicht länger | daß sie die Gabe empfing.

Dem Wirt am andern Morgen | viel höher stand der Mut.
Als am ersten Tage | da ward die Freude gut
In allen seinen Landen | bei manchem edeln Mann.
Die er zu Hof geladen | denen ward viel Dienst getan.

Vierzehn Tage währte | diese Lustbarkeit,
Daß sich der Schall nicht legte | in so langer Zeit
Von aller Lust und Kurzweil | die man erdenken mag.
Wohl verwandte hohe Kosten | der König bei dem Hofgelag'.

Des edeln Wirtes Freunde | wie es der Herr gewollt,
Verschenkten ihm zu Ehren | Kleider und rotes Gold,
Silber auch und Rosse | an manchen fremden Mann.
Die um Gabe warben | die schieden fröhlich hindann.

Auch der kühne Siegfried | aus dem Niederland
Mit seinen tausend Mannen | all das Gewand,
Das sie gebracht zum Rheine | ward ganz dahin gegeben,
Schöne Ross' und Sättel | sie wußten herrlich zu leben.

Bevor die reiche Gabe | noch alle war verwandt,
Schon daucht' es die zu lange | die wollten in ihr Land.
Nie sah man ein Gesinde | mehr so wohl verpflegen.
So endete die Hochzeit | da schied von dannen mancher Degen.

ELFTES ABENTEUER

WIE SIEGFRIED MIT SEINEM WEIBE HEIMKEHRTE

Als die Gäste waren | gefahren all davon,
Da sprach zu dem Gesinde | König Siegmunds Sohn:
„Wir wollen auch uns rüsten | zur Fahrt in unser Land."
Lieb ward es seinem Weibe | als ihr die Märe ward bekannt.

Sie sprach zu ihrem Manne | „Wann sollen wir nun fahren?
So sehr damit zu eilen | will ich mich bewahren:
Erst sollen mit mir teilen | meine Brüder dieses Land."
Leid war es Siegfrieden | als er's an Kriemhilden fand.

Die Fürsten gingen zu ihm | und sprachen alle drei:
„Wißt nun, Herr Siegfried | daß euch immer sei
Unser Dienst mit Treue | bereit bis in den Tod."
Er neigte sich den Herren | da man's so gütig ihm erbot.

„Wir wolln auch mit euch teilen" | sprach Geiselher das Kind,
„Das Land und die Burgen | die unser Eigen sind,
Und was der weiten Reiche | uns ist untertan;
Ihr empfangt mit Kriemhild | euer volles Teil daran."

Der Sohn König Siegmunds | sprach zu den Fürsten da,
Als er der Herren Willen | hörte wie auch sah:
„Gott lass' euch euer Erbe | gesegnet immer sein
Und auch die Leute drinnen | es mag die liebe Fraue mein

Des Teils wohl entraten | den ihr ihr wolltet geben:
Wo sie soll Krone tragen | mögen wir's erleben,
Da muß sie reicher werden | als wer ist auf der Welt.
Was ihr sonst gebietet | ich bin euch dienstlich gesellt."

Da sprach aber Kriemhild | „Wenn ihr mein Land verschmäht,
Um die Burgundendegen | es so gering nicht steht;
Die mag ein König gerne | führen in sein Land:
Wohl soll sie mit mir teilen | meiner lieben Brüder Hand."

Da sprach König Gernot | „Nimm, die du willst, mit dir.
Die gerne mit dir reiten | du findest viele hier.
Von dreißighundert Recken | nimm dir tausend Mann
Zu deinem Hausgesinde" | Kriemhild zu senden begann

Nach Hagen von Tronje | und nach Ortwein,
Ob sie und ihre Freunde | Kriemhildens wollten sein.
Da gewann darüber Hagen | ein zorniges Leben:
Er sprach: „Uns kann Gunther | in der Welt an niemand vergeben.

Ander Ingesinde | nehmt zu eurer Fahrt;
Ihr werdet ja wohl kennen | der Tronejer Art.
Wir müssen bei den Königen | bleiben so fortan
Und denen ferner dienen | deren Dienst wir stets versahn."

Sie ließen es bewenden | und machten sich bereit.
Ihres edeln Ingesindes | nahm Kriemhild zum Geleit
Zweiunddreißig Mägdelein | und fünfhundert Mann;
Eckewart, der Markgraf | zog mit Kriemhild hindann.

Da nahmen alle Urlaub | Ritter so wie Knecht,
Mägdelein und Frauen | so war es Fug und Recht.
Unter Küssen scheiden | sah man sie unverwandt,
Und jene räumten fröhlich | dem König Gunther das Land.

Da geleiteten die Freunde | sie fern auf ihren Wegen.
Allenthalben ließ man | ihnen Nachtherberge legen,
Wo sie die nehmen wollten | in der Könige Land.
Da wurden bald auch Boten | dem König Siegmund gesandt,

Damit er wissen sollte | und auch Frau Siegelind,
Sein Sohn sollte kommen | mit Frau Utens Kind,
Kriemhild der schönen | von Worms über Rhein.
Diese Mären konnten | ihnen nimmer lieber sein.

Wohl mir," sprach da Siegmund | „daß ich den Tag soll sehn,
Da hier die schöne Kriemhild | soll unter Krone gehn!
Das erhöht im Werte | mir all das Erbe mein:
Mein Sohn, der edle Siegfried | soll nun selbst hier König sein."

Da gab ihnen Siegelind | zu Kleidern Sammet rot
Und schweres Gold und Silber | das war ihr Botenbrot.
Sie freute sich der Märe | die man ihr da gebracht.
Mit Fleiß ihr Gesinde | war schön zu kleiden sich bedacht.

Man sagt' ihr, wer da käme | mit ihm in das Land.
Da hieß sie Gestühle | errichten gleich zur Hand,
Wo er vor den Freunden | sollte gekrönet gehn.
Entgegen ritten ihnen | die in König Siegmunds Lehn,

Wer besser wäre empfangen | mir ist es unbekannt,
Als die erlauchten Helden | in Siegmundens Land.
Kriemhilden seine Mutter | Sieglind entgegenritt
Mit viel der schönen Frauen | kühne Ritter zogen mit

Wohl eine Tagereise | bis man die Gäste sah.
Die Heimischen und Fremden | litten Beschwerde da,
Bis sie endlich kamen | zu einer Veste weit,
Die Santen war geheißen | wo sie Krone trugen nach der Zeit.

Mit lachendem Munde | Siegmund und Siegelind
Manche liebe Weile | küßten sie Utens Kind
Und Siegfried den Degen | ihnen war ihr Leid benommen.
All ihr Ingesinde | hieß man fröhlich willkommen.

Man hieß die Gäste bringen | vor König Siegmunds Saal.
Die schönen Jungfrauen | hub man allzumal
Von den Mähren nieder | da war mancher Mann,
Der den schönen Frauen | mit Fleiß zu dienen begann.

So prächtig ihre Hochzeit | am Rhein war bekannt,
Doch gab man hier den Helden | köstlicher Gewand,
Als sie all ihr Leben | je zuvor getragen.
Man mochte große Wunder | von ihrem Reichtume sagen.

So saßen sie in Ehren | und hatten genug.
Was goldrote Kleider | ihr Ingesinde trug!
Edel Gestein und Borten | sah man gewirkt darin,
So verpflag sie fleißig | Sieglind die edle Königin.

Da sprach vor seinen Freunden | der König Siegmund:
„Siegfrieds Verwandten | tu' ich allen kund:
Er soll vor diesen Recken | meine Krone tragen."
Die Märe hörten gerne | die von Niederlanden sagen.

Er befahl ihm seine Krone | mit Gericht und Land:
Da war er Herr und König | Wem er den Rechtsspruch fand
Und wen er strafen sollte | das wurde so getan,
Daß man wohl fürchten durfte | der schönen Kriemhilde Mann.

In diesen großen Ehren | lebt' er, das ist wahr,
Und richtet' unter Krone | bis an das zehnte Jahr,
Da die schöne Königin | einen Sohn gewann,
An dem des Königs Freunde | ihren Wunsch und Willen sahn.

Alsbald ließ man ihn taufen | und einen Namen nehmen:
Gunther, nach seinem Oheim | des durft' er sich nicht schämen.
Geriet' er nach den Freunden | das käm' ihm wohl zupaß.
Man erzog ihn sorgsam | wie sich's gebühret, tat man das.

In denselben Zeiten | starb Frau Siegelind:
Da hatte die volle Herrschaft | der edeln Ute Kind,
Wie so reicher Frauen | geziemte wohl im Land.
Es ward genug betrauert | daß der Tod sie hatt' entwandt.

Nun hatt auch dort am Rheine | wie wir hören sagen,
Gunther dem reichen | einen Sohn getragen
Brunhild die schöne | in Burgundenland.
Dem Helden zuliebe | ward er Siegfried genannt.

Mit welchen Sorgen immer | man sein hüten hieß!
Gunther der edle | Hofmeister wählen ließ,
Die ihn zu ziehn verstanden | zu einem wackern Mann.
Hei, was ihm bald das Unglück | der Verwandten abgewann!

Zu allen Zeiten Märe | war so viel gesagt,
Wie doch so herrlich | die Degen unverzagt
Zu allen Stunden lebten | in Siegmundens Land:
So lebt' auch König Gunther | mit seinen Freunden auserkannt.

Das Land der Nibelungen | war Siegfried untertan
(Keiner seiner Freunde | je größern Schatz gewann)
Mit Schilbungens Recken | und der beiden Gut.
Darüber trug der Kühne | desto höher den Mut.

Hort den allermeisten | den je ein Held gewann,
Nach den ersten Herren | besaß der kühne Mann,
Den von einem Berge | seine Hand erwarb im Streit:
Er schlug darum zu Tode | manchen Ritter allbereit.

Vollauf besaß er Ehre | und hätt' er's halb entbehrt,
Doch müßte man gestehen | dem edeln Recken wert,
Daß er der Beste wäre | der je auf Rossen saß.
Man scheute seine Stärke | mit allem Grunde tat man das.

ZWÖLFTES ABENTEUER

WIE GUNTHER SIEGFRIEDEN ZUM HOFGELAGE LUD

Da dacht' auch alle Tage | Brunhild die Königin:
„Wie trägt nur Frau Kriemhild | so übermüt›gen Sinn?
Nun ist doch unser Eigen | Siegfried ihr Mann:
Der hat uns nun schon lange | wenig Dienste getan."

Das trug sie im Herzen | in großer Heimlichkeit;
Daß sie ihr fremde blieben | das war ihr bitter leid,
Daß man ihr Dienst so selten | entbot von Siegfrieds Land,
Woher das wohl käme | das hätte gern sie erkannt.

Sie versucht' es bei dem König | ob es nicht geschehn
Möchte, daß sie Kriemhild | noch sollte wiedersehn.
Sie vertraut' ihm heimlich | worauf ihr sann der Mut;
Da deuchte den König | der Frauen Rede nicht gut.

„Wie können wir sie bringen" | sprach der König hehr,
„Her zu diesem Lande? | das fügt sich nimmermehr.
Sie wohnen uns zu ferne | ich darf sie nicht drum bitten."
Da gab ihm Brunhild Antwort | mit gar hochfährt'gen Sitten:

Und wäre noch so mächtig | eines Königs Mann,
Was ihm sein Herr gebietet | daß muß doch sein getan."
Lächeln mußte Gunther | ihrer Rede da:
Er nahm es nicht als Dienst an | wenn er Siegfrieden sah.

Sie sprach: „Lieber Herre | bei der Liebe mein,
Hilf mir, daß Siegfried | und die Schwester dein
Zu diesem Lande kommen | und wir sie hier ersehn:
So könnte mir auf Erden | nimmer lieber geschehn.

Deiner Schwester Güte | und ihr wohlgezogner Mut,
Wenn ich daran gedenke | wie wohl mir's immer tut,
Wie wir beisammen saßen | als ich dir ward vermählt!
Sie hat sich mit Ehren | den kühnen Siegfried erwählt."

Da bat sie ihn so lange | bis der König sprach:
„Nun wißt, daß ich Gäste | nicht lieber sehen mag.
Ihr mögt mich leicht erbitten | ich will die Boten mein
Zu ihnen beiden senden | daß sie kommen an den Rhein."

Da sprach die Königstochter | „So sollt ihr mir sagen,
Wann ihr sie wollt besenden | oder zu welchen Tagen
Die lieben Freunde sollen | kommen in dies Land;
Die ihr dahin wollt senden | die macht zuvor mir bekannt."

„Das will ich," sprach der König | „Dreißig aus meinem Lehn
Laß ich zu ihnen reiten" | Die hieß er vor sich gehn:
Durch sie entbot er Märe | in Siegfriedens Land.
Da beschenkte sie Frau Brunhild | mit manchem reichen Gewand.

Da sprach der König Gunther | „Ihr Recken sollt von mir sagen
Und nichts von dem verschweigen | was ich euch aufgetragen,
Siegfried dem starken | und der Schwester mein,
Ihnen dürf' auf Erden | nimmer jemand holder sein.

Und bittet, daß sie beide | uns kommen an den Rhein:
Dafür will ich und Brunhild | ihnen stets gewogen sein.
Vor dieser Sonnenwende | soll er hier manchen sehn,
Er und seine Mannen | die ihm Ehre lassen geschehn.

Vermeldet auch dem König | Siegmund die Dienste mein,
Daß ich und meine Freunde | ihm stets gewogen sei'n,
Und bittet meine Schwester | daß sie's nicht unterläßt
Und zu den Freunden reitet | nie ziemt' ihr so ein Freudenfest."

Brunhild und Ute | und was man Frauen fand,
Die entboten ihre Dienste | in Siegfriedens Land
Den minniglichen Frauen | und manchem kühnen Mann.
Nach Wunsch des Königs hoben | sich bald die Boten hindann.

Sie standen reisefertig | ihr Roß und ihr Gewand
War ihnen angekommen | da räumten sie das Land.
Sie eilten zu dem Ziele | dahin sie wollten fahren.
Der König hieß die Boten | durch Geleite wohl bewahren.

Sie kamen in drei Wochen | geritten in das Land,
Zu Nibelungens Veste | wohin man sie gesandt:
In der Mark zu Norweg | fanden sie den Degen:
Roß und Leute waren | müde von den langen Wegen.

Siegfried und Kriemhilden | war eilends hinterbracht,
Daß Ritter kommen wären | die trügen solche Tracht,
Wie bei den Burgunden | man trug der Sitte nach.
Sie sprang von einem Bette | darauf die Ruhende lag.

Zu einem Fenster ließ sie | eins ihrer Mägdlein gehn;
Die sah den kühnen Gere | auf dem Hofe stehn,
Ihn und die Gefährten | die man dahin gesandt.
Ihr Herzeleid zu stillen | wie liebe Kunde sie fand!

Sie sprach zu dem Könige | „Seht ihr, wie sie stehn,
Die mit dem starken Gere | auf dem Hofe gehn,
Die uns mein Bruder Gunther | nieder schickt den Rhein."
Da sprach der starke Siegfried | „Die sollen uns willkommen sein."

All ihr Ingesinde | lief hin, wo man sie sah.
Jeder an seinem Teile | gütlich sprach er da
Das Beste, was er konnte | zu den Boten hehr,
Ihres Kommens freute | der König Siegmund sich sehr.

Herbergen ließ man Geren | und die ihm untertan
Und ihrer Rosse warten | Die Boten brachte man
Dahin, wo Herr Siegfried | bei Kriemhilden saß.
Man lud sie vor zu Hofe | darauf befolgten sie das.

Der Wirt mit seinem Weibe | erhob sich gleich zur Hand.
Wohl ward empfangen Gere | aus Burgundenland
Mit seinen Fahrtgenossen | aus König Gunthers Lehn.
Den Markgrafen Gere | bat man nicht länger zu stehn.

„Erlaubt uns die Botschaft | eh' wir uns setzen gehn;
Uns wegemüde Gäste | laßt uns so lange stehn,
So melden wir die Märe | die euch zu wissen tut
Gunther mit Brunhilden | es geht ihnen beiden gut;

Und was euch Frau Ute | eure Mutter, her entbot,
Geiselher der junge | und auch Herr Gernot
Und eure nächsten Freunde | die haben uns gesandt
Und entbieten euch viel Dienste | aus der Burgunden Land."

„Lohn' ihnen Gott," sprach Siegfried | „ich versah zu ihnen wohl
Mich aller Lieb' und Treue | wie man zu Freunden soll.
So tut auch ihre Schwester | ihr sollt uns ferner sagen,
Ob unsre lieben Freunde | hohen Mut daheim noch tragen.

Hat ihnen, seit wir schieden | jemand ein Leid getan,
Meiner Fraue Brüdern? | Das saget mir an.
Ich wollt' es ihnen immer | mit Treue helfen tragen,
Bis ihre Widersacher | meine Dienste müßten beklagen."

Zur Antwort gab der Markgraf | Gere, ein Ritter gut:
„Sie sind in allen Zühten | in Wahrheit hochgemut.
Sie laden euch zum Rheine | zu einer Lustbarkeit.
Sie säh'n euch gar gerne | daß ihr des außer Zweifel seid,

Und bitten meine Fraue | auch mit euch zu kommen.
Wenn nun der Winter | ein Ende hat genommen,
Vor dieser Sonnenwende | da möchten sie euch sehn."
Da sprach der starke Siegfried | „Das könnte schwerlich geschehn."

Da sprach wieder Gere | von Burgundenland:
„Eure Mutter Ute | hat euch sehr gemahnt
Mit Gernot und Geiselher | ihr sollt es nicht versagen.
Daß ihr so ferne wohnet | hör' ich sie täglich beklagen.

Brunhild meine Herrin | und ihre Mägdelein
Freuen sich der Kunde | und könnt' es jemals sein,
Daß sie euch wiedersähen | ihnen schuf es hohen Mut."
Da deuchten diese Mären | die schöne Kriemhilde gut.

Gere war ihr Vetter | der Wirt ihn sitzen hieß;
Den Gästen hieß er schenken | nicht länger man das ließ.
Da kam dazu auch Siegmund | als der die Boten sah,
Freundlich sprach der König | zu den Burgunden da:

„Willkommen uns, ihr Recken | in König Gunthers Lehn!
Da sich Kriemhilden | zum Weibe hat ersehn
Mein Sohn Siegfried | man sollt' euch öfter schaun
In diesem Lande, dürften wir | bei euch auf Freundschaft vertraun."

Sie sprachen: wenn er wolle | sie würden gerne kommen.
Ihnen ward mit Freuden | die Müdigkeit benommen.
Man hieß die Boten sitzen | Speise man ihnen trug:
Deren schuf da Siegfried | seinen Gästen genug.

Sie mußten da verweilen | volle neun Tage.
Darob erhoben endlich | die schnellen Ritter Klage,
Daß sie nicht wieder reiten | durften in ihr Land.
Da hatt' auch König Siegfried | zu seinen Freunden gesandt:

Er fragte, was sie rieten | er solle nach dem Rhein.
„Es ließ mich entbieten | Gunther der Schwager mein,
Er und seine Brüder | zu einer Lustbarkeit:
Ich möcht' ihm gerne kommen | liegt gleich sein Land mir so weit.

Sie bitten Kriemhilden | mit mir zu ziehn.
Nun ratet, liebe Freunde | wie kommen wir dahin?
Und sollt' ich heerfahren | durch dreißig Herren Land,
Gern dienstbereit erwiese | sich ihnen Siegfriedens Hand."

Da sprachen seine Recken | „Steht euch zur Fahrt der Mut
Nach dem Hofgelage | wir raten, was ihr tut:
Ihr sollt mit tausend Recken | reiten an den Rhein:
So möget ihr wohl mit Ehren | bei den Burgunden sein."

Da sprach von Niederlanden | der König Siegmund:
„Wollt ihr zum Hofgelage | was tut ihr mir's nicht kund?
Ich will mit euch reiten | wenn ihr's zufrieden seid;
Hundert Degen führ' ich | damit mehr' ich eur Geleit."

„Wollt ihr mit uns reiten | lieber Vater mein",
Sprach der kühne Siegfried | „des will ich fröhlich sein.
Binnen zwölf Tagen | räum' ich unser Land."
Die sie begleiten sollten | denen gab man Ross' und Gewand.

Als dem edeln König | zur Reise stand der Mut,
Da ließ man wieder reiten | die schnellen Degen gut.
Seiner Frauen Brüdern | entbot er an den Rhein,
Daß er gerne wolle | bei ihrem Hofgelage sein.

Siegfried und Kriemhild | so hörten wir sagen,
Beschenkten so die Boten | es mochten es nicht tragen,
Die Pferde nach der Heimat | er war ein reicher Mann.
Ihre starken Säumer | trieb man zur Reise fröhlich an.

Da schuf dem Volke Kleider | Siegfried und Siegemund.
Eckewart der Markgraf | ließ da gleich zur Stund'
Frauenkleider suchen | die besten, die man fand
Und irgend mocht' erwerben | in Siegfriedens ganzem Land.

Die Sättel und die Schilde | man da bereiten ließ.
Den Rittern und den Frauen | die er sich folgen hieß,
Gab man, was sie wollten | nichts gebrach daran.
Er brachte seinen Freunden | manchen herrlichen Mann.

Nun wandten sich die Boten | zurück und eilten sehr.
Da kam zu den Burgunden | Gere, der Degen hehr,
Und wurde schön empfangen | sie schwangen sich zutal
Von Rossen und von Mähren | dort vor König Gunthers Saal.

Die Jungen und die Alten | kamen, wie man tut,
Und fragten nach der Märe | Da sprach der Ritter gut:
„Wenn ich's dem König sage | wird es auch euch bekannt."
Er ging mit den Gesellen | dahin, wo er Gunthern fand.

Der König vor großer Freude | von dem Sessel sprang;
Daß sie so bald gekommen | sagt' ihnen Dank
Brunhild die schöne | Zu den Boten sprach er da:
„Wie gehabt sich Siegfried | von dem mir Liebe viel geschah?"

Da sprach der kühne Gere | „Er ward vor Freuden rot,
Er und eure Schwester | So holde Mär' entbot
Seinen Freunden nimmer | noch zuvor ein Mann,
Als euch der edle Siegfried | und sein Vater hat getan."

Da sprach zum Markgrafen | des reichen Königs Weib:
„Nun sagt mir, kommt uns Kriemhild? | Hat noch ihr schöner Leib
Die hohe Zier behalten | deren sie mochte pflegen?"
„Sie wird euch sicher kommen" | so sprach da Gere der Degen.

Ute ließ die Boten | alsbald vor sich gehn.
Da war's an ihrem Fragen | leichtlich zu verstehn,
Was sie zu wissen wünsche | „War Kriemhild noch wohlauf?"
Er gab Bescheid, sie käm' auch | nach kurzer Tage Verlauf.

Da blieb auch nicht verhohlen | am Hof der Botensold,
Den ihnen Siegfried schenkte | die Kleider und das Gold:
Die ließ man alle schauen | in der drei Fürsten Lehn.
Da mußten sie ihm Ehre | wohl für Milde zugestehn.

„Er mag," sprach da Hagen | „mit vollen Händen geben:
Er könnt' es nicht verschwenden | und sollt' er ewig leben.
Den Hort der Nibelungen | beschließt des Königs Hand;
Hei! daß der jemals käme | her in der Burgunden Land!"

Da freuten sich die Degen | am Hof im voraus,
Daß sie kommen sollten | Beflissen überaus
Sah man spät und frühe | die in der Kön'ge Lehn.
Großes Heergestühle | ließ man vor der Burg erstehn.

Hunold der kühne | und Sindold der Degen
Hatten wenig Muße | des Amtes mußte pflegen
Truchseß auch und Schenke | und richten manche Bank;
Auch Ortwein war behilflich | des sagt' ihnen Gunther Dank.

Rumold der Küchenmeister | wie herrscht' er in der Zeit
Ob seinen Untertanen! | Gar manchen Kessel weit,
Häfen und Pfannen | hei! was man deren fand!
Denen ward da Kost bereitet | die da kamen in das Land.

DREIZEHNTES ABENTEUER

WIE SIE ZUM HOFGELAGE FUHREN

All ihr Bemühen | lassen wir nun sein
Und sagen, wie Frau Kriemhild | und ihre Mägdelein
Hin zum Rheine fuhren | von Nibelungenland.
Niemals trugen Rosse | so viel herrlich Gewand.

Viel Saumschreine wurden | versendet auf den Wegen.
Da ritt mit seinen Freunden | Siegfried der Degen
Und die Königstochter | in hoher Freuden Wahn;
Da war es ihnen allen | zu großem Leide getan.

Sie ließen in der Heimat | Siegfrieds Kindelein
Und Kriemhildens bleiben | das mußte wohl so sein.
Aus ihrer Hofreise | erwuchs ihm viel Beschwer:
Seinen Vater, seine Mutter | ersah das Kindlein nimmermehr.

Mit ihnen ritt von dannen | Siegmund der König hehr.
Hätt' er ahnen können | wie es ihm nachher
Beim Hofgelag' erginge | er hätt' es nicht gesehn:
Ihm könnt' an lieben Freunden | größer Leid nicht geschehn.

Vorausgesandte Boten | verhießen sie bei Zeit.
Entgegen ritten ihnen | in herrlichem Geleit
Von Utens Freunden viele | und König Gunthers Lehn.
Der Wirt ließ großen Eifer | für die lieben Gäste sehn.

Er ging zu Brunhilden | wo er sie sitzen fand:
„Wie empfing euch meine Schwester | da ihr kämet in dies Land?
So will ich, daß ihr Siegfrieds | Gemahl empfangen sollt."
„Das tu ich," sprach sie, „gerne | ich bin ihr billiglich hold."

Da sprach der mächtige König | „Sie kommen morgen früh;
Wollt ihr sie empfangen | so greift nur bald dazu,
Daß sie uns in der Veste | nicht überraschen hie:
Mir sind so liebe Gäste | nicht oft gekommen wie sie."

Ihre Mägdelein und Frauen | ließ sie da zur Hand
Gute Kleider suchen | die besten, die man fand,
Die ihr Ingesinde | vor Gästen mochte tragen.
Da taten sie doch gerne | das mag man für Wahrheit sagen.

Sie zu empfangen eilten | auch die in Gunthers Lehn;
All seine Recken | hieß er mit sich gehn.
Da ritt die Königstochter | hinweg in stolzem Zug.
Die lieben Gäste grüßte | sie alle freudig genug.

Mit wie hoher Freude | da empfing man sie!
Sie deuchte, daß Frau Kriemhild | Brunhilden nie
So wohl empfangen habe | in Burgundenland.
Allen, die es sahen | war hohe Wonne bekannt.

Nun war auch Siegfried kommen | mit seiner Leute Heer.
Da sah man die Helden | sich wenden hin und her
Im Feld allenthalben | mit ungezählten Scharen.
Vor Staub und Drängen konnte | sich da niemand bewahren.

Als der Wirt des Landes | Siegfrieden sah
Und Siegmund den König | wie gütlich sprach er da:
„Nun seid mir hochwillkommen | und all den Freunden mein;
Wir wollen hohen Mutes | ob eurer Hofreise sein."

„Nun lohn' euch Gott," sprach Siegmund | der ehrbegier'ge Mann.
„Seit mein Sohn Siegfried | euch zum Freund gewann,
Riet mir all mein Sinnen | wie ich euch möchte sehn."
Da sprach der König Gunther | „nun freut mich, daß es geschehn."

Siegfried ward empfangen | wie man das wohl gesollt,
Mit viel großen Ehren | ein jeder ward ihm hold.
Des half mit Rittersitten | Gernot und Geiselher;
Ich glaub', man bot es Gästen | so gütlich wohl nimmermehr.

Nun konnten sich einander | die Königinnen schaun.
Da sah man Sättel leeren | und viel der schönen Fraun
Von der Helden Händen | gehoben auf das Gras:
Wer gerne Frauen diente | wie selten der da müßig saß!

Da gingen zueinander | die Frauen minniglich.
Darüber höchlich freuten | viel der Ritter sich,
Daß der beiden Grüßen | so schön war zu sehn.
Man sah da manchen Recken | bei den Jungfrauen stehn.

Das herrliche Gesinde | nahm sich bei der Hand;
Züchtiglich sich neigen | man allerorten fand
Und minniglich sich küssen | viel Frauen wohlgetan.
Das sahen gerne Gunthers | und Siegfrieds Mannen mit an.

Sie säumten da nicht länger | und ritten nach der Stadt.
Der Wirt seinen Gästen | zu erweisen bat,
Daß man sie gerne sähe | in der Burgunden Land.
Manches schöne Kampfspiel | man vor den Jungfrauen fand.

Da ließ von Tronje Hagen | und auch Ortewein,
Wie sie gewaltig waren | wohl offenkundig sein.
Was sie gebieten mochten | das ward alsbald getan.
Man sah die lieben Gäste | viel Dienst von ihnen empfahn.

Man hörte Schilde hallen | vor der Veste Tor
Von Stichen und von Stößen | Lange hielt davor
Der Wirt mit seinen Gästen | bis alle waren drin.
In mancher Kurzweil gingen | ihnen schnell die Stunden hin.

Vor den weiten Gästesaal | sie nun in Freuden ritten.
Viel kunstvolle Decken | reich und wohlgeschnitten,
Sah man von den Sätteln | den Frauen wohlgetan
Allenthalben hangen | da kamen Diener heran.

Zu Gemache wiesen | sie die Gäste da.
Hin und wieder blicken | man Brunhilden sah
Nach Kriemhild der Frauen | schön war sie genug:
Den Glanz noch vor dem Golde | ihre hehre Farbe trug.

Da vernahm man allenthalben | zu Worms in der Stadt
Den Jubel des Gesindes | König Gunther bat
Dankwart, seinen Marschall | es wohl zu verpflegen:
Da ließ er die Gäste | in gute Herbergen legen.

Draußen und darinnen | beköstigte man sie:
So wohl gewartet wurde | fremder Gäste nie.
Was einer wünschen mochte | das war ihm gern gewährt:
So reich war der König | es blieb keinem was verwehrt.

Man dient' ihnen freundlich | und ohn' allen Haß.
Der König zu Tische | mit seinen Gästen saß;
Siegfrieden ließ man sitzen | wie er sonst getan.
Mit ihm ging zu Tische | gar mancher weidliche Mann.

Zwölfhundert Recken | setzten sich dahin
Mit ihm an der Tafel | Brunhild die Königin
Gedachte, wie ein Dienstmann | nicht reicher möge sein.
Noch war sie ihm günstig | sie ließ ihn gerne gedeihn.

Es war an einem Abend | da so der König saß,
Viele reiche Kleider wurden | da vom Weine naß,
Als die Schenken sollten | zu den Tischen gehn:
Da sah man volle Dienste | mit großem Fleiße geschehn.

Wie bei Hofgelagen | Sitte mochte sein,
Ließ man zur Ruh geleiten | Fraun und Mägdelein.
Von wannen wer gekommen | der Wirt ihm Sorge trug;
In gütlichen Ehren | gab man allen genug.

Die Nacht war zu Ende | sich hob des Tages Schein;
Aus den Saumschreinen | mancher Edelstein
Erglänzt' auf gutem Kleide | das schuf der Frauen Hand.
Aus der Lade suchten sie | manches herrliche Gewand.

Eh' es noch völlig tagte | kamen vor den Saal
Ritter viel und Knechte | da hob sich wieder Schall
Vor einer Frühmesse | die man dem König sang.
So ritten junge Helden | der König sagt' ihnen Dank.

Da klangen die Posaunen | von manchem kräft'gen Stoß;
Von Flöten und Drommeten | ward der Schall so groß,
Worms die weite Veste | gab lauten Widerhall.
Auf die Rosse sprangen | die kühnen Helden überall.

Da hob sich in dem Lande | ein hohes Ritterspiel
Von manchem guten Recken | man fand ihrer viel,
Deren junge Herzen | füllte froher Mut;
Unter Schilden sah man | manchen zieren Ritter gut.

Da ließen in den Fenstern | die herrlichen Fraun
Und viel der schönen Maide | sich im Schmucke schaun.
Sie sahen kurzweilen | manchen kühnen Mann;
Der Wirt mit seinen Freunden | zu reiten selber begann.

So vertrieben sie die Weile | die deuchte sie nicht lang.
Da lud zu dem Dome | mancher Glocke Klang:
Den Frauen kamen Rosse | da ritten sie hindann;
Den edeln Königinnen | folgte mancher kühne Mann.

Sie stiegen vor dem Münster | nieder auf das Gras.
Noch hegte zu den Gästen | Brunhild keinen Haß.
Sie gingen unter Krone | in das Münster weit.
Bald schied sich diese Liebe | das wirkte grimmiger Neid.

ls die Messe war gesungen | sah man sie weiterziehn
Unter hohen Ehren | sie gingen heiter hin
Zu des Königs Tischen | ihre Freude nicht erlag
Bei diesen Lustbarkeiten | bis gegen den eilften Tag.

VIERZEHNTES ABENTEUER

WIE DIE KÖNIGINNEN SICH SCHALTEN

Es war vor einer Vesper | als man den Schall vernahm,
Der von manchem Recken | auf dem Hofe kam:
Sie stellten Ritterspiele | der Kurzweil willen an.
Da eilten es zu schauen | Frauen viel und mancher Mann.

Da saßen beisammen | die Königinnen reich
Und gedachten zweier Recken | die waren ohne Gleich.
Da sprach die schöne Kriemhild | „Ich hab' einen Mann,
Dem wären diese Reiche | alle billig untertan."

Da sprach zu ihr Frau Brunhild | „Wie könnte das wohl sein?
Wenn anders niemand lebte | als er und du allein,
So möchten ihm die Reiche | wohl zu Gebote stehn:
So lange Gunther lebte | so könnt' es nimmer geschehn."

Da sprach Kriemhild wieder | „Siehst du, wie er steht,
Wie er da so herrlich | vor allen Recken geht,
Wie der lichte Vollmond | vor den Sternen tut!
Darob mag ich wohl immer | tragen fröhlichen Mut."

Da sprach wieder Brunhild | „Wie weidlich sei dein Mann,
Wie schön und wie bieder | so steht ihm doch voran
Gunther, der Recke | der edle Bruder dein:
Der muß vor allen Königen | das wisse du wahrlich, sein."

Da sprach Kriemhild wieder | „So wert ist mein Mann,
Daß er ohne Grund nicht | solch Lob von mir gewann.
An gar manchen Dingen | ist seine Ehre groß.
Glaubst du das, Brunhild? | er ist wohl Gunthers Genoß!"

„Das sollst du mir, Kriemhild | im Argen nicht verstehn;
Es ist auch meine Rede | nicht ohne Grund geschehn.
Ich hört' es Beide sagen | als ich zuerst sie sah,
Und als des Königs Willen | in meinen Spielen geschah,

Und da er meine Minne | so ritterlich gewann,
Da sagt' es Siegfried selber | er sei des Königs Mann:
Drum halt' ich ihn für eigen | ich hört' es ihn gestehn."
Da sprach die schöne Kriemhild | „So wär' mir übel geschehn.

Wie hätten so geworben | die edlen Brüder mein,
Daß ich des Eigenmannes | Gemahl sollte sein?
Darum will ich, Brunhild | gar freundlich dich bitten,
Laß mir zu Lieb die Rede | hinfort mit gütlichen Sitten."

Die Königin versetzte | „Sie lassen mag ich nicht:
Wie tat ich auf so manchen | Ritter wohl Verzicht,
Der uns mit dem Degen | zu Dienst ist untenan?"
Kriemhild die schöne | hub da sehr zu zürnen an.

„Dem mußt du wohl entsagen | daß er in der Welt
Dir irgend Dienste leiste | Werter ist der Held
Als mein Bruder Gunther | der Degen unverzagt,
Erlaß mich der Dinge | die du mir jetzo gesagt.

Auch muß mich immer wundern | wenn er dein Dienstmann ist
Und du ob uns Beiden | so gewaltig bist,
Warum er dir so lange | den Zins versessen hat;
Deines Übermutes | war ich billig nun satt."

„Du willst dich überheben" | sprach da die Königin:
„Wohlan, ich will doch schauen | ob man dich fürderhin
So hoch in Ehren halte | als man mich selber tut."
Die Frauen waren beide | in sehr zornigem Mut.

Da sprach wieder Kriemhild | „Das wird dir wohl bekannt:
Da du meinen Siegfried | dein Eigen hast genannt,
So sollen heut die Degen | der beiden Kön'ge sehn,
Ob ich vor der Königin | wohl zur Kirche dürfe gehn.

Ich lasse dich wohl schauen | daß ich edel bin und frei,
Und daß mein Mann viel werter | als der deine sei.
Ich will damit auch selber | nicht bescholten sein:
Du sollst noch heute sehen | wie die Eigenholde dein

Zu Hof geht vor den Helden | in Burgundenland.
Ich will höher gelten | als man je gekannt
Eine Königstochter | die noch die Krone trug."
Unter den Frauen hob sich | der Haß da grimmig genug.

Da sprach Brunhild wieder | „Willst du nicht eigen sein,
So mußt du dich scheiden | mit den Frauen dein
Von meinem Ingesinde | wenn wir zum Münster gehn."
„In Treuen," sprach da Kriemhild | „also soll es geschehn."

„Nun kleidet euch, ihr Maide" | hub da Kriemhild an:
„Ob ich frei von Schande | hier nicht verbleiben kann,
Laßt es heute schauen | besitzt ihr reichen Staat;
Sie soll es noch verleugnen | was ihr Mund gesprochen hat."

Ihnen war das leicht zu raten | sie suchten reich Gewand.
Wie bald man da im Schmucke | viel Frauen und Maide fand!
Da ging mit dem Gesinde | des edeln Königs Gemahl;
Da ward auch wohl gezieret | die schöne Kriemhild zumal

Mit dreiundvierzig Maiden | die sie zum Rhein gebracht:
Die trugen lichte Zeuge | in Arabien gemacht.
So kamen zu dem Münster | die Mägdlein wohlgetan.
Ihrer harrten vor dem Hause | die Siegfrieden Untertan.

Die Leute nahm es wunder | warum das geschah,
Daß man die Königinnen | so geschieden sah,
Und daß sie beieinander | nicht gingen so wie eh.
Das geriet noch manchem Degen | zu großen Sorgen und Weh.

Nun stand vor dem Münster | König Gunthers Weib.
Da fanden viel der Ritter | genehmen Zeitvertreib
Bei den schönen Frauen | die sie da nahmen wahr.
Da kam die Fraue Kriemhild | mit mancher herrlichen Schar.

Was Kleider je getragen | eines edeln Ritters Kind,
Gegen ihr Gesinde | war alles nur wie Wind.
Sie war so reich an Gute | dreißig Königsfraun
Mochten die Pracht nicht zeigen | die da an ihr war zu schaun.

Was man auch wünschen mochte | niemand konnte sagen,
Daß er so reiche Kleider | je gesehen tragen,
Als da zur Stunde trugen | ihre Mägdlein wohlgetan.
Brunhilden war's zu Leide | sonst hätt' es Kriemhild nicht getan.

Nun kamen sie zusammen | vor dem Münster weit.
Die Hausfrau des Königs | aus ingrimmem Neid
Hieß da Kriemhilden | unwirsch stille stehn:
„Es soll vor Königsweibe | die Eigenholde nicht gehn."

Da sprach die schöne Kriemhild | zornig war ihr Mut:
„Hättest du noch geschwiegen | das wär' dir wohl gut!
Du hast geschändet selber | deinen schönen Leib:
Mocht' eines Mannes Kebse | je werden Königes Weib?"

„Wen willst du hier verkebsen?" | sprach des Königs Weib.
„Das tu' ich dich", sprach Krimhild | „deinen schönen Leib
Hat Siegfried erst geminnet | mein geliebter Mann:
Wohl war es nicht mein Bruder | der dein Magdtum gewann.

Wo blieben deine Sinne? | Es war doch arge List:
Was ließest du ihn minnen | wenn er dein Dienstmann ist?
Ich höre dich," sprach Kriemhild | „ohn' alle Ursach klagen."
„In Wahrheit," sprach da Brunhild | „das will ich Gunthern doch sagen."

Wie mag mich das gefährden? | Dein Übermut hat dich betrogen:
Du hast mich mit Reden | in deinen Dienst gezogen.
Das wisse du in Treuen | es ist mir immer leid:
Zu trauter Freundschaft bin ich | dir nimmer wieder bereit."

Brunhild begann zu weinen | Kriemhild es nicht verhing,
Vor des Königs Weibe | sie in das Münster ging
Mit ihrem Ingesinde | Da hub sich großer Haß;
Es wurden lichte Augen | sehr getrübt davon und naß.

Wie man da Gott auch diente | oder jemand sang,
Brunhilden währte | die Weile viel zu lang.
Ihr war allzutrübe | der Sinn und auch der Mut;
Des mußte bald entgelten | mancher Degen kühn und gut.

Brunhild mit ihren Frauen | ging vor das Münster stehn.
Sie gedacht': „Ich muß von Kriemhild | mehr zu hören sehn,
Wes mich so laut hier zeihte | das wortscharfe Weib:
Und wenn er sich's gerühmt hat | geht's ihm an Leben und Leib!"

Nun kam die edle Kriemhild | mit manchem kühnen Mann.
Da begann Frau Brunhild | „Haltet hier noch an.
Ihr wolltet mich verkebsen | laßt uns Beweise sehn,
Mir ist von euern Reden | das wisset, übel geschehn."

Da sprach die Fraue Kriemhild | „Was laßt ihr mich nicht gehn?
Ich bezeug' es mit dem Golde | an meiner Hand zu sehn.
Das brachte mir Siegfried | nachdem er bei euch lag."
Nie erlebte Brunhild | wohl einen leidigern Tag.

Sie sprach: „Dies Gold das edle | das ward mir gestohlen
Und blieb mir lange Jahre | übel verhohlen:
Ich komme nun dahinter | wer es hat genommen."
Die Frauen waren beide | in großen Unmut gekommen.

Da sprach wieder Kriemhild | „Ich will nicht sein der Dieb.
Du hättest schweigen sollen | wär' dir Ehre lieb.
Ich bezeug' es mit dem Gürtel | den ich umgetan,
Ich habe nicht gelogen | wohl wurde Siegfried dein Mann."

Von Niniveer Seide | sie eine Borte trug
Mit edelm Gesteine | die war wohl schön genug.
Als Brunhild sie erblickte | zu weinen hub sie an.
Das mußte Gunther wissen | und alle die ihm untertan.

Da sprach des Landes Königin | „Sendet her zu mir
Den König vom Rheine | hören soll er hier,
Wie sehr seine Schwester | schändet meinen Leib:
Sie sagt vor allen Leuten | ich sei Siegfriedens Weib."

Der König kam mit Recken | als er weinen sah
Brunhild seine Traute | gütlich sprach er da:
„Von wem, liebe Fraue | ist euch ein Leid geschehn?"
Sie sprach zu dem König | „Unfröhlich muß ich hier stehn.

Aller meiner Ehren | hat die Schwester dein
Mich berauben wollen | Geklagt soll dir sein,
Sie sagt: ich sei die Kebse | von Siegfried, ihrem Mann."
Da sprach der König Gunther | „So hat sie übel getan."

„Sie trägt hier meinen Gürtel | den ich längst verloren,
Und mein Gold das rote | Daß ich je ward geboren,
Des muß mich sehr gereuen | befreist du, Herr, mich nicht
Solcher großen Schande | ich minne nie wieder dich."

Da sprach König Gunther | „So ruft ihn herbei:
Hat er sich's gerühmet | das gesteh' er frei,
Er woll' es denn leugnen | der Held von Niederland."
Da ward der kühne Siegfried | bald hin zu ihnen gesandt.

Als Siegfried der Degen | die Unmutvollen sah
Und den Grund nicht wußte | balde sprach er da:
„Was weinen diese Frauen? | das macht mir bekannt:
Oder wessentwegen | wurde hier nach mir gesandt?"

Da sprach König Gunther | „Groß Herzleid fand ich hier.
Eine Märe sagte | mein Weib Frau Brunhild mir:
Du habest dich gerühmet | du wärst ihr erster Mann.
So spricht dein Weib Kriemhild | hast du, Degen, das getan?"

„Niemals," sprach da Siegfried | „und hat sie das gesagt,
Nicht eher will ich ruhen | bis sie es beklagt,
Und will davon mich reinigen | vor deinem ganzen Heer
Mit meinen hohen Eiden | ich sagte solches nimmermehr."

Da sprach der Fürst vom Rheine | „Wohlan, das zeige mir!
Der Eid, den du geboten | geschieht der allhier,
Aller falschen Dinge | laß' ich dich ledig gehn."
Man ließ in einem Ringe | die stolzen Burgunden stehn.

Da bot der kühne Siegfried | zum Eide hin die Hand.
Da sprach der reiche König | „Jetzt hab ich wohl erkannt,
Ihr seid hieran unschuldig | und sollt' des ledig gehn:
Des euch Kriemhild zeihte | das ist nicht von euch geschehn."

Da sprach wieder Siegfried | „Und kommt es ihr zugut,
Daß deinem schönen Weibe | sie so betrübt den Mut,
Das wäre mir wahrlich | aus der Maßen leid."
Da blickten zueinander | die Ritter kühn und allbereit.

„Man soll so Frauen ziehen" | sprach Siegfried der Degen,
„Daß sie üpp›ge Reden | lassen unterwegen;
Verbiet es deinem Weibe | ich will es meinem tun.
Solchen Übermutes | in Wahrheit schäm' ich mich nun."

Viel schöne Frauen wurden | hier im Gespräch entzweit.
Da erzeigte Brunhild | solche Traurigkeit,
Daß es erbarmen mußte | die in Gunthers Lehn.
Von Tronje Hagen sah man | zu der Königin da gehn.

Er fragte, was ihr wäre | da er sie weinend fand.
Sie sagt' ihm die Märe | Er gelobt' ihr gleich zur Hand,
Daß es büßen sollte | der Kriemhilde Mann,
Oder man treff' ihn nimmer | unter Fröhlichen an.

Über die Rede kamen | Ortwein und Gernot.
Allda die Herren rieten | zu Siegfriedens Tod.
Dazu kam auch Geiselher | der schönen Ute Kind;
Als er die Rede hörte | sprach der Getreue geschwind:

Ihr viel wackern Helden | warum tut ihr das?
Siegfried verdiente | ja niemals solchen Haß,
Daß er darum verlieren | Leben sollt' und Leib:
Auch sind es viel Dinge | um die wohl zürnet ein Weib."

„Sollen wir Gäuche ziehen?“ | sprach Hagen entgegen:
„Das brächte wenig Ehre | solchen guten Degen.
Daß er sich rühmen durfte | der lieben Frauen mein,
Ich will des Todes sterben | oder es muß gerochen sein.“

Da sprach der König selber | „Er hat uns nichts getan
Als Liebes und Gutes | leb’ er denn fortan!
Was sollt’ ich dem Recken | hegen solchen Haß?
Er bewies uns immer Treue | gar williglich tat er das.“

Dann begann der Degen | von Metz Herr Ortewein:
„Wohl kann ihm nicht mehr helfen | die große Stärke sein.
Will es mein Herr erlauben | ich tu’ ihm alles Leid.“
Da waren ihm die Helden | ohne Grund zu schaden bereit.

Dem folgte doch niemand | außer daß Hagen
Alle Tage pflegte | zu Gunther zu sagen:
Wenn Siegfried nicht mehr lebte | ihm würden untertan
Manches Königs Lande | Da hub der Held zu trauern an.

Man ließ es bewenden | und ging dem Kampfspiel nach.
Hei! was man starker Schäfte | vor dem Münster brach,
Vor Siegfriedens Weibe | bis hinan zum Saal!
Mit Unmut sah es mancher | dem König Gunther befahl.

Der König sprach: „Laßt fahren | den mordlichen Zorn.
Er ist uns zu Ehren | und zum Heil geborn;
Auch ist so grimmer Stärke | der wunderkühne Mann,
Wenn er’s inne würde | so dürfte niemand ihm nahn.“

„Nicht doch,“ sprach da Hagen | „da dürft ihr ruhig sein:
Wir leiten in der Stille | alles sorglich ein.
Brunhildens Weinen | soll ihm werden leid.
Immer sei ihm Hagen | zu Haß und Schaden bereit.“

Da sprach der König Gunther | „Wie möcht’ es geschehn?“
Zur Antwort gab ihm Hagen | „Das sollt ihr bald verstehn:
Wir lassen Boten reiten | her in dieses Land,
Uns offnen Krieg zu künden | die hier niemand sind bekannt.

Dann sagt ihr vor den Gästen | ihr wollt mit euerm Lehn
Euch zur Heerfahrt rüsten | Sieht er das geschehn,
So verspricht er euch zu helfen | dann geht's ihm an den Leib,
Erfahr' ich nur die Märe | von des kühnen Recken Weib."

Der König folgte leider | seines Dienstmanns Rat.
So huben an zu sinnen | auf Untreu und Verrat,
Eh' es wer erkannte | die Ritter auserkoren:
Durch zweier Frauen Zanken | ging da mancher Held verloren.

FÜNFZEHNTES ABENTEUER

WIE SIEGFRIED VERRATEN WARD

Man sah am vierten Morgen | zweiunddreißig Mann
Hin zu Hofe reiten | da ward es kundgetan
Gunther dem reichen | es droh' ihm neuer Streit.
Die Lüge schuf den Frauen | das allergrößeste Leid.

Sie gewannen Urlaub | an den Hof zu gehn.
Da sagten sie, sie stünden | in Lüdegers Lehn,
Den einst bezwungen hatte | Siegfriedens Hand
Und ihn als Geisel brachte | König Gunthern in das Land.

Die Boten grüßte Gunther | und hieß sie sitzen gehn.
Einer sprach darunter | „Herr König, laßt uns stehn,
Daß wir die Mären sagen | die euch entboten sind.
Wohl habt ihr zu Feinden | das wißt, mancher Mutter Kind.

Euch widersagen Lüdegast | und König Lüdeger:
Denen schuft ihr weiland | grimmige Beschwer;
Nun wollen sie mit Heereskraft | reiten in dies Land."
Gunther begann zu zürnen | als ihm die Märe ward bekannt.

Man ließ die falschen Boten | zu den Herbergen gehn.
Wie mochte da Siegfried | der Tücke sich versehn,
Er oder anders jemand | die man so listig spann?
Doch war es ihnen selber | zu großem Leide getan.

Der König mit den Freunden | ging raunend ab und zu.
Hagen von Tronje | ließ ihm keine Ruh:
Noch wollt' es mancher wenden | in des Königs Lehn;
Doch nicht vermocht' er Hagen | von seinen Räten abzustehn.

Eines Tages Siegfried | die Degen raunend fand.
Da begann zu fragen | der Held von Niederland:
„Wie traurig geht der König | und die ihm Untertan?
Das helf ich immer rächen | hat ihnen wer ein Leid getan."

Da sprach König Gunther | „Wohl hab' ich Herzeleid:
Lüdegast und Lüdeger | droh'n mir wieder Streit.
Mit Heerfahrten wollen sie | reiten in mein Land."
Da sprach der kühne Degen | „Dem soll Siegfriedens Hand

Nach allen euern Ehren | mit Kräften widerstehn;
Von mir geschieht den Degen | was ihnen einst geschehn.
Ihre Burgen leg' ich wüste | und dazu ihr Land,
Eh' ich ablasse | des sei mein Haupt euer Pfand.

Ihr mit euern Mannen | nehmt der Heimat wahr;
Laßt mich zu ihnen reiten | mit meiner Leute Schar.
Daß ich euch gerne diene | lass' ich euch wohl sehn:
Von mir soll euern Feinden | das wisset, übel geschehn."

„Nun wohl mir dieser Märe!" | der König sprach da so,
Als war' er seiner Hilfe | alles Ernstes froh.
Tief neigte sich in Falschheit | der ungetreue Mann.
Da sprach der edle Siegfried | „Laßt euch keine Sorge nahn!"

Sie schickten mit den Knechten | zu der Fahrt sich an:
Siegfrieden und den Seinen | ward es zum Schein getan.
Da hieß er sich rüsten | die von Niederland:
Siegfriedens Recken | suchten da ihr Streitgewand.

Da sprach der starke Siegfried | „Mein Vater Siegmund,
Bleibt ihr hier im Lande | wir kehren bald gesund,
Will Gott uns Glück verleihen | wieder an den Rhein.
Ihr sollt bei dem König | unterdessen fröhlich sein."

Da wollten sie von dannen | die Fähnlein band man an.
Umher standen viele | die Gunthern Untertan,
Und hatten nicht erfahren | wie es damit bewandt.
Groß Heergesinde war es | das da bei Siegfrieden stand.

Die Panzer und die Helme | man auf die Rosse lud;
Sich rüsteten aus dem Lande | viel starke Ritter gut.
Da ging von Tronje Hagen | hin, wo er Kriemhild fand;
Er bat sie um Urlaub | sie wollten räumen das Land.

„Nun wohl mir," sprach Kriemhild | „daß ich den Mann gewann,
Der meine lieben Freunde | so wohl beschützen kann,
Wie hier mein Herr Siegfried | an meinen Brüdern tut!
Drum trag ich," sprach die Königin | „immer fröhlichen Mut.

Lieber Freund Hagen | nun hoff' ich, ihr gedenkt,
Daß ich euch gerne diene | ich hab' euch nie gekränkt.
Das komme mir zugute | an meinem lieben Mann:
Laßt es ihn nicht entgelten | was ich Brunhilden getan.

„Das hat mich schon gereuet" | sprach das edle Weib,
„Auch hat er so zerbläuet | zur Strafe mir den Leib,
Daß ich je beschwerte | mit Reden ihr den Mut,
Er hat es wohl gerochen | dieser Degen kühn und gut."

Da sprach er: „Ihr versöhnt euch | wohl nach wenig Tagen.
Kriemhild, liebe Herrin | nun sollt ihr mir sagen,
Wie ich euch dienen möge | an Siegfried euerm Herrn.
Ich gönn' es niemand besser | und tu' es, Königin, euch gern."

Ich wär' ohn alle Sorge" | sprach da das edle Weib,
„Daß man ihm im Kampfe | Leben nähm' und Leib,
Wenn er nicht folgen wollte | seinem Übermut,
So wär› immer sicher | dieser Degen kühn und gut."

„Fürchtet ihr, Herrin" | Hagen da begann,
„Daß er verwundet werde | so vertraut mir an,
Wie soll ich's beginnen | dem zu widerstehn?
Ihn zu schirmen will ich immer | bei ihm reiten und gehn."

Sie sprach: „Du bist mir Sippe | so will ich dir es sein:
Ich befehle dir auf Treue | den holden Gatten mein,
Daß du mir behütest | den geliebten Mann."
Was besser wär' verschwiegen | vertraute da sie ihm an.

Sie sprach: „Mein Mann ist tapfer | dazu auch stark genug.
Als er den Linddrachen | an dem Berge schlug,
Da badet' in dem Blute | der Degen allbereit,
Daher ihn keine Waffe | je versehren mocht' im Streit.

Jedoch bin ich in Sorgen | wenn er im Kampfe steht
Und aus der Helden Händen | mancher Speerwurf geht,
Daß ich da verliere | meinen lieben Mann.
Hei! was ich großer Sorgen | oft um Siegfried gewann!

Mein lieber Freund, ich meld' es | nun auf Gnade dir,
Daß du deine Treue | bewähren mögst an mir,
Wo man mag verwunden | meinen lieben Mann.
Das sollst du nun vernehmen | es ist auf Gnade getan.

Als von des Drachen Wunden | floß das heiße Blut
Und sich darinne badete | der kühne Recke gut,
Da fiel ihm auf die Achseln | ein Lindenblatt so breit:
Da kann man ihn verwunden | das schafft mir Sorgen und Leid."

Da sprach von Tronje Hagen | „So näht auf sein Gewand
Mir ein kleines Zeichen | mit eigener Hand:
Wo ich ihn schirmen müsse | mag ich daran verstehn."
Sie wähnt' ihn so zu fristen | auf seinen Tod war's abgesehn.

Sie sprach: „Mit feiner Seide | näh' ich auf sein Gewand
Insgeheim ein Kreuzchen | da soll, Held, deine Hand
Mir den Mann behüten | wenn's ins Gedränge geht,
Da wo in den Stürmen | er vor seinen Feinden steht."

Das tu' ich," sprach da Hagen | „viel liebe Herrin mein."
Wohl wähnte da die Gute | sein Frommen sollt' es sein:
Da war hiemit verraten | der Kriemhilde Mann.
Urlaub nahm da Hagen | da ging er fröhlich hindann.

Der Dienstmann des Königs | war froh und wohlgemut.
Gewiß, daß solche Bosheit | kein Recke wieder tut
Bis zum jüngsten Tage | als da von ihm geschah,
Da sich seiner Treue | Kriemhild die Königin versah.

Früh des andern Morgens | mit wohl tausend Mann
Ritt Siegfried der Degen | mit frohem Mut hindann:
Er wähnt', er solle rächen | seiner Freunde Leid.
So nah ritt ihm Hagen | daß er beschaute sein Kleid.

Als er ersah das Zeichen | da schickt' er ungesehn,
Andre Mär zu bringen | zwei aus seinem Lehn:
In Frieden sollte bleiben | König Gunthers Land;
Es habe sie Herr Lüdeger | zu dem König gesandt.

Wie ungerne Siegfried | abließ vom Streit,
Eh' er gerochen hatte | seiner Freunde Leid!
Kaum hielten ihn zurücke | die Gunthern untertan.
Da ritt er zu dem König | der ihm zu danken begann:

„Nun lohn' euch Gott, Freund Siegfried | den willigen Sinn,
Daß ihr so gerne tatet | was mir vonnöten schien:
Das will ich euch vergelten | wie ich billig soll.
Vor allen meinen Freunden | vertrau' ich euch immer wohl.

Da wir uns der Heerfahrt | so entledigt sehn,
So laßt uns nun Bären | und Schweine jagen gehn
Nach dem Odenwalde | wie ich oft getan."
Geraten hatte Hagen das | dieser ungetreue Mann.

Allen meinen Gästen | soll man das nun sagen,
Ich denke früh zu reiten | die mit mir wollen jagen,
Die laßt sich fertig halten | die aber hier bestehn,
Kurzweilen mit den Frauen | das lass' ich gerne geschehn."

Mit herrlichen Sitten | sprach da Siegfried:
„Wenn ihr jagen reitet | da will ich gerne mit.
So sollt ihr mir leihen | einen Jägersmann
Mit etlichen Bracken | so reit' ich mit euch in den Tann."

Wollt ihr nur einen?" | frug Gunther zuhand;
„Ich leih' euch, wollt ihr, viere | denen wohl bekannt
Der Wald ist und die Steige | wo viel Wildes ist,
Daß ihr des Wegs unkundig | nicht ledig wieder heimwärts müßt."

Da ritt zu seinem Weibe | der Degen unverzagt.
Derweilen hatte Hagen | dem König gesagt,
Wie er verderben wolle | den herrlichen Degen.
So großer Untreue | sollt' ein Mann nimmer pflegen.

SECHZEHNTES ABENTEUER

WIE SIEGFRIED ERSCHLAGEN WARD

Gunther und Hagen | die Recken wohlgetan,
Gelobten mit Untreuen | ein Pirschen in den Tann.
Mit ihren scharfen Spießen | wollten sie jagen Schwein'
Und Bären und Wisente | was mochte Kühneres sein?

Da ritt auch mit ihnen | Siegfried mit stolzem Sinn.
Man bracht' ihnen Speise | aller Art dahin.
An einem kühlen Brunnen | ließ er da das Leben:
Den Rat hatte Brunhild | König Gunthers Weib, gegeben.

Da ging der kühne Degen | hin, wo er Kriemhild fand.
Schon war aufgeladen | das edle Pirschgewand
Ihm und den Gefährten | sie wollten über Rhein.
Da konnte Kriemhilden | leider nicht zumute sein.

Seine liebe Traute | küßt' er auf den Mund:
„Gott lasse mich dich, Liebe | noch wiedersehn gesund
Und deine Augen mich auch | mit holden Freunden dein
Kürze dir die Stunden | ich kann nun nicht bei dir sein."

Da gedachte sie der Märe | sie durft' es ihm nicht sagen,
Nach der sie Hagen fragte | da begann zu klagen
Die edle Königstochter | daß sie je das Leben sah:
Ohne Maßen weinte | des Herren Siegfried Fraue da.

Sie sprach zu dem Recken | „Laßt euer Jagen sein:
Mir träumte heut von Leide | wie euch zwei wilde Schwein'
Über die Heide jagten | da wurden Blumen rot.
Daß ich so bitter weine | das tut in Wahrheit mir not.

„Wohl muß ich fürchten | etlicher Verrat,
Wenn man den und jenen | vielleicht beleidigt hat,
Die uns verfolgen könnten | mit feindlichem Haß.
Bleibt hier, lieber Herre | mit Treuen rat' ich euch das."

Er sprach: „Liebe Traute | ich kehr' in kurzer Zeit;
Ich weiß nicht, daß hier jemand | mir Haß trüg' oder Neid.
Alle deine Freunde | sind insgemein mir hold;
Auch verdient' ich von den Degen | wohl nicht anderlei Sold."

„Ach nein, lieber Siegfried | wohl fürcht' ich deinen Fall.
Mir träumte heunt von Leide | wie über dir zutal
Fielen zwei Berge | daß ich dich nie mehr sah:
Und willst du von mir scheiden | das geht mir inniglich nah."

Er umfing mit Armen | das zuchtreiche Weib,
Mit holden Küssen herzt' er | ihr den schönen Leib.
Da nahm er Urlaub | und schied in kurzer Stund':
Sie ersah ihn leider | darnach nicht wieder gesund.

Da ritten sie von dannen | in einen tiefen Tann
Der Kurzweile willen | manch kühner Rittersmann
Folgte Guntheren | und seinem Hofgesind.
Daheim waren verblieben | Gernot und Geiselher das Kind.

Manch Saumroß zog beladen | vor ihnen überrhein,
Das den Jagdgesellen | das Brot trug und den Wein,
Das Fleisch mit den Fischen | und Vorrat aller Art,
Wie sie ein reicher König | wohl haben mag auf der Fahrt.

Da ließ man herbergen | bei dem Walde grün
Vor des Wildes Wechsel | die stolzen Jäger kühn,
Wo sie da jagen wollten | auf breitem Angergrund.
Auch Siegfried war gekommen | das ward dem Könige kund.

Von den Jagdgesellen | ward umhergestellt
Die Wart an allen Enden | da sprach der kühne Held,
Siegfried der starke | „Wer soll uns in den Wald
Nach dem Wilde weisen | ihr Degen kühn und wohlgestalt?“

„Wollen wir uns scheiden“ | hub da Hagen an,
„Eh’ wir beginnen | zu jagen hier im Tann:
So mögen wir erkennen | ich und der Herre mein,
Wer die besten Jäger | bei dieser Waldreise sei’n.

„Leute so wie Hunde | wir teilen uns darein:
Dann fährt, wohin ihn lüstet | jeglicher allein,
Und wer das Beste jagte | dem sagen wir den Dank.“
Da weilten die Jäger | beieinander nicht mehr lang.

Da sprach der edle Siegfried | „Der Hunde hab’ ich Rat
Bis auf einen Bracken | der so genossen hat,
Daß er die Fährte spüre | der Tiere durch den Tann.
Wir kommen wohl zum Jagen!“ | sprach der Kriemhilde Mann.

Da nahm ein alter Jäger | einen Spürhund hinter sich,
Und brachte den Herren | eh’ lange Zeit verstrich,
Wo sie viel Wildes fanden | was des erstöbert ward,
Das erjagten die Gesellen | wie heut noch guter Jäger Art.

Was da der Brack’ ersprengte | das schlug mit seiner Hand
Siegfried, der kühne | der Held von Niederland.
Sein Roß lief so geschwinde | daß ihm nicht viel entrann:
Das Lob er bei dem Jagen | vor ihnen allen gewann.

Er war in allen Dingen | mannhaft genug.
Das erste der Tiere | die er zu Tode schlug,
War ein starker Büffel | den traf des Helden Hand:
Nicht lang darauf der Degen | einen ungefügen Leuen fand.

Als den der Hund ersprengte | schoß er ihn mit dem Bogen
Und dem scharfen Pfeile | den er darauf gezogen;
Der Leu lief nach dem Schusse | nur dreier Sprünge lang.
Seine Jagdgesellen | die sagten Siegfrieden Dank.

Einen Wisent schlug er wieder | darnach und einen Elk,
Vier starker Auer nieder | und einen grimmen Schelk.
So schnell trug ihn die Mähre | daß ihm nichts entsprang:
Hinden und Hirsche | wurden viele sein Fang.

Einen großen Eber | trieb der Spürhund auf.
Als der flüchtig wurde | da kam in schnellem Lauf
Alles Jagens Meister | und nahm zum Ziel ihn gleich.
Anlief das Schwein im Zorne | diesen Helden tugendreich.

Das schlug es mit dem Schwerte | der Krimhilde Mann:
Das hätt' ein andrer Jäger | nicht so leicht getan.
Als er nun gefällt lag | fing man den Spürhund.
Seine reiche Beute wurde | den Burgunden allen kund.

Da sprachen seine Jäger | „Kann es füglich sein,
So laßt uns, Herr Siegfried | des Wilds ein Teil gedeihn:
Ihr wollt uns heute leeren | den Berg und auch den Tann."
Darob begann zu lächeln | der Degen kühn und wohlgetan.

Da vernahm man allenthalben | Lärmen und Getos.
Von Leuten und von Hunden | ward der Schall so groß,
Man hörte widerhallen | den Berg und auch den Tann.
Vierundzwanzig Meuten | hatten die Jäger losgetan.

Da wurde viel des Wildes | vom grimmen Tod ereilt.
Sie wähnten es zu fügen | daß ihnen zugeteilt
Der Preis des Jagens würde | das konnte nicht geschehn,
Als bei der Feuerstätte | der starke Siegfried ward gesehn.

Die Jagd war zu Ende | doch nicht so ganz und gar.
Zu der Feuerstelle | brachte der Jäger Schar
Häute mancher Tiere | und des Wilds genug.
Hei! was man des zur Küche | für des Königs Ingesinde trug!

Da ließ der König künden | den Jägern wohlgeborn,
Daß er zum Imbiß wolle | da wurde laut ins Horn
Einmal gestoßen | so machten sie bekannt,
Daß man den edeln Fürsten | nun bei den Herbergen fand.

Da sprach ein Jäger Siegfrieds | „Mit eines Hornes Schall
Ward uns kund gegeben | Herr, daß wir nun all
Zur Herberge sollen | erwid're ich's, das behagt."
Da ward nach den Gesellen | mit Blasen lange gefragt.

Da sprach der edle Siegfried | „Nun räumen wir den Wald."
Sein Roß trug ihn eben | die andern folgten bald.
Sie ersprengten mit dem Schalle | ein Waldtier fürchterlich,
Einen wilden Bären | da sprach der Degen hinter sich:

„Ich schaff' uns Jagdgesellen | eine Kurzweil.
Da seh' ich einen Bären | den Bracken löst vom Seil,
Zu den Herbergen | soll mit uns der Bär:
Er kann uns nicht entrinnen | und flöh' er auch noch so sehr."

Da lösten sie den Bracken | der Bär sprang hindann.
Da wollt' ihn erreiten | der Kriemhilde Mann.
Er kam in eine Bergschlucht | da könnt' er ihm nicht bei:
Das starke Tier wähnte | von den Jägern schon sich frei.

Da sprang von seinem Rosse | der stolze Ritter gut
Und begann ihm nachzulaufen | Das Tier war ohne Hut,
Es könnt' ihm nicht entrinnen | er fing es allzuhand;
Ohn' es zu verwunden | der Degen eilig es band.

Kratzen oder beißen | könnt' es nicht den Mann.
Er band es an den Sattel | auf saß der Schnelle dann
Und bracht es an die Feuerstatt | in seinem hohen Mut
Zu einer Kurzweile | dieser Degen kühn und gut.

Er ritt zur Herberge | in welcher Herrlichkeit!
Sein Speer war gewaltig | stark dazu und breit;
Eine schmucke Waffe hing ihm | herab bis auf den Sporn;
Von rotem Golde führte | der Held ein herrliches Horn.

Von besserm Pirschgewande | hört' ich niemals sagen.
Einen Rock von schwarzem Zeuge | sah man ihn tragen
Und einen Hut von Zobel | der reich war genug.
Hei! was edler Borten | an seinem Köcher er trug!

Ein Vlies von einem Panther | war darauf gezogen
Des Wohlgeruches wegen | Auch trug er einen Bogen,
Den mit einer Winde | mußte ziehen an,
Wer ihn spannen wollte | er hau' es selbst denn getan.

Von fremden Tierhäuten | war all sein Gewand,
Das man von Kopf zu Füßen | bunt überhangen fand.
Aus dem lichten Rauchwerk | zu beiden Seiten hold
An dem kühnen Jägermeister | schien mancher Flitter von Gold.

Auch führt' er Balmungen | das breite schmucke Schwert:
Das war solcher Schärfe | nichts blieb unversehrt,
Wenn man es schlug auf Helme | seine Schneiden waren gut.
Der herrliche Jäger | trug gar hoch seinen Mut.

Wenn ich euch der Märe | ganz bescheiden soll,
So war sein edler Köcher | guter Pfeile voll,
Mit goldenen Röhren | die Eisen händebreit.
Was er traf mit Schießen | dem war das Ende nicht weit.

Da ritt der edle Ritter | stattlich aus dem Tann.
Gunthers Leute sahen | wie er ritt heran.
Sie liefen ihm entgegen | und hielten ihm das Roß:
Da trug er an dem Sattel | einen Bären stark und groß.

Als er vom Roß gestiegen | löst' er ihm das Band
Vom Mund und von den Füßen | die Hunde gleich zur Hand
Begannen laut zu heulen | als sie den Bären sahn.
Das Tier zu Walde wollte | das erschreckte manchen Mann.

Der Bär durch die Küche | von dem Lärm geriet:
Hei! was er Küchenknechte | da vom Feuer schied!
Gestürzt ward mancher Kessel | verschleudert mancher Brand;
Hei! was man guter Speisen | in der Asche liegen fand!

Da sprang von den Sitzen | Herr und Knecht zumal.
Der Bär begann zu zürnen | der König gleich befahl
Der Hunde Schar zu lösen | die an den Seilen lag;
Und wär' es wohl geendet | sie hätten fröhlichen Tag.

Mit Bogen und mit Spießen | man säumte sich nicht mehr,
Liefen hin die Schnellen | wo da ging der Bär;
Doch wollte niemand schießen | von Hunden war's zu voll.
So laut war das Getöse | daß rings der Bergwald erscholl.

Der Bär begann zu fliehen | vor der Hunde Zahl;
Ihm konnte niemand folgen | als Kriemhilds Gemahl.
Er lief ihm mit dem Schwerte | zu Tod er ihn da schlug.
Wieder zu dem Feuer | das Gesind' den Bären trug.

Da sprachen, die es sahen | er wär' ein starker Mann.
Die stolzen Jagdgesellen | rief man zu Tisch heran.
Auf schönen Anger saßen | der Helden da genug.
Hei! was man reicher Speise | vor die edeln Jäger trug!

Die Schenken waren säumig | sie brachten nicht den Wein;
So gut bewirtet mochten | sonst Helden nimmer sein.
Wären manche drunter | nicht so falsch dabei,
So wären wohl die Degen | aller Schaden los und frei.

Da sprach der edle Siegfried | „Mich verwundert sehr,
Man trägt uns aus der Küche | doch so viel daher,
Was bringen uns die Schenken | nicht dazu den Wein?
Pflegt man so der Jäger | will ich nicht Jagdgeselle sein.

Ich möcht' es doch verdienen | bedächte man mich gut."
Von seinem Tisch der König | sprach mit falschem Mut:
„Wir büßen euch ein andermal | was heut' uns muß entgehn;
Die Schuld liegt an Hagen | der will uns verdursten sehn."

Da sprach von Tronje Hagen | „Lieber Herre mein,
Ich wähnte, das Pirschen | sollte heute sein
Fern im Spechtsharte | den Wein hin sandt' ich dort.
Heute gibt es nichts zu trinken | doch vermeid' ich es hinfort."

Da sprach der edle Siegfried | „Dem weiß ich wenig Dank:
Man sollte sieben Lasten | mit Met und Lautertrank
Mir hergesendet haben | konnte das nicht sein,
So sollte man uns näher | gesiedelt haben dem Rhein."

Da sprach von Tronje Hagen | „Ihr edeln Ritter schnell,
Ich weiß hier in der Nähe | einen kühlen Quell:
Daß ihr mir nicht zürnet | da rat' ich hinzugehn."
Der Rat war manchem Degen | zu großem Leide geschehn.

Siegfried den Recken | zwang des Durstes Not;
Den Tisch hinwegzurücken | der Held alsbald gebot:
Er wollte vor die Berge | zu dem Brunnen gehn.
Da war der Rat aus Arglist | von den Recken geschehn.

Man hieß das Wild auf Wagen | führen in das Land,
Das da verhauen hatte | Siegfriedens Hand.
Wer es auch sehen mochte | sprach großen Ruhm ihm nach.
Hagen seine Treue | sehr an Siegfrieden brach.

Als sie von dannen wollten | zu der Linde breit,
Da sprach von Tronje Hagen | „Ich hörte jederzeit,
Es könne niemand folgen | Kriemhilds Gemahl,
Wenn er rennen wolle | hei! schauten wir das einmal!"

Da sprach von Niederlanden | der Degen kühn und gut:
„Das mögt ihr wohl versuchen | wenn ihr mit mir tut
Einen Wettlauf nach dem Brunnen | Ist dies dann geschehn,
Dem soll man's zuerkennen | den wir als den Sieger sehn."

„Wohl, laßt's auch uns versuchen" | sprach Hagen der Degen.
Da sprach der starke Siegfried | „So will ich mich legen
Hier vor eure Füße | nieder in das Gras."
Als er das erhörte | wie lieb war König Gunthern das!

Da sprach der kühne Degen | „Noch mehr will ich euch sagen:
Gewand und Gewaffen | will ich bei mir tragen,
Den Wurfspieß samt dem Schilde | und all mein Pirschgewand."
Das Schwert und den Köcher | um die Glieder schnell er band.

Die Kleider vom Leibe | zogen die andern da:
In zwei weißen Hemden | man beide stehen sah.
Wie zwei wilde Panther | liefen sie durch den Klee;
Man sah bei dem Brunnen | den schnellen Siegfried doch eh.

Den Preis in allen Dingen | vor manchem man ihm gab.
Da löst' er schnell die Waffe | den Köcher legt' er ab,
Den starken Spieß lehnt' er | an den Lindenast.
Bei des Brunnens Flusse | stand der herrliche Gast.

Die höf'sche Zucht erwies da | Siegfried daran:
Den Schild legt' er nieder | wo der Brunnen rann;
Wie sehr ihn auch dürstete | der Held nicht eher trank,
Bis der König getrunken | dafür gewann er übeln Dank.

Der Brunnen war lauter | kühl und auch gut;
Da neigte sich Gunther | hernieder zu der Flut.
Als er getrunken hatte | erhob er sich hindann;
Also hätt' auch gerne | der kühne Siegfried getan.

Da entgalt er seiner höf'schen Zucht | den Bogen und das Schwert
Trug beiseite Hagen | von dem Degen wert.
Dann sprang er zurücke | wo er den Wurfspieß fand,
Und sah nach einem Zeichen | an des Kühnen Gewand.

Als der edle Siegfried | aus dem Brunnen trank,
Er schoß ihn durch das Kreuze | daß aus der Wunde sprang
Das Blut von seinem Herzen | an Hagens Gewand.
Kein Held begeht wohl wieder | solche Untat nach der Hand.

Den Gerschaft im Herzen | ließ er ihm stecken tief.
Wie im Fliehen Hagen | da so grimmig lief,
So lief er wohl auf Erden | nie vor einem Mann!
Als da Siegfried Kunde | der schweren Wunde gewann,

Der Degen mit Toben | von dem Brunnen sprang;
Ihm ragte von dem Herzen | eine Gerstange lang.
Nun wähnt' er da zu finden | Bogen oder Schwert,
Gewiß, so hätt' er Hagen | den verdienten Lohn gewährt.

Als der Todwunde | da sein Schwert nicht fand,
Da blieb ihm nichts weiter | als der Schildesrand.
Den rafft' er von dem Brunnen | und rannte Hagen an:
Da könnt' ihm nicht entrinnen | König Gunthers Untertan.

Wie wund er war zum Tode | so kräftig doch er schlug,
Daß von dem Schilde nieder | wirbelte genug
Des edeln Gesteines | der Schild zerbrach auch fast:
So gern gerochen hätte | sich der herrliche Gast.

Da mußte Hagen fallen | von seiner Hand zu Tal;
Der Anger von den Schlägen | erscholl im Widerhall.
Hätt' er sein Schwert in Händen | so wär' es Hagens Tod:
So sehr zürnte der Wunde | dazu trieb wahrlich ihn die Not.

Seine Farbe war erblichen | er konnte nicht mehr stehn.
Seines Leibes Stärke | mußte ganz zergehn,
Da er des Todes Zeichen | in lichter Farbe trug.
Er ward hernach betrauert | von schönen Frauen genug.

Da fiel in die Blumen | der Kriemhilde Mann.
Das Blut von seiner Wunde | stromweis niederrann.
Da begann er die zu schelten | ihn zwang die große Not,
Die da geraten hatten | mit Untreue seinen Tod.

Da sprach der Todwunde | „Weh, ihr bösen Zagen,
Was helfen meine Dienste | da ihr mich habt erschlagen?
Ich war euch stets gewogen | und sterbe nun daran.
Ihr habt an euern Freunden | leider übel getan.

Die sind davon bescholten | so viele noch geborn
Werden nach diesem Tage | ihr habt euern Zorn
Allzusehr gerochen | an dem Leben mein.
Mit Schanden geschieden | sollt ihr von guten Recken sein."

Hinliefen all die Ritter | wo er erschlagen lag.
Es war ihrer vielen | ein freudeloser Tag.
Wer Treue kannt' und Ehre | der hat ihn beklagt:
Das verdient' auch wohl um alle | dieser Degen unverzagt.

Der König der Burgunden | klagt' auch seinen Tod.
Da sprach der Todwunde | „Das tut nimmer not,
Daß der um Schaden weine | von dem man ihn gewann:
Er verdient groß Schelten | er hätt' es besser nicht getan."

Da sprach der grimme Hagen | „Ich weiß nicht, was euch reut:
Nun hat doch gar ein Ende | was uns je gedräut.
Es gibt nun nicht manchen | der uns darf bestehn;
Wohl mir, daß seiner Herrschaft | durch mich ein End' ist geschehn."

Ihr mögt euch leichtlich rühmen" | sprach der von Niederland.
„Hätt' ich die mörderische | Weis' an euch erkannt,
Vor euch behütet hätt' ich | Leben wohl und Leib,
Mich dauert nichts auf Erden | als Frau Kriemhild mein Weib.

„Nun mög' es Gott erbarmen | daß ich gewann den Sohn,
Der jetzt auf alle Zeiten | den Vorwurf hat davon,
Daß seine Freunde jemand | meuchlerisch erschlagen!
Hätt' ich Zeit und Weile | das müßt' ich billig beklagen."

Da sprach im Jammer weiter | der todwunde Held:
„Wollt ihr, edler König | noch auf dieser Welt
An jemand Treue pflegen | so laßt befohlen sein
Doch auf eure Gnade | euch die liebe Traute mein.

Es komm' ihr zugute | daß sie eure Schwester ist:
Bei aller Fürsten Tugend | helft ihr zu jeder Frist.
Mein mögen lange harren | mein Vater und mein Lehn:
Nie ist an liebem Freunde | einem Weibe so leid geschehn."

Die Blumen allenthalben | waren vom Blute naß.
Da rang er mit dem Tode | nicht lange tat er das,
Denn des Todes Waffe | schnitt ihn allzusehr.
Da konnte nicht mehr reden | dieser Degen kühn und hehr.

Als die Herren sahen | den edlen Helden tot,
Sie legten ihn auf einen Schild | der war von Golde rot.
Da gingen sie zu Rate | wie sie es stellten an,
Daß es verhohlen bliebe | Hagen hab' es getan.

Da sprachen ihrer viele | „Ein Unfall ist geschehn;
Ihr sollt es alle hehlen | und einer Rede stehn:
Als er allein ritt jagen | der Kriemhilde Mann,
Erschlugen ihn Schächer | als er fuhr durch den Tann."

Da sprach von Tronje Hagen | „Ich bring' ihn in das Land.
Mich soll es nicht kümmern | wird es ihr auch bekannt,
Die so betrüben konnte | der Königin hohen Mut;
Ich werde wenig fragen | wie sie nun weinet und tut."

SIEBZEHNTES ABENTEUER

WIE SIEGFRIED BEKLAGT UND BEGRABEN WARD

Da harrten sie des Abends | und fuhren über Rhein;
Es mochte nie von Helden | ein schlimmer Jagen sein.
Ihr Beutewild beweinte | noch manches edle Weib:
Sein mußte bald entgelten | viel guter Weigande Leib.

Von großem Übermute | mögt ihr nun hören sagen
Und schrecklicher Rache | Bringen ließ Hagen
Den erschlagnen Siegfried | von Nibelungenland
Vor eine Kemenate | darin sich Kriemhild befand.

Er ließ ihn ihr verstohlen | legen vor die Tür,
Daß sie ihn finden müsse | wenn morgen sie herfür
Zu der Mette ginge | frühe vor dem Tag,
Deren Frau Kriemhild | wohl selten eine verlag.

Da hörte man wie immer | zum Münster das Geläut:
Kriemhild die schöne | weckte manche Maid.
Ein Licht ließ sie sich bringen | dazu auch ihr Gewand;
Da kam der Kämmrer einer | hin, wo er Siegfrieden fand.

Er sah ihn rot von Blute | all sein Gewand war naß:
Daß sein Herr es wäre | mit nichten wüßt' er das.
Da trug er in die Kammer | das Licht in seiner Hand,
Bei dem da Frau Kriemhild | viel leide Märe befand.

Als sie mit den Frauen | zum Münster wollte gehn,
„Frau," sprach der Kämmerer | „wollt noch stille stehn:
Es liegt vor dem Gemache | ein Ritter totgeschlagen."
„O weh", sprach da Kriemhild | „was willst du solche Botschaft sagen?"

Eh' sie noch selbst gesehen | es sei ihr lieber Mann,
An die Frage Hagens | hub sie zu denken an,
Wie er ihn schützen möchte | da ahnte sie ihr Leid.
Mit seinem Tod entsagte | sie nun aller Fröhlichkeit.

Da sank sie zur Erden | kein Wort mehr sprach sie da;
Die schöne Freudenlose | man da liegen sah.
Kriemhildens Jammer | wurde groß und voll;
Sie schrie nach der Ohnmacht | daß all die Kammer erscholl.

Da sprach ihr Gesinde | „Es kann ein Fremder sein."
Das Blut ihr aus dem Munde | brach vor Herzenspein.
„Nein, es ist Siegfried | mein geliebter Mann:
Brunhild hat's geraten | und Hagen hat es getan."

Sie ließ sich hingeleiten | wo sie den Helden fand;
Sein schönes Haupt erhob sie | mit ihrer weißen Hand.
So rot er war von Blute | sie hat ihn gleich erkannt:
Da lag zu großem Jammer | der Held von Nibelungenland.

Da rief in Jammerlauten | die Königin mild:
„O weh mir dieses Leides! | Nun ist dir doch dein Schild
Mit Schwertern nicht verhauen! | dich fällte Meuchelmord.
Und wüßt' ich wer der Täter wär' | ich wollt es rächen immerfort."

All ihr Ingesinde | klagte laut und schrie
Mit seiner lieben Frauen | heftig schmerzte sie
Ihr edler Herr und König | den sie da sahn verlorn.
Gar übel hatte Hagen | gerochen Brunhildens Zorn.

Da sprach die Jammerhafte | „Nun soll einer gehn
Und mir in Eile wecken | die in Siegfrieds Lehn
Und soll auch Siegmunden | meinen Jammer sagen,
Ob er mir helfen wolle | den kühnen Siegfried beklagen."

Da lief dahin ein Bote | wo er sie liegen fand,
Siegfriedens Helden | von Nibelungenland.
Mit den leiden Mären | die Freud' er ihnen nahm;
Sie wollten es nicht glauben | bis man das Weinen vernahm.

Auch kam dahin der Bote | wo der König lag.
Siegmund der Herre | keines Schlafes pflag,
Als ob das Herz ihm sagte | was ihm war' geschehn,
Er sollte seinen lieben Sohn | lebend nimmer wiedersehn.

„Wacht auf, König Siegmund! | Mich hieß nach euch gehn
Kriemhild, meine Herrin | der ist ein Leid geschehn,
Das ihr vor allem Leide | wohl das Herz versehrt;
Das sollt ihr klagen helfen | da es auch euch widerfährt."

Auf richtete sich Siegmund | und sprach: „Was beklagt
Denn die schöne Kriemhild | wie du mir hast gesagt?"
Der Bote sprach mit Weinen | „Ich muß euch alles sagen:
Es liegt von Niederlanden | der kühne Siegfried erschlagen."

Da sprach König Siegmund | „Laßt das Scherzen sein
Mit so böser Märe | von dem Sohne mein
Und sagt es niemand wieder | daß er sei erschlagen,
Denn ich könnt' ihn nie genug | bis an mein Ende beklagen."

„Wollt ihr denn nicht glauben | was ihr mich höret sagen,
So vernehmet selber | Kriemhilden klagen
Und all ihr Ingesinde | um Siegfriedens Tod."
Wie erschrak da Siegmund! | Es schuf ihm wahrhafte Not.

Mit hundert seiner Mannen | er von dem Bette sprang.
Sie zuckten zu den Händen | die scharfen Waffen lang
Und liefen zu dem Wehruf | jammersvoll heran.
Da kamen tausend Recken | dem kühnen Siegfried untertan.

Als sie so jämmerlich | die Frauen hörten klagen,
Da kam vielen erst in Sinn | sie müßten Kleider tragen.
Wohl mochten sie vor Schmerzen | des Sinnes Macht nicht haben:
Es lag in ihrem Herzen | große Schwere begraben.

Da kam der König Siegmund | hin, wo er Kriemhild fand.
Er sprach : „O weh der Reise | hieher in dieses Land!
Wer hat euch euern Gatten | wer hat mir mein Kind
So mordlich entrissen | da wir bei guten Freunden sind?“

„Ja, kennt' ich den,“ versetzte | die edle Königin,
„Hold würd' ihm nimmer | mein Herz noch mein Sinn:
Ich riet' ihm so zum Leide | daß all die Freunde sein
Durch meine Schuld müßten | in Weinen und in Klagen sein.“

Siegmund der König | den Fürsten umschloß;
Da ward von seinen Freunden | der Jammer also groß,
Daß von dem lauten Wehruf | Pallas und Saal
Und Worms die weite Veste | rings erscholl im Widerhall.

Da konnte niemand trösten | Siegfriedens Weib.
Man zog aus den Kleidern | seinen schönen Leib,
Wusch ihm seine Wunde | und legt' ihn auf die Bahr;
Allen seinen Leuten | wie weh vor Jammer da war!

Es sprachen seine Recken | aus Nibelungenland:
„Immer ihn zu rächen | bereit ist unsre Hand.
Er ist in diesem Hause | von dem es ist geschehn.“
Da eilten nach den Waffen | die Degen in Siegfrieds Lehn.

Die Auserwählten kamen | in ihrer Schilde Wehr,
Eilfhundert Recken | die hatt' in seinem Heer
Siegmund der König | seines Sohnes Tod
Hätt' er gern gerochen | wie ihm die Treue gebot.

Sie wußten nicht, wen sollten | sie im Streit bestehn,
Wenn es nicht Gunther wäre | und die in seinem Lehn,
Die zur Jagd mit Siegfried | geritten jenen Tag.
Kriemhild sah sie gewaffnet | das schuf ihr großes Ungemach.

Wie stark auch ihr Jammer | wie groß war ihre Not,
Sie besorgte doch so heftig | der Nibelungen Tod
Von ihrer Brüder Mannen | daß sie dawider sprach:
Sie warnte sie in Liebe | wie immer Freund mit Freunden pflag.

Da sprach die Jammerreiche | „Herr König Siegmund,
Was wollt ihr beginnen? | Euch ist wohl nicht kund,
Es hat der König Gunther | so manchen kühnen Mann:
Ihr wollt euch all verderben | greift ihr solche Recken an."

Mit auferhobnen Schilden | tat ihnen Streiten not.
Die edle Königstochter | bat und gebot,
Daß es meiden sollten | die Recken allbereit.
Daß sie's nicht lassen wollten | das war ein grimmiges Leid.

Sie sprach: „Herr König Siegmund | steht damit noch an,
Bis es sich besser füget | so will ich meinen Mann
Euch immer rächen helfen | Der mir ihn hat benommen,
Wird es mir bewiesen | es muß ihm noch zu Schaden kommen.

Es sind der Übermütigen | hier am Rhein so viel,
Daß ich euch zum Streite | jetzt nicht raten will:
Sie haben wider einen | immer dreißig Mann;
Lass' ihnen Gott gelingen | wie sie uns haben getan!

„Bleibt hier im Hause | und tragt mit mir das Leid,
Bis es beginnt zu tagen | ihr Helden allbereit:
Dann helft ihr mir besargen | meinen lieben Mann."
Da sprachen die Degen | „Liebe Frau, das sei getan."

Es könnt' euch des Wunders | ein Ende niemand sagen,
Der Ritter und die Frauen | wie man sie hörte klagen,
Bis man des Wehrufs | ward in der Stadt gewahr.
Die edeln Bürger kamen | daher in eilender Schar.

Sie klagten mit den Gästen | sie schmerzte der Verlust.
Was Siegfried verschulde | war ihnen unbewußt,
Weshalb der edle Recke | Leben ließ und Leib.
Da weinte mit den Frauen | manchen guten Bürgers Weib.

Schmiede hieß man eilen | und würken einen Sarg
Von Silber und von Golde | mächtig und stark,
Und ließ ihn wohl beschlagen | mit Stahl, der war gut.
Da war allen Leuten | das Herz beschwert und der Mut.

Die Nacht war vergangen | man sagt', es wolle tagen.
Da ließ die edle Königin | hin zum Münster tragen
Siegfried den Herren | ihren lieben Mann.
Mit ihr gingen weinend | was sie der Freunde gewann.

Da sie zum Münster kamen | wie manche Glocke klang!
Allenthalben hörte | man der Pfaffen Sang.
Da kam der König Gunther | hinzu mit seinem Lehn
Und auch der grimme Hagen | es wäre klüger nicht geschehn.

Er sprach: „Liebe Schwester | o weh des Leides dein,
Daß wir nicht ledig mochten | so großen Schadens sein!
Wir müssen immer klagen | um Siegfriedens Tod."
„Daran tut ihr unrecht" | sprach die Frau in Jammersnot.

„Wenn euch das betrübte | so wär' es nicht geschehn.
Ihr hattet mein vergessen | das muß ich wohl gestehn,
Als ich so geschieden ward | von meinem lieben Mann.
Wollte Gott," sprach Kriemhild | „es wär' mir selber getan."

Sie hielten sich am Leugnen | da hub Kriemhild an:
„Wer unschuldig sein will | leicht ist es dargetan,
Er darf nur zu der Bahre | hier vor dem Volke gehn:
Da mag man gleich zur Stelle | sich der Wahrheit versehn."

Das ist ein großes Wunder | wie es noch oft geschieht,
Wenn man den Mordbefleckten | bei dem Toten sieht,
So bluten ihm die Wunden | wie es auch hier geschah;
Daher man nun der Untat | sich zu Hagen versah.

Die Wunden flossen wieder | so stark als je vorher.
Die erst schon heftig klagten | die weinten nun noch mehr.
Da sprach der König Gunther | „Nun hört die Wahrheit an:
Ihn erschlugen Schächer | Hagen hat es nicht getan."

Sie sprach: „Diese Schächer | sind mir wohl bekannt:
Nun lass' es Gott noch rächen | von seiner Freunde Hand!
Gunther und Hagen | ja ihr habt es getan."
Da wollten wieder streiten | die Siegfrieden untertan.

Da sprach aber Kriemhild | „Ertragt mit mir die Not."
Da kamen auch die beiden | wo sie ihn fanden tot,
Gernot ihr Bruder | und Geiselher das Kind.
Sie beklagten ihn in Treuen | mit dem ganzen Hofgesind'.

Sie weinten von Herzen | um Kriemhildens Mann.
Man wollte Messe singen | zum Münster heran
Sah man allenthalben | Frauen und Männer ziehn.
Die ihn doch leicht verschmerzten | weinten alle jetzt um ihn.

Geiselher und Gernot | sprachen: „Schwester mein,
Nun tröste dich des Todes | es muß wohl also sein.
Wir wollen dir's ersetzen | so lange wir leben."
Da wüßt' ihr auf Erden | niemand doch Trost zu geben.

Sein Sarg war geschmiedet | wohl um den hohen Tag;
Man hob ihn von der Bahre | darauf der Tote lag.
Da wollt' ihn noch die Königin | nicht lassen begraben:
Es mußten alle Leute | große Mühsal erst haben.

In kostbare Zeuge | man den Toten wand.
Gewiß daß man da niemand | ohne Weinen fand.
Aus ganzem Herzen klagte | Ute das edle Weib
Und all ihr Ingesinde | um Siegfrieds herrlichen Leib.

Als die Leute hörten | daß man im Münster sang
Und ihn besargt hatte | da hob sich großer Drang:
Um seiner Seele willen | was man da Opfer trug!
Er hatte bei den Feinden | doch guter Freunde genug.

Kriemhild die arme | zu den Kämmerlingen sprach:
„Ihr sollt mir zuliebe | leiden Ungemach:
Die ihm Gutes gönnen | und mir blieben hold,
Um Siegfriedens Seele | verteilt an diese sein Gold."

Da war kein Kind so kleine | mocht' es Verstand nur haben,
Das nicht zum Opfer ginge | Eh' er ward begraben,
Mehr denn hundert Messen | man des Tages sang.
Von Siegfriedens Freunden | hob sich da mächtiger Drang.

Als die gesungen waren | verlief die Menge sich.
Da sprach wieder Kriemhild | „Nicht einsam sollt ihr mich
Heunt bewachen lassen | den auserwählten Degen:
Es ist an seinem Leibe | all meine Freude gelegen.

„Drei Tage und drei Nächte | will ich verwachen dran,
Bis ich mich ersättige | an meinem lieben Mann.
Vielleicht daß Gott gebietet | daß mich auch nimmt der Tod:
So wäre wohl beendet | der armen Kriemhilde Not."

Zur Herberge gingen | die Leute von der Stadt.
Die Pfaffen und die Mönche | sie zu verweilen bat
Und all sein Ingesinde | das sein billig pflag.
Sie hatten üble Nächte | und gar mühsel'gen Tag.

Ohne Trank und Speise | verblieb da mancher Mann.
Wer's nicht gern entbehrte | dem ward kundgetan,
Man gab ihm gern die Fülle | das schuf Herr Siegmund.
Da ward den Nibelungen | viel Not und Beschwerde kund.

In diesen dreien Tagen | so hörten wir sagen
Mußte mit Kriemhilden | viel Mühsal ertragen,
Wer da singen konnte | Was man auch Opfer trug!
Die eben arm gewesen | die wurden nun reich genug.

Was man fand der Armen | die es nicht mochten haben,
Die ließ sie mit dem Golde | bringen Opfergaben
Aus seiner eignen Kammer | er durfte nicht mehr leben,
Da ward um seine Seele | manches Tausend Mark gegeben.

Güter und Gefälle | verteilte sie im Land,
So viel man der Klöster | und guter Leute fand.
Silber und Gewande | gab den Armen man genug.
Sie ließ es wohl erkennen | wie holde Liebe sie ihm trug.

An dem dritten Morgen | zur rechten Messezeit
Sah man bei dem Münster | den ganzen Kirchhof weit
Von der Landleute | Weinen also voll:
Sie dienten ihm im Tode | wie man lieben Freunden soll.

In diesen vier Tagen | so hört' ich immerdar
Wohl an dreißigtausend Mark | oder mehr noch gar
Ward um seine Seele | den Armen hingegeben.
Indes war gar zerronnen | seine große Schöne wie sein Leben.

Als vom Gottesdienste | verhallt war der Gesang,
Mit ungefügem Leide | des Volkes Menge rang.
Man ließ ihn aus dem Münster | zu dem Grabe tragen.
Da hörte man auch anders | nichts als Weinen und Klagen.

Das Volk mit lautem Wehruf | schloß im Zug sich an:
Froh war da niemand | weder Weib noch Mann.
Eh' er bestattet wurde | las und sang man da:
Hei! was man guter Pfaffen | bei seinem Grabgange sah!

Bevor da zu dem Grabe | kam das getreue Weib,
Rang sie mit solchem Jammer | um Siegfriedens Leib,
Daß man sie mit Wasser | vom Brunnen oft begoß:
Ihres Herzens Kummer | war ohn' alle Maßen groß.

Es war ein großes Wunder | daß sie zu Kräften kam.
Es halfen ihr mit Klagen | viel Frauen lobesam.
„Ihr, meines Siegfrieds Mannen" | sprach die Königin,
„Erweist mir eine Gnade | aus erbarmendem Sinn.

Laßt mich nach meinem Leide | die kleine Gunst geschehn,
Daß ich sein schönes Angesicht | noch einmal dürfe sehn."
Da bat sie im Jammer | so lang und so stark,
Daß man zerbrechen mußte | den schön geschmiedeten Sarg.

Hin brachte man die Königin | wo sie ihn liegen fand.
Sein schönes Haupt erhob sie | mit ihrer weißen Hand
Und küßte so den Toten | den edeln Ritter gut:
Ihre lichten Augen | vor Leide weinten sie Blut.

Ein jammervolles Scheiden | sah man da geschehn.
Man trug sie von dannen | sie vermochte nicht zu gehn.
Da lag ohne Sinne | das herrliche Weib:
Vor Leid wollt' ersterben | ihr viel wonniglicher Leib.

17. ABENTEUER

Als der edle Degen | also begraben war,
Sah man in großem Leide | die Helden immerdar,
Die ihn begleitet hatten | aus Nibelungenland:
Fröhlich gar selten | man da Siegmunden fand.

Wohl mancher war darunter | der drei Tage lang
Vor dem großen Leide | weder aß noch trank;
Da konnten sie's nicht länger | dem Leib' entziehen mehr:
Sie genasen von den Schmerzen | wie noch mancher wohl seither.

ACHTZEHNTES ABENTEUER

WIE SIEGMUND HEIMKEHRTE UND KRIEMHILD DAHEIM BLIEB

Der Schwäher Kriemhildens | ging hin, wo er sie fand.
Er sprach zu der Königin | „Laßt uns in unser Land:
Wir sind unliebe Gäste | wähn' ich, hier am Rhein.
Kriemhild, liebe Fraue | nun folgt uns zu dem Lande mein.

Daß man in diesen Landen | uns so verwaiset hat
Eures edeln Mannes | durch böslichen Verrat,
Ihr sollt es nicht entgelten | hold will ich euch sein
Aus Liebe meines Sohnes | und des edeln Kindes sein.

Ihr sollt auch, Frau, gebieten | mit all der Gewalt,
Die Siegfried euch verstattete | der Degen wohlgestalt.
Das Land und auch die Krone | soll euch zu Diensten stehn.
Euch sollen gern gehorchen | die in Siegfriedens Lehn."

Da sagte man den Knechten | „Wir reiten heim vor Nacht."
Da sah man nach den Rossen | eine schnelle Jagd:
Bei den verhaßten Feinden | zu leben war ein Leid.
Den Frauen und den Maiden | suchte man ihr Reisekleid.

Als König Siegmund gerne | weggeritten wär'
Da baten Kriemhilden | ihre Freunde sehr,
Sie sollte bei der Mutter | im Lande doch bestehn.
Da sprach die Freudenarme | „Das könnte schwerlich geschehn.

Wie vermöcht' ich's, mit den Augen | den immer anzusehn,
Von dem mir armen Weibe | so leid ist geschehn?"
Da sprach der junge Geiselher | „Liebe Schwester mein,
Du sollst bei deiner Treue | hier mit deiner Mutter sein.

Die dir das Herz beschwerten | und trübten dir den Mut,
Du bedarfst nicht ihrer Dienste | du zehrst von meinem Gut."
Sie sprach zu dem Recken | „Wie könnte das geschehn?
Vor Leide müßt' ich sterben | wenn ich Hagen sollte sehn."

„Dessen überheb' ich dich | viel liebe Schwester mein.
Du sollst bei deinem Bruder | Geiselher hier sein;
Ich will dir wohl vergüten | deines Mannes Tod."
Da sprach die Freudlose | „Das wäre Kriemhilden not."

Als es ihr der junge | so gütlich erbot,
Da begannen auch zu flehen | Ute und Gernot
Und ihre treuen Freunde | sie möchte da bestehn:
Sie hätte wenig Sippen | unter Siegfriedens Lehn.

„Sie sind euch alle fremde" | sprach da Gernot.
„Wie stark auch einer gelte | so rafft ihn doch der Tod.
Bedenkt das, liebe Schwester | und tröstet euern Mut:
Bleibt hier bei euern Freunden | es gerät euch wahrlich gut."

Da gelobte sie dem Bruder | im Lande zu bestehn.
Man zog herbei die Rosse | denen in Siegmunds Lehn,
Als sie reiten wollten | gen Nibelungenland;
Da waren auch aufgeladen | der Recken Zeug und Gewand.

Da ging König Siegmund | vor Kriemhilden stehn
Und sprach zu der Frauen | „Die in Siegfriedens Lehn
Warten bei den Rossen | reiten wir denn hin,
Da ich gar so ungern | hier bei den Burgunden bin."

Frau Kriemhild sprach: „Mir raten | hier die Freunde mein,
Die besten, die ich habe | bei ihnen soll ich sein.
Ich habe keinen Blutsfreund | im Nibelungenland."
Leid war es Siegmunden | da er dies an Kriemhild fand.

Da sprach der König Siegmund | „Das laßt euch niemand sagen.
Vor allen meinen Freunden | sollt ihr die Krone tragen
Nach rechter Königswürde | wie ihr vordem getan:
Ihr sollt es nicht entgelten | daß ihr verloren habt den Mann.

Fahrt auch mit uns zur Heimat | um euer Kindelein:
Das sollt ihr eine Waise | Frau, nicht lassen sein.
Ist euer Sohn erwachsen | er tröstet euch den Mut.
Derweil soll euch dienen | mancher Degen kühn und gut."

Sie sprach: „Mein Herr Siegmund | ich kann nicht mit euch gehn.
Ich muß hier verbleiben | was halt mir mag geschehn,
Bei meinen Anverwandten | die mir helfen klagen."
Da wollten diese Mären | den guten Recken nicht behagen.

Sie sprachen einhellig | „So möchten wir gestehn,
Es sei in dieser Stunde | uns erst ein Leid geschehn.
Wollt ihr hier im Lande | bei unsern Feinden sein,
So könnte Helden niemals | eine Hoffahrt übler gedeihn."

Ihr sollt ohne Sorge | Gott befohlen fahren:
Ich schaff euch gut Geleite | und heiß' euch wohl bewahren
Bis zu euerm Lande | mein liebes Kindelein
Das soll euch guten Recken | auf Gnade befohlen sein."

Als sie das recht vernahmen | sie wolle nicht hindann,
Da huben Siegfrieds Mannen | all zu weinen an.
Mit welchem Herzensjammer | nahm da Siegmund
Urlaub von Kriemhilden! | Da ward ihm Unfreude kund.

„Weh dieses Hofgelages!“ | sprach der König hehr.
„Einem König und den Seinen | geschieht wohl nimmermehr
Einer Kurzweil willen | was uns hier ist geschehn:
Man soll uns nimmer wieder | hier bei den Burgunden sehn.“

Da sprachen laut die Degen | in Siegfriedens Heer:
„Wohl möchte noch die Reise | geschehen hieher,
Wenn wir den nur fänden | der uns den Herrn erschlug.
Sie haben Todfeinde | bei seinen Freunden genug.“

Er küßte Kriemhilden | kläglich sprach er da,
Als er daheim zu bleiben | sie so entschlossen sah:
„Wir reiten arm an Freuden | heim in unser Land!
Alle meine Sorgen | sind mir jetzo erst bekannt.“

Sie ritten ungeleitet | von Worms an den Rhein:
Sie mochten wohl des Mutes | in ihrem Sinne sein,
Wenn sie in Feindschaft | würden angerannt,
Daß sich schon wehren sollte | der kühnen Niblungen Hand.

Sie erbaten Urlaub | von niemanden sich.
Da sah man Geiselheren | und Gernot minniglich
Zu dem König kommen | ihnen war sein Schade leid:
Das ließen ihn wohl schauen | die kühnen Helden allbereit.

Da sprach wohlgezogen | der kühne Gernot:
„Wohl weiß es Gott im Himmel | an Siegfriedens Tod
Bin ich ganz unschuldig | ich hört' auch niemals sagen,
Wer ihm Feind hier wäre | ich muß ihn billig beklagen.“

Da gab ihm gut Geleite | Geiselher das Kind.
Er brachte aus dem Lande | das sorgende Gesind',
Den König und seine Recken | heim nach Niederland.
Wie wenig der Verwandten | man dort fröhlich wiederfand!

Wie's ihnen nun ergangen ist | weiß ich nicht zu sagen.
Man hörte hier Kriemhilden | zu allen Zeiten klagen,
Daß ihr niemand tröstete | das Herz noch den Mut
Als ihr Bruder Geiselher | der war getreu und auch gut.

Brunhild die schöne | des Übermutes pflag:
Wieviel Kriemhild weinte | was fragte sie darnach!
Sie war zu Lieb und Treue | ihr nimmermehr bereit;
Bald schuf auch ihr Frau Kriemhild | wohl so ungefüges Leid.

NEUNZEHNTES ABENTEUER

WIE DER NIBELUNGENHORT NACH WORMS KAM

Als die edle Kriemhild | so verwitwet ward,
Blieb bei ihr im Lande | der Markgraf Eckewart
Zurück mit seinen Mannen | der dient' ihr alle Tage
Und half auch seiner Frauen | daß sie seinen Herrn beklage.

Zu Worms am Münster wies man | ihr ein Gezimmer an,
Weit und geräumig | reich und wohlgetan,
Wo mit dem Gesinde | die Freudenlose saß.
Sie ging zur Kirche gerne | mit großer Andacht tat sie das.

Wo ihr Freund begraben lag | wie fleißig ging sie hin!
Sie tat es alle Tage | mit trauerndem Sinn
Und bat seiner Seele | Gott den Herrn zu pflegen:
Gar oft bejammert wurde | mit großer Treue der Degen.

Ute und ihr Gesinde | sprachen ihr immer zu,
Und doch im wunden Herzen | fand sie so wenig Ruh.
Es konnte nicht verfangen | der Trost, den man ihr bot.
Sie hatte nach dem Freunde | die allergrößeste Not,

Die nach liebem Manne | je ein Weib gewann:
Ihre große Treue | ersah man wohl daran.
Sie klagt' ihn bis zu Ende | da sie zu sterben kam;
Bis sie zuletzt gewaltig | um den kühnen Siegfried Rache nahm.

Sie saß in ihrem Leide | das ist alles wahr,
Nach ihres Mannes Tode | wohl viertehalbes Jahr
Und hatte nie zu Gunthern | gesprochen einen Laut
Und auch Hagen ihren Feind | in all der Zeit nicht erschaut.

Da sprach von Tronje Hagen | „Könnte das geschehn,
Daß ihr euch die Schwester | gewogen möchtet sehn,
So käm' zu diesem Lande | der Nibelungen Gold:
Des mögt ihr viel gewinnen | wird uns die Königin hold."

Er sprach: „Laßt's uns versuchen! | meine Brüder sind bei ihr:
Die sollen für uns bitten | daß sie nicht zürnt, wenn wir
Den Hort von ihr erlangen | und daß sie's gerne sieht."
„Ich glaube nicht," sprach Hagen | „daß es jemals geschieht."

Da befahl er Orteweinen | hin an Hof zu gehn
Und dem Markgrafen Gere | als das war geschehn,
Brachte man auch Gernot | und Geiselhern das Kind:
Da versuchten bei Kriemhilden | sie es freundlich und gelind.

Da sprach von Burgunden | der kühne Gernot:
„Frau, ihr klagt zu lange | um Siegfriedens Tod.
Der König will euch zeigen | er hab' ihn nicht erschlagen:
Man hört' zu allen Zeiten | euch so heftig um ihn klagen."

Sie sprach: „Des zeiht ihn niemand | ihn schlug Hagens Hand.
Wo er verwundbar wäre | macht' ich ihm bekannt.
Wie konnt' ich mich's versehen | er trüg' ihm Haß im Sinn!
Sonst hätt' ich's wohl vermieden" | sprach die edle Königin,

Daß ich verraten hätte | seinen schönen Leib:
So ließ' ich nun mein Weinen | ich unselig Weib!
Hold werd' ich ihnen nimmer | die das an ihm getan!"
Zu flehn begann da Geiselher | dieser weidliche Mann.

„Ich will den König grüßen" | Als er das vernahm,
Mit seinen besten Freunden | der König zu ihr kam.
Da getraute Hagen | sich nicht, zu ihr zu gehn:
Er kannte seine Schuld wohl | ihr war Leid von ihm geschehn.

Als sie verschmerzen wollte | auf Gunther den Haß,
Daß er sie küssen sollte | wohl ziemte sich ihm das.
Wär' ihr mit seinem Willen | so leid nicht geschehn,
So dürft' er dreisten Mutes | immer zu Kriemhilden gehn.

Es ward mit so viel Tränen | nie eine Sühne mehr
Gestiftet unter Freunden | Sie schmerzt' ihr Schade sehr;
Doch verzieh sie allen | bis auf den einen Mann:
Niemand hätt' ihn erschlagen | hätt' es Hagen nicht getan.

Nun währt' es nicht mehr lange | so stellten sie es an,
Daß die Königstochter | den großen Hort gewann
Vom Nibelungenlande | und bracht' ihn an den Rhein:
Ihre Morgengabe war es | und mußt' ihr billig eigen sein.

Nach diesem fuhr da Geiselher | und auch Gernot.
Achtzighundert Mannen | Frau Kriemhild gebot,
Daß sie ihn holen sollten | wo er verborgen lag
Und sein der Degen Alberich | mit seinen besten Freunden pflag.

Als man des Schatzes willen | vom Rhein sie kommen sah,
Alberich der kühne | sprach zu den Freunden da:
„Wir dürfen ihr wohl billig | den Hort nicht entziehn,
Da sein als Morgengabe | heischt die edle Königin.

„Dennoch sollt' es nimmer" | sprach Alberich, „geschehn,
Müßten wir nicht leider | uns verloren sehn
Die gute Tarnkappe | mit Siegfried zumal,
Die immer hat getragen | der schönen Kriemhild Gemahl.

Nun ist es Siegfrieden | leider schlimm bekommen,
Daß die Tarnkappe | der Held uns hat genommen,
Und daß ihm dienen mußte | all dieses Land."
Da ging dahin der Kämmerer | wo er die Schlüssel liegen fand.

Da standen vor dem Berge | die Kriemhild gesandt,
Und mancher ihrer Freunde | man ließ den Schatz zur Hand
Zu Meere bringen | an die Schiffelein
Und führt' ihn auf den Wellen | bis zu Berg in den Rhein.

Nun mögt ihr von dem Horte | Wunder hören sagen:
Zwölf Leiterwagen konnten | ihn kaum von dannen tragen
In vier Tag' und Nächten | aus des Berges Schacht,
Hätten sie des Tages | den Weg auch dreimal gemacht.

Es war auch nichts anders | als Gestein und Gold.
Und hätte man die ganze Welt | erkauft mit diesem Sold,
Um keine Mark vermindern | möcht' es seinen Wert.
Wahrlich Hagen hatte | nicht ohne Grund sein begehrt.

Der Wunsch lag darunter | ein golden Rütelein:
Wer es hätt' erkundet | der möchte Meister sein
Auf der weiten Erde | wohl über jeden Mann.
Von Albrichs Freunden zogen | mit Gernot viele hinan.

Als sie den Hort gewannen | in König Gunthers Land,
Und sich darob die Königin | der Herrschaft unterwand,
Kammern und Türme | die wurden voll getragen;
Man hörte nie von Schätzen | so große Wunder wieder sagen.

Und wären auch die Schätze | noch größer tausendmal,
Und wär' der edle Siegfried | erstanden von dem Fall,
Gern wäre bei ihm Kriemhild | geblieben händebloß.
Nie war zu einem Helden | eines Weibes Treue so groß.

Als sie den Hort nun hatte | da brachte sie ins Land
Viel der fremden Recken | wohl gab der Frauen Hand,
Daß man so große Milde | nie zuvor gesehn.
Sie übte hohe Güte | das mußte man ihr zugestehn.

Den Armen und den Reichen | zu geben sie begann.
Hagen sprach zum König | „Läßt man sie so fortan
Noch eine Weile schalten | so wird sie in ihr Lehn
So manchen Degen bringen | daß es uns übel muß ergehn."

Da sprach König Gunther | „Ihr gehört das Gut:
Wie darf ich mich drum kümmern | was sie mit ihm tut?
Ich konnt' es kaum erlangen | daß sie mir wurde hold;
Nicht frag' ich, wie sie teilet | ihr Gestein und rotes Gold."

Hagen sprach zum König | „Es vertraut ein kluger Mann
Doch solche Schätze billig | keiner Frauen an:
Sie bringt es mit Gaben | wohl noch an den Tag,
Da es sehr gereuen | die kühnen Burgunden mag."

Da sprach König Gunther | „Ich schwur ihr einen Eid,
Daß ich ihr nie wieder | fügen wollt' ein Leid,
Und will es künftig meiden | sie ist die Schwester mein."
Da sprach wieder Hagen | „Laßt mich den Schuldigen sein."

Sie nahmen ihre Eide | meistens schlecht in Hut:
Da raubten sie der Witwe | das mächtige Gut.
Hagen aller Schlüssel | dazu sich unterwand.
Ihr Bruder Gernot zürnte | als ihm das wurde bekannt.

Da sprach der junge Geiselher | „Viel Leides ist geschehn
Von Hagen meiner Schwester | dem sollt' ich widerstehn:
Wär' er nicht mein Blutsfreund | es ging' ihm an den Leib."
Wieder neues Weinen | begann da Siegfriedens Weib.

Da sprach König Gernot | „Eh' wir solche Pein
Um dieses Gold erlitten | wir sollten's in den Rhein
All versenken lassen | so gehört' es niemand an."
Sie kam mit Klaggebärde | da zu Geiselher heran.

Sie sprach: „Lieber Bruder | du sollst gedenken mein,
Lebens und Gutes | sollst du ein Vogt mir sein."
Da sprach er zu der Schwester | „Gewiß, es soll geschehn,
Wenn wir wiederkommen | eine Fahrt ist zu bestehn."

Gunther und seine Freunde | räumten das Land,
Die allerbesten drunter | die man irgend fand;
Hagen nur alleine | verblieb um seinen Haß,
Den er Kriemhilden hegte | ihr zum Schaden tat er das.

Eh' der reiche König | wieder war gekommen,
Derweil hatte Hagen | den ganzen Schatz genommen:
Er ließ ihn bei dem Loche | versenken in den Rhein.
Er wähnt', er sollt' ihn nutzen | das aber konnte nicht sein.

Bevor von Tronje Hagen | den Schatz also verbarg,
Da hatten sie' s beschworen | mit Eiden hoch und stark,
Daß er verhohlen bliebe | so lang' sie möchten leben:
So konnten sie's sich selber | noch auch jemand anders geben.

Die Fürsten kamen wieder | mit ihnen mancher Mann.
Kriemhild den großen Schaden | zu klagen da begann
Mit Mägdlein und Frauen | sie hatten Herzeleid.
Gerne wär' ihr Geiselher | zu allen Treuen bereit.

Sie sprachen einhellig | „Er hat nicht wohlgetan."
Bis er zu Freunden wieder | die Fürsten sich gewann,
Entwich er ihrem Zorne | sie ließen ihn genesen;
Aber Kriemhild könnt' ihm | wohl nicht feinder sein gewesen.

Mit neuem Leide wieder | belastet war ihr Mut,
Erst um des Mannes Leben | und nun, da sie das Gut
Ihr so gar benahmen | da ruht' auch ihre Klage,
So lang' sie lebte, nimmer | bis zu ihrem jüngsten Tage.

Nach Siegfriedens Tode | das ist alles wahr,
Lebte sie im Leide | noch dreizehen Jahr,
Daß ihr der Tod des Recken | stets im Sinne lag:
Sie wahrt' ihm immer Treue | das rühmen ihr die meisten nach.

ZWANZIGSTES ABENTEUER

WIE KÖNIG ETZEL UM KRIEMHILDEN SANDTE

Das war zu den Zeiten | als Frau Helke starb
Und der König Etzel | um andre Frauen warb,
Da rieten seine Freunde | in Burgundenland
Zu einer stolzen Witwe | die war Frau Kriemhild genannt.

Seit ihm die schöne Helke | erstarb, die Königin,
Sie sprachen: „Sinnt ihr wieder | auf edler Frau Gewinn,
Der höchsten und der besten | die je ein Fürst gewann,
So nehmet Kriemhilden | der starke Siegfried war ihr Mann."

Da sprach der reiche König | „Wie ginge das wohl an?
Ich bin ein Heide | ein ungetaufter Mann,
Sie jedoch ist Christin | sie tut es nimmermehr.
Ein Wunder müßt' es heißen | käm' sie jemals hieher."

Die Schnellen sprachen wieder | „Vielleicht, daß sie es tut
Um euern hohen Namen | und euer großes Gut.
Man soll es doch versuchen | bei dem edeln Weib:
Euch ziemte wohl zu minnen | ihren weidlichen Leib."

Da sprach der edle König | „Wem ist nun bekannt
Unter euch am Rheine | das Volk und auch das Land?"
Da sprach von Bechlaren | der gute Rüdiger:
„Kund von Kindesbeinen | sind mir die edeln Könige hehr,

Gunther und Gernot | die edeln Ritter gut;
Der dritte heißt Geiselher | ein jeglicher tut,
Was er nach Zucht und Ehren | am besten mag begehn:
Auch ist von ihren Ahnen | noch stets dasselbe geschehn."

Da sprach wieder Etzel | „Freund, nun sage mir,
Ob ihr wohl die Krone | ziemt zu tragen hier;
Und hat sie solche Schöne | wie man sie zeiht,
Meinen besten Freunden | sollt' es nimmer werden leid."

„Sie vergleicht sich an Schöne | wohl der Frauen mein,
Helke, der reichen | nicht schöner könnte sein
Auf der weiten Erde | eine Königin:
Wen sie erwählt zum Freunde | der mag wohl trösten den Sinn."

Er sprach: „So wirb sie, Rüdiger | so lieb als ich dir sei.
Und darf ich Kriemhilden | jemals liegen bei,
Das will ich dir lohnen | so gut ich immer kann;
Auch hast du meinen Willen | so recht von Herzen getan.

Von meinem Kammergute | lass' ich so viel dir geben,
Daß du mit den Gefährten | in Freude mögest leben;
Von Rossen und von Kleidern | was ihr nur begehrt,
Des wird zu der Botschaft | euch die Genüge gewährt."

Zur Antwort gab der Markgraf | der reiche Rüdiger:
„Begehrt' ich deines Gutes | das ziemte mir nicht sehr.
Ich will dein Bote gerne | werden an den Rhein
Mit meinem eignen Gute | ich hab' es aus den Händen dein."

Da sprach der reiche König | „Wann denkt ihr zu fahren
Nach der Minniglichen? | So soll euch Gott bewahren
Dabei an allen Ehren | und auch die Fraue mein;
Und möge Glück mir helfen | daß sie uns gnädig möge sein."

Da sprach wieder Rüdiger | „Eh' wir räumen dieses Land,
Müssen wir uns rüsten | mit Waffen und Gewand,
Daß wir vor den Königen | mit Ehren dürfen stehn:
Ich will zum Rheine führen | fünfhundert Degen ausersehn.

„Wenn man bei den Burgunden | mich und die Meinen seh',
Daß dann einstimmig | das Volk im Land gesteh',
Es habe nie ein König | noch so manchen Mann
So fern daher gesendet | als du zum Rheine getan.

Und wiss', edler König | stehst du darob nicht an,
Sie war dem besten Manne | Siegfrieden untenan,
Siegmundens Sohne | du hast ihn hier gesehn:
Man mocht' ihm große Ehre | in voller Wahrheit zugestehn."

Da sprach der König Etzel | „War sie dem Herrn vermählt,
So war so hohes Namens | der edle Fürst erwählt,
Daß ich nicht verschmähen | darf die Königin.
Ob ihrer großen Schönheit | gefällt sie wohl meinem Sinn."

Da sprach der Markgraf wieder | „Wohlan, ich will euch sagen,
Wir heben uns von hinnen | in vierundzwanzig Tagen.
Ich entbiet es Gotelinden | der lieben Fraue mein,
Daß ich zu Kriemhilden | selber wolle Bote sein."

Hin gen Bechelaren | sandte Rüdiger.
Da ward der Sinn der Markgräfin | froh und auch schwer.
Er meldet', er werbe für Etzel | um eine Königin:
Der schönen Helke dachte | sie da mit liebreichem Sinn.

Als die Botenkunde | die Markgräfin gewann,
Leid war es ihr zum Teile | zu sorgen hub sie an,
Ob sie wohl eine Herrin | gewänne so wie eh.
Gedachte sie an Helke | das tat ihr inniglich weh.

Nach sieben Tagen Rüdiger | ritt aus Heunenland,
Worüber frohgemutet | man König Etzeln fand.
Man fertigte die Kleider | in der Stadt zu Wien;
Da wollt' er mit der Reise | auch nicht länger mehr verziehn.

Zu Bechlaren harrte | sein Frau Gotelind;
Die Markgräfin, die junge | Rüdigers Kind,
Sah ihren Vater gerne | und die ihm untertan;
Da ward ein liebes Harren | von schönen Frauen getan.

20. ABENTEUER

Eh' der edle Rüdiger | aus der Stadt zu Wien
Ritt nach Bechlaren | da waren hier für ihn
Kleider und Gewaffen | auf Säumern angekommen.
Sie fuhren solcherweise | daß ihnen wenig ward genommen.

Als sie zu Bechlaren | kamen in die Stadt,
Für seine Heergesellen | um Herbergen bat
Der Wirt mit holden Worten | die gab man ihnen da.
Gotelind, die reiche | den Wirt gar gerne kommen sah.

Auch seine liebe Tochter | die Markgräfin jung,
Ob ihres Vaters Kommen | war sie froh genung.
Aus Heunenland die Helden | wie gern sie die sah!
Mit lachendem Mute | sprach die edle Jungfrau da:

„Willkommen sei mein Vater | und die ihm untenan."
Da ward ein schönes Danken | von manchem werten Mann
Freundlich geboten | der jungen Markgräfin.
Wohl kannte Frau Gotlinde | des edeln Rüdiger Sinn.

Als sie des Nachts zur Seite | bei Rüdigern lag,
Mit holden Worten fragte | die Markgräfin nach,
Wohin ihn denn gesendet | der Fürst von Heunenland.
„Meine Frau Gotlind," sprach er | „ich mach' es gern euch bekannt.

„Meinem Herren werben | soll ich ein ander Weib,
Da ihm ist erstorben | der schöne Helke Leib.
Nun will ich nach Kriemhilden | reiten an den Rhein:
Die soll hier bei den Heunen | gewalt'ge Königin sein."

„Das wollte Gott!" sprach Gotlind | „möcht' uns dies Heil geschehn,
Da wir so hohe Ehren | ihr hören zugestehn.
Sie ersetzt uns Helken | vielleicht in alten Tagen;
Wir mögen bei den Heunen | sie gerne sehen Krone tragen."

Da sprach Markgraf Rüdiger | „Liebe Fraue mein,
Die mit mir reiten sollen | von hinnen an den Rhein,
Denen sollt ihr freundlich | bieten euer Gut:
Wenn Helden reichlich leben | so tragen sie hohen Mut."

Sie sprach: „Da ist nicht einer | wenn er es gerne nahm',
Ich wollt' ihm willig bieten | was jeglichem genehm,
Eh' ihr von hinnen scheidet | und die euch untenan."
Da sprach der Markgraf wieder | „Ihr tut mir Liebe daran."

Hei! was man reicher Zeuge | von ihrer Kammer trug!
Da ward den edeln Recken | Gewand zuteil genug,
Mit allem Fleiß gefüttert | vom Hals bis auf die Sporen;
Die ihm davon gefielen | hatte Rüdger sich erkoren.

Am siebenten Morgen | von Bechlaren ritt
Der Wirt mit seinen Recken | Sie führten Waffen mit
Und Kleider auch die Fülle | durch der Baiern Land.
Sie wurden auf der Straße | von Räubern selten angerannt.

Binnen zwölf Tagen | kamen sie an den Rhein.
Da konnte diese Märe | nicht lang verborgen sein:
Dem König und den Seinen | ward es kundgetan,
Es kämen fremde Gäste | Der Wirt zu fragen begann,

Ob sie jemand kennte | das sollte man ihm sagen.
Man sah die Saumrosse | schwere Lasten tragen:
Wie reich die Helden waren | ward daran erkannt.
Herberge schuf man ihnen | in der weiten Stadt zuhand.

Als die Gäste waren | in die Stadt gekommen,
Da ward dieser Herren | mit Neugier wahrgenommen.
Sie wunderte, von wannen | sie kämen an den Rhein.
Der Wirt fragte Hagen | wer die Herren möchten sein?

Da sprach der Held von Tronje | „Ich sah sie noch nicht;
Wenn ich sie erschaue | mag ich euch Bericht
Wohl geben, von wannen | sie ritten in dies Land.
Sie wären denn gar fremde | so sind sie gleich mir bekannt."

Herbergen hatten | die Gäste nun empfahn.
Der Bote hatte reiche | Gewänder angetan
Mit seinen Heergesellen | als sie zu Hofe ritten.
Sie trugen gute Kleider | die waren zierlich geschnitten.

Da sprach der schnelle Hagen | „So viel ich mag verstehn,
Da ich seit langen Tagen | den Herrn nicht hab' ersehn,
So sind sie so zu schauen | als war' es Rüdiger
Aus der Heunen Lande | dieser Degen kühn und hehr."

Wie sollt' ich das glauben" | der König sprach's zuhand.
„Daß der von Bechelaren | kam' in dieses Land?"
Kaum hatte König Gunther | das Wort gesprochen gar,
So nahm der kühne Hagen | den guten Rüdiger wahr.

Er und seine Freunde | liefen ihm entgegen:
Da sprangen von den Rossen | fünfhundert schnelle Degen.
Wohl empfangen wurden | die von Heunenland;
Niemals trugen Boten | wohl so herrlich Gewand.

Da rief von Tronje Hagen | mit lauter Stimme Schall:
„Nun sei'n uns hochwillkommen | diese Degen all,
Der Vogt von Bechelaren | mit seiner ganzen Schar."
Man empfing mit Ehren | die schnellen Heunen fürwahr.

Des Königs nächste Freunde | drängten sich heran:
Da hub von Metzen Ortewein | zu Rüdigern an:
„Wir haben lange Tage | hier nicht mehr gesehn
Also liebe Gäste | das muß ich wahrlich gestehn!"

Sie dankten des Empfanges | den Recken allzumal.
Mit dem Heergesinde | gingen sie zum Saal,
Wo sie den König fanden | bei manchem kühnen Mann.
Der stand empor vom Sitze | das ward aus höf'scher Zucht getan.

Wie höfisch dem Boten | er entgegenging
Und allen seinen Degen! | Gernot auch empfing
Den Gast mit hohen Ehren | und die ihm Untertan.
Den guten Rüdger führte | der König an der Hand heran.

Er bracht' ihn zu dem Sitze | darauf er selber saß.
Den Gästen ließ er schenken | (gerne tat man das)
Von dem guten Mete | und von dem besten Wein,
Den man mochte finden | in den Landen um den Rhein.

Geiselher und Gere | waren auch gekommen,
Dankwart und Volker | die hatten bald vernommen
Von den werten Gästen | Sie waren wohlgemut:
Sie empfingen vor dem König | die Ritter edel und gut.

Da sprach von Tronje Hagen | zu Gunthern seinem Herrn:
„Mit Dienst vergelten sollten | stets eure Degen gern,
Was uns der Markgraf | zu Liebe hat getan;
Des sollte Lohn empfangen | der schönen Gotlinde Mann."

Da sprach der König Gunther | „Ich lasse nicht das Fragen:
Wie beide sich gehaben | das sollt ihr mir sagen,
Etzel und Frau Heike | in der Heunen Land?"
Der Markgraf gab zur Antwort | „Ich mach es gern euch bekannt."

Da erhob er sich vom Sitze | und die in seinem Lehn
Und sprach zu dem König | „Kann das denn geschehn,
Daß ihr mir's, Herr, erlaubet | so will ich nicht verhehlen
Die Märe, die ich bringe | die soll ich willig euch erzählen."

Er sprach: „Was man uns immer | durch euch entboten hat,
Erlaub' ich euch zu sagen | ohne der Freunde Rat.
Die Märe laßt vernehmen | mich und die Degen mein:
Euch soll nach allen Ehren | zu werben hier gestattet sein."

Da sprach der biedre Bote | „Euch entbietet an den Rhein
Seine treuen Dienste | der große König mein,
Dazu den Freunden allen | die euch zugetan;
Auch wird euch diese Botschaft | mit großer Treue getan.

„Euch läßt der edle König | klagen seine Not:
Sein Volk ist ohne Freude | meine Frau die ist tot,
Helke, die reiche | meines Herrn Gemahl:
An der sind schöne Jungfraun | nun verwaist in großer Zahl,

Edler Fürsten Kinder | die sie erzogen hat;
Darum hat im Lande | nun große Trauer statt:
Sie haben leider niemand mehr | der sie so treulich pflegt,
Drum wähn' ich auch, daß selten | des Königs Sorge sich legt.

„Nun lohn' ihm Gott," sprach Gunther | „daß er die Dienste
So williglich entbietet | mir und den Freunden mein.
Ich hörte gern die Grüße | die ihr mir kundgetan;
Auch wollen sie verdienen | die mir treu und Untertan."

Da sprach von Burgunden | der Recke Gernot:
„Die Welt mag wohl beklagen | der schönen Helke Tod
Und manche höf'sche Tugend | der sie gewohnt zu pflegen."
Das bestätigte Hagen | und auch mancher andre Degen.

Da sprach wieder Rüdiger | der edle Bote hehr:
„Erlaubt ihr mir, Herr König | so sag' ich euch noch mehr,
Was mein lieber Herre | euch hieher entbot:
Er lebt in großem Kummer | seit der Königin Helke Tod.

„Man sagte meinem Herren | Kriemhild sei ohne Mann,
Da Siegfried gestorben | und sprach man wahr daran,
Und wollt' ihr ihr's vergönnen | so soll sie Krone tragen
Vor König Etzels Recken | das gebot mein Herr ihr zu sagen."

Da sprach König Gunther | mit wohlerzognem Mut:
„Sie hört meinen Willen | wenn sie es gerne tut.
Das will ich euch berichten | von heut in dreien Tagen:
Wenn sie es nicht weigert | wie sollt' ich's Etzel versagen?"

Man ließ Gemach bescheiden | den Gästen allzuhand.
Sie fanden solche Pflege | daß Rüdiger gestand,
Er habe gute Freunde | in König Gunthers Lehn.
Gerne dient' ihm Hagen | ihm war einst gleiches geschehn.

So verweilte Rüdiger | bis an den dritten Tag.
Der Fürst berief die Räte | gar weislich er es pflag:
Ob es seine Freunde | deuchte gut getan,
Daß Kriemhild sollte nehmen | den König Etzel zum Mann.

Da rieten sie es alle | nur Hagen stand's nicht an.
Er sprach zu König Gunther | diesem kühnen Mann:
„Habt ihr kluge Sinne | so seid wohl auf der Hut,
Wenn sie auch folgen wollte | daß ihr doch nimmer es tut."

„Warum," sprach da Gunther | „ließ' ich es nicht ergehen?
Was künftig noch der Königin | Liebes mag geschehn,
Will ich ihr gerne gönnen | sie ist die Schwester mein.
Wir müßten selbst drum werben | sollt' es ihr zur Ehre sein."

Da sprach aber Hagen | „Das sprecht ihr unbedacht.
Wenn ihr Etzeln kenntet | wie ich und seine Macht,
Und ließt ihr sie ihn minnen | wie ich euch höre sagen,
Das müßtet ihr vor allen | mit großem Rechte beklagen."

„Warum?" sprach da Gunther | „Leicht vermeid' ich das,
Ihm je so nah zu kommen | daß ich durch seinen Haß
Leid zu befahren hätte | würd' er auch ihr Mann."
Da sprach wieder Hagen | „Mich dünkt es nimmer wohlgetan."

Da lud man Gernoten | und Geiselhern heran,
Ob die Herren beide | deuchte wohlgetan,
Wenn Frau Kriemhild nähme | den mächt'gen König hehr.
Noch widerriet es Hagen | und auch anders niemand mehr.

Da sprach von Burgunden | Geiselher der Degen:
„Nun mögt ihr, Freund Hagen | noch der Treue pflegen:
Entschädigt sie des Leides | das ihr ihr habt getan.
Was ihr noch mag gelingen | das säht ihr billig neidlos an."

„Wohl habt ihr meiner Schwester | gefügt so großes Leid,"
Sprach da wieder Geiselher | der Degen allbereit,
„Ihr hättet's wohl verschuldet | wäre sie euch gram:
Noch niemand einer Frauen | so viel der Freuden benahm."

„Das was ich wohl erkenne | das sei euch frei bekannt:
Und soll sie Etzeln nehmen | und kommt sie in sein Land,
Wie sie es fügen möge | viel Leid tut sie uns an.
Wohl kommt in ihre Dienste | da mancher weidliche Mann."

Dawider sprach zu Hagen | der kühne Gernot:
„Es mag dabei verbleiben | bis an beider Tod,
Daß wir niemals reiten | in König Etzels Land.
Laßt uns ihr Treue leisten | zu Ehren wird uns das gewandt."

Da sprach Hagen wieder | „Das lass' ich mir niemand sagen;
Und soll die edle Kriemhild | Helkens Krone tragen,
Viel Leid wird sie uns schaffen | wo sie's nur fügen kann:
Ihr sollt es bleiben lassen | das ständ' euch Recken besser an."

Im Zorn sprach da Geiselher | der schönen Ute Kind:
„Wir wollen doch nicht alle | meineidig sein gesinnt.
Was ihr geschieht zu Ehren | laßt uns froh drum sein.
Was ihr auch redet, Hagen | ich dien' ihr nach der Treue mein."

Als das Hagen hörte | da trübte sich sein Mut.
Geiselher und Gernot | die stolzen Ritter gut,
Und Gunther der reiche | vereinten endlich sich,
Wenn es Kriemhild wünsche | sie wollten's dulden williglich.

Da sprach Markgraf Gere | „So geh' ich ihr zu sagen,
Daß sie den König Etzel | sich lasse wohlbehagen.
Dem ist so mancher Recke | mit Furchten untertan,
Er mag ihr wohl vergüten | was sie je Leides gewann."

Hin ging der schnelle Degen | wo er Kriemhilden sah.
Sie empfing ihn gütlich | wie balde sprach er da:
„Ihr mögt mich gern begrüßen | und geben Botenbrot,
Es will das Glück euch scheiden | gar bald von all eurer Not.

Es hat um eure Minne | Frau, hieher gesandt
Der Allerbesten einer | der je ein Königsland
Gewann mit vollen Ehren | und Krone durfte tragen:
Es werben edle Ritter | das läßt euch euer Bruder sagen."

Da sprach die Jammerreiche | „Verbiete doch euch Gott
Und allen meinen Freunden | daß sie keinen Spott
Mit mir Armen treiben | was sollt' ich einem Mann,
Der je Herzensliebe | von gutem Weibe gewann?"

Sie widersprach es heftig | Da traten zu ihr her
Gernot ihr Bruder | und der junge Geiselher.
Sie baten sie in Minne | zu trösten ihren Mut;
Und nehme sie den König | es gerat' ihr wahrlich gut.

Bereden mochte niemand | doch die Königin,
Noch einen Mann zu minnen | auf Erden fürderhin.
Da baten sie die Degen | „So laßt es doch geschehn,
Wenn ihr denn nicht anders wollt | daß euch der Bote möge sehn."

„Das will ich nicht versagen" | sprach die Fraue hehr.
„Ich empfange gerne | den guten Rüdiger
Ob seiner höf'schen Sitte | wär' er nicht hergesandt,
Jedem andern Boten | dem blieb' ich immer unbekannt."

Sie sprach: „So schickt den Degen | morgen früh heran
Zu meiner Kemenate | Ich bescheid' ihn dann:
Meinen Entschluß und Willen | werd' ich ihm selber sagen."
So war ihr jetzt erneuert | das große Weinen und Klagen.

Da wünschte sich auch anders nichts | der edle Rüdiger,
Als daß er schauen dürfte | die Königin hehr.
Er wußte sich so weise | könnt' es irgend sein,
So müßt' er sie bereden | diesen Recken zu frein.

Früh des andern Morgens | nach dem Meßgesang
Kamen die edeln Boten | da hub sich großer Drang.
Die mit Rüdigeren | zu Hofe sollten gehn,
Die sah man wohlgekleidet | manchen Degen ausersehn.

Kriemhilde, die hehre | in traurigem Mut
Harrte sie auf Rüdiger | den edeln Boten gut.
Er fand sie in dem Kleide | das sie für täglich trug:
Dabei hatt' ihr Gesinde | reicher Kleider genug.

Sie ging ihm entgegen | zu der Türe hin
Und empfing Etzels Recken | mit gütlichem Sinn.
Nur selbzwölfter trat er | herein zu der Fraun;
Man bot ihm große Ehre | wer möcht' auch bessre Boten schaun?

Man hieß den Herren sitzen | und die in seinem Lehn.
Die beiden Markgrafen | sah man vor ihr stehn,
Eckewart und Gere | die edeln Ritter gut.
Um der Hausfrau willen | sahn sie niemand wohlgemut.

Sie sahen vor ihr sitzen | manche schöne Maid.
Da hatte Frau Kriemhild | Jammer nur und Leid.
Ihr Kleid war vor den Brüsten | von heißen Tränen naß.
Es sah der edle Markgraf | gar wohl an Kriemhilden das.

Da sprach der hehre Bote | „Viel edles Königskind,
Mir und den Gefährten | die mit mir kommen sind,
Sollt ihr das erlauben | daß wir vor euch stehn
Und euch melden, weshalb | unsre Reise sei geschehn."

„Ich will euch gern erlauben" | sprach die Königin,
„Was ihr wollt, zu reden | also steht mein Sinn,
Daß ich es gerne höre | ihr seid ein Bote gut."
Da merkten wohl die andern | ihren abgeneigten Mut.

Da sprach von Bechelaren | der Markgraf Rüdiger:
„Euch läßt entbieten, Herrin | Etzel der König hehr
Große Lieb' und Treue | hierher in dieses Land;
Er hat um eure Minne | viel gute Recken gesandt.

Er entbeut euch freundlich | Liebe sonder Leid;
Er sei steter Freundschaft | nun euch hinfort bereit
Wie Helken einst, der Königin | die ihm am Herzen lag:
Fürwahr nach ihren Tugenden | hat er oft unfrohen Tag."

Da sprach zu ihm die Königin | „Markgraf Rüdiger,
Wenn meines Herzeleides | jemand kundig wär',
Der würde mir nicht raten | zu einem zweiten Mann:
Ich verlor der Besten Einen | die je ein Weib noch gewann."

„Was tröstet mehr im Leide" | sprach der kühne Mann,
„Als freundliche Liebe? | Wer die gewähren kann
Und hat sich den erkoren | der ihm zu Herzen kommt,
Der erfährt wohl, daß im Leide | nichts so sehr als Liebe frommt.

Und geruht ihr zu minnen | den edeln Herren mein,
Zwölf reicher Kronen | sollt ihr gewaltig sein.
Dazu von dreißig Fürsten | gibt euch mein Herr das Land,
Die alle hat bezwungen | seine vielgewalt'ge Hand.

Ihr sollt auch Herrin werden | über manchen werten Mann,
Die meiner Frauen Helke | waren untertan,
Und über manche Frauen | einst ihrem Dienst gesellt,
Von hoher Fürsten Stamme" | sprach der hochbeherzte Held.

„Dazu gibt euch der König | gebot er euch zu sagen,
Wenn ihr geruht die Krone | bei meinem Herrn zu tragen,
Gewalt die allerhöchste | die Helke je gewann:
Alle Mannen Etzels | werden euch da untertan."

„Wie möchte jemals wieder" | sprach die Königin,
„Eines Helden Weib zu werden | gelüsten meinem Sinn?
Mir hat der Tod an Einem | so bittres Leid getan,
Daß ich's bis an mein Ende | nimmermehr verschmerzen kann."

Die Heunen sprachen wieder | „Viel reiche Königin,
Das Leben geht bei Etzeln | so herrlich euch dahin,
Daß ihr in Wonnen schwebet | weigert ihr es nicht;
Mancher ziere Degen | steht in des reichen Königs Pflicht.

Helkens Jungfrauen | und eure Mägdelein,
Sollten die beisammen | je ein Gesinde sein,
Dabei möchten Recken | wohl werden wohlgemut.
Laßt es euch raten, Fraue | es bekommt euch wahrlich gut."

Sie sprach mit edler Sitte | „Nun laßt die Rede sein
Bis morgen in der Frühe | dann tretet zu mir ein,
Daß ich auf die Werbung | euch gebe den Bescheid."
Da mußten Folge leisten | die kühnen Degen allbereit.

Als zu den Herbergen | sie kamen allzumal,
Nach Geiselhern zu senden | die edle Frau befahl
Und nach ihrer Mutter | den beiden sagte sie,
Ihr gezieme nur zu weinen | und alles andere nie.

Da sprach ihr Bruder Geiselher | „Mir ahnet, Schwester mein,
Und gerne mag ich's glauben | dein Leid und deine Pein
Wird König Etzel wenden | und nimmst du ihn zum Mann,
Was jemand anders rate | so dünkt es mich wohlgetan.

„Er mag dir's wohl ersetzen" | sprach wieder Geiselher.
„Vom Rotten bis zum Rheine | von der Elbe bis ans Meer
Weiß man keinen König | gewaltiger als ihn.
Du magst dich höchlich freuen | heischt er dich zur Königin."

Sie sprach: „Lieber Bruder | wie rätst du mir dazu?
Weinen und Klagen | das kam' mir eher zu.
Wie sollt' ich vor den Recken | da zu Hofe gehn?
Hatt' ich jemals Schönheit | um die ist's lange geschehn."

Da redete Frau Ute | der lieben Tochter zu:
„Was deine Brüder raten | liebes Kind, das tu.
Folge deinen Freunden | so mag dir's wohlergehn.
Hab' ich dich doch so lange | in großem Jammer gesehn."

Da bat sie, daß vom Himmel | ihr würde Rat gesandt:
Denn hätte sie zu geben | Gold, Silber und Gewand
Wie einst, da er noch lebte | ihr Mann, der Degen hehr,
Sie erlebe doch nicht wieder | so frohe Stunden nachher.

Sie dacht' in ihrem Sinne | „Und sollt' ich meinen Leib
Einem Heiden geben? | Ich bin ein Christenweib;
Des müßt' ich billig Schelte | von aller Welt empfahn;
Gab' er mir alle Reiche | es bliebe doch ungetan."

Da ließ sie es bewenden | die Nacht bis an den Tag
Die Frau in ihrem Bette | voll Gedanken lag.
Ihre lichten Augen | trockneten ihr nicht,
Bis sie hin zur Mette | wieder ging beim Morgenlicht.

Nun waren auch die Könige | zur Messezeit gekommen.
Sie hatten ihre Schwester | an die Hand genommen
Und rieten ihr zu minnen | den von Heunenland.
Niemand doch die Fraue | ein wenig fröhlicher fand.

Da ließ man zu ihr bringen | die Etzel hingesandt,
Die nun mit Urlaub wollten | räumen Gunthers Land,
Wie es geraten möge | mit Nein oder Ja.
Da kam zu Hofe Rüdiger | die Gefährten mahnten ihn da,

Recht zu erforschen | des edeln Fürsten Mut
Und zeitig das zu leisten | das deuchte jeden gut;
Ihre Wege wären ferne | wieder in ihr Land.
Man brachte Rüdigeren | hin, wo er Kriemhilden fand.

Da bat alsbald der Recke | die edle Königin
Mit minniglichen Worten | zu künden ihren Sinn,
Was sie entbieten wolle | in König Etzels Land.
Der Held mit seinem Werben | bei ihr nur Weigerung fand:

Sie wolle nimmer wieder | minnen einen Mann.
Dawider sprach der Markgraf | „Das war' nicht recht getan:
Was wolltet ihr verderben | so minniglichen Leib?
Ihr werdet noch mit Ehren | eines werten Recken Weib."

Nichts half es, was sie baten | bis daß Rüdiger,
Insgeheim gesprochen | mit der Königin hehr,
Er hoff' ihr zu vergüten | all ihr Ungemach.
Da ließ zuletzt ein wenig | ihre hohe Trauer nach.

Er sprach zu der Königin | „Laßt euer Weinen sein!
Hättet ihr bei den Heunen | niemand als mich allein,
Meine getreuen Freunde | und die mir Untertan,
Er sollt' es schwer entgelten | hätt' euch jemand Leid getan."

Davon ward erleichtert | der Frauen wohl der Mut.
Sie sprach: „So schwört mir Eide | was mir jemand tut,
Ihr wollt der erste werden | der rächen will mein Leid."
Da sprach zu ihr der Markgraf | „Dazu bin ich, Frau, bereit."

Mit allen seinen Mannen | schwur ihr da Rüdiger,
Ihr immer treu zu dienen | und daß die Recken hehr
Ihr nichts versagen wollten | in König Etzels Land,
Was ihre Ehre heische | das gelobt' ihr Rüdigers Hand.

Da gedachte die Getreue | „Wenn ich gewinnen kann
So viel steter Freunde | so seh' ich's wenig an,
Was auch die Leute reden | in meines Jammers Not.
Vielleicht wird noch gerochen | meines lieben Mannes Tod."

Sie gedachte: „Da Herr Etzel | der Recken hat so viel,
Denen ich gebiete | so tu' ich, was ich will.
Er hat auch solche Schätze | daß ich verschenken kann;
Mich hat der leide Hagen | meines Gutes ohne getan."

Sie sprach zu Rüdigeren | „Hätt' ich nicht vernommen,
Daß er ein Heide wäre | so wollt' ich gerne kommen,
Wohin er geböte | und nähm' ihn zum Mann."
Da sprach der Markgraf wieder | „Steht darauf, Herrin, nicht an.

Ihm dienen so viel Recken | in der Christenheit,
Daß euch bei dem König | nie widerfährt ein Leid.
Wie, wenn ihr das erreichet | daß er taufet seinen Leib?
Daraufhin mögt ihr gerne | werden König Etzels Weib."

Da sprachen ihre Brüder | „Verheißt es, Schwester mein,
Und all euern Kummer | laßt in Zukunft sein."
Des baten sie so lange | bis sie mit Trauer drein
Vor den Helden willigte | den König Etzel zu frein.

Sie sprach: „Ich muß euch folgen | ich arme Königin!
Ich fahre zu den Heunen | wann es geschehe, hin,
Wenn ich Freunde finde | die mich führen in sein Land."
Darauf bot vor den Helden | die schöne Kriemhild die Hand.

Der Markgraf sprach: „Zwei Recken | stehn in euerm Lehn,
Dazu hab' ich noch manchen | so kann es wohl geschehn,
Daß wir euch mit Ehren | bringen überrhein,
Ihr sollt nicht länger, Fraue | hier bei den Burgunden sein.

Fünfhundert Mannen hab' ich | und der Freunde mein:
Die sollen euch zu Diensten | hier und bei Etzeln sein,
Was ihr auch gebietet | ich selber steh' euch bei
Und will mich's nimmer schämen | mahnt ihr mich künftig meiner Treu.

Eure Pferdedecken | haltet euch bereit;
Was Rüdiger geraten hat | wird euch nimmer leid.
Und sagt es euern Mägdlein | die ihr euch gesellt,
Uns begegnet unterweges | mancher auserwählte Held."

Sie hatten noch Geschmeide | das sie zu Siegfrieds Zeit
Beim Reiten getragen | daß sie mit mancher Maid
Mit Ehren reisen mochte | so sie wollt' hindann.
Hei! was man guter Sättel | den schönen Frauen gewann!

Hatten sie schon immer | getragen reich Gewand,
So wurde des zur Reise | die Fülle nun zur Hand,
Weil ihnen von dem König | so viel gepriesen ward;
Sie schlossen auf die Kisten | so lang versperrt und gespart.

Sie waren sehr geschäftig | wohl fünftehalben Tag
Und suchten aus dem Einschlag | so viel darinne lag.
Ihre Kammer zu erschließen | hub da Kriemhild an,
Sie alle reich zu machen | die Rüdigern Untertan.

Sie hatte noch des Goldes | von Nibelungenland:
Das sollte bei den Heunen | verteilen ihre Hand.
Sechshundert Pferde mochten | es nicht von dannen tragen.
Die Märe hörte Hagen | da von Kriemhilden sagen.

Er sprach: „Mir wird Kriemhild | doch nimmer wieder hold:
So muß auch hier verbleiben | Siegfriedens Gold.
Wie ließ' ich meinen Feinden | wohl so großes Gut?
Ich weiß gar wohl, was Kriemhild | noch mit diesem Schatze tut.

Brächte sie ihn von hinnen | ich glaube sicherlich,
Sie würd' ihn nur verteilen | zu werben wider mich.
Sie hat auch nicht die Rosse | um ihn hinwegzutragen:
Behalten will ihn Hagen | das soll man Kriemhilden sagen."

Als sie vernahm die Märe | das schuf ihr grimme Pein.
Es ward auch den Königen | gemeldet allen drein:
Sie gedachten es zu wenden | Als das nicht geschah,
Rüdiger der edle | sprach mit frohem Mute da:

„Reiche Königstochter | was klagt ihr um das Gold?
Euch ist König Etzel | so zugetan und hold,
Ersehn euch seine Augen | er gibt euch solchen Hort,
Daß ihr ihn nie verschwendet | das verbürgt euch, Frau, mein Wort."

Da sprach zu ihm die Königin | „Vieledler Rüdiger,
Nie gewann der Schätze | eine Königstochter mehr
Als die, deren Hagen | mich ohne hat getan."
Da kam ihr Bruder Gernot | zu ihrer Kammer heran.

Mit Macht des Königs Schlüssel | stieß er in die Tür.
Kriemhildens Schätze | reichte man herfür,
An dreißigtausend Marken | oder wohl noch mehr,
Daß es die Gäste nahmen | des freute Gunther sich sehr.

Da sprach von Bechelaren | der Gotelinde Mann:
„Und gehörten all die Schätze | noch Kriemhilden an,
Die man jemals brachte | von Nibelungenland,
Nicht berühren sollt' es | mein noch der Königin Hand.

Heißt es aufbewahren | da ich's nicht haben will.
Ich bracht' aus unserm Lande | des meinen her so viel,
Wir mögen's unterweges | entraten wohl mit Fug:
Wir haben zu der Reise | genug und übergenug."

Zwölf Schreine hatten | noch ihre Mägdelein
Des allerbesten Goldes | das irgend mochte sein,
Bewahrt aus alten Zeiten | das nun verladen ward
Und viel der Frauenzierde | die sie brauchten auf der Fahrt.

Die Macht des grimmen Hagen | bedeuchte sie zu stark.
Des Opfergoldes hatte | sie wohl noch tausend Mark:
Das gab sie für die Seele | von ihrem lieben Mann.
Das deuchte Rüdigeren | mit großen Treuen getan.

Da sprach die arme Königin | „Wo sind die Freunde mein,
Die da mir zuliebe | im Elend wollen sein
Und mit mir reiten sollen | in König Etzels Land?
Die nehmen meines Goldes | und kaufen Ross' und Gewand."

Der Königin gab Antwort | der Markgraf Eckewart:
„Seit ich als Ingesinde | euch zugewiesen ward,
Hab' ich euch stets getreulich | gedient," sprach der Degen,
„Und will bis an mein Ende | desgleichen immer bei euch pflegen."

„Ich führ' auch mit der meinen | fünfhundert Mann,
Die biet' ich euch zu Dienste | mit rechten Treuen an.
Wir bleiben ungeschieden | es tu' es denn der Tod."
Der Rede dankt' ihm Kriemhild | das tat in Wahrheit ihr not.

Da brachte man die Rosse | sie wollten aus dem Land.
Wohl huben an zu weinen | die Freunde all zur Hand.
Ute die reiche | und manche schöne Maid
Bezeigten, wie sie trugen | um Kriemhilden Herzeleid.

Hundert schöner Mägdelein | führte sie aus dem Land;
Die wurden wohl gekleidet | jede nach ihrem Stand.
Aus lichten Augen fielen | die Tränen ihnen nieder;
Manche Freud' erlebten | sie auch bei König Etzel wieder.

Da kam der junge Geiselher | und König Gernot.
Mit ihrem Heergesinde | wie es die Zucht gebot:
Die liebe Schwester wollten sie | begleiten durch das Land;
Sie hatten im Gefolge | wohl tausend Degen auserkannt.

Da kam der schnelle Gere | und auch Ortewein;
Rumold der Küchenmeister | der ließ sie nicht allein.
Sie schufen Nachtlager | bis hin zum Donauland.
Nicht weit vor Worms schon hatte | sich König Gunther gewandt.

Eh' sie vom Rheine führen | hatten sie vorgesandt
Ihre schnellen Boten | in der Heunen Land,
Dem Könige zu melden | daß ihm Rüdiger
Zum Gemahl geworben | die edle Königin hehr.

EINUNDZWANZIGSTES ABENTEUER

WIE KRIEMHILD ZU DEN HEUNEN FUHR

Die Boten laßt reiten | so tun wir euch bekannt,
Wie die Königstochter | fuhr durch das Land,
Und wo von ihr Geiselher | schied mit Gernot;
Sie hatten ihr gedienet | wie ihre Treue gebot.

Sie kamen an die Donau | gen Vergen nun geritten.
Da begannen sie um Urlaub | die Königin zu bitten,
Weil sie wieder wollten | reiten an den Rhein.
Da mocht' es ohne Weinen | von guten Freunden nicht sein.

Geiselher der schnelle | sprach zu der Schwester sein:
„Schwester, wenn du jemals | bedürfen solltest mein,
Was immer dich gefährde | so mach' es mir bekannt,
Dann reit' ich dir zu dienen | hin in König Etzels Land."

Die Verwandten alle | küßte sie auf den Mund.
Minniglich sich scheiden | sah man da zur Stund'
Die schnellen Burgunden | von Rüdigers Geleit.
Da zog mit der Königin | manche wohlgetane Maid,

Hundert und viere | sie trugen schön Gewand.
Von buntgewebten Zeugen | manch breiten Schildesrand
Führte man der Königin | nach auf ihren Wegen.
Da trennte sich vom Zuge | mancher herrliche Degen.

Sie zogen weiter eilig | hinab durchs Baierland:
Da sagte man die Märe | es kämen angerannt
Viel unkunder Gäste | Wo noch ein Kloster steht
Und der Innfluß mündend | in die Donau niedergeht,

In der Stadt zu Passau | saß ein Bischof.
Die Herbergen leerten sich | und auch des Fürsten Hof:
Den Gästen entgegen | ging's auf durch Baierland,
Wo der Bischof Pilgerin | die schöne Kriemhilde fand.

Den Recken in dem Lande | war es nicht zu leid,
Als sie ihr folgen sahen | so manche schöne Maid.
Da kosten sie mit Augen | manch edeln Ritters Kind.
Gute Herberge | wies man den Gästen geschwind.

Der Bischof mit der Nichte | ritt auf Passau an,
Als es da den Bürgern | der Stadt ward kundgetan,
Das Schwesterkind des Fürsten | Kriemhild, wolle kommen,
Da ward sie wohl mit Ehren | von den Kaufherrn aufgenommen.

Als der Bischof wähnte | sie blieben nachts ihm da,
Sprach Eckewart, der Markgraf | „Unmöglich ist das ja:
Wir müssen abwärts reiten | in Rüdigers Land:
Viel Degen harren unser | ihnen allen ist es bekannt."

Nun wüßt' auch wohl die Märe | die schöne Gotelind:
Sie rüstete sich fleißig | und auch ihr edel Kind.
Ihr hatt' entboten Rüdiger | ihn bedünkt' es gut,
Wenn sie der Königstochter | damit tröstete den Mut

Und ihr entgegenritte | mit seiner Mannen Schar
Hinauf bis zur Ense | Als das im Werke war,
Da sah man allenthalben | erfüllt die Straßen stehn:
Sie wollten ihren Gästen | entgegenreiten und -gehn.

Nun war gen Everdingen | die Königin gekommen.
Manche im Baierlande | hätten wohl genommen
Den Raub auf der Straße | wie es ihr Gebrauch,
Und hätten so die Gäste | mögen schädigen auch:

Das ward wohl verhütet | von dem Markgrafen hehr:
Er führte tausend Ritter | oder wohl noch mehr.
Da kam auch Gotelinde | Rüdigers Gemahl,
Mit ihr in stolzem Zuge | kühner Recken große Zahl.

Über die Traune kamen sie | bei Ense auf das Feld;
Da sah man aufgeschlagen | Hütten und Gezelt,
Daß gute Ruhe fänden | die Gäste bei der Nacht.
Für ihre Kost zu sorgen | war der Markgraf bedacht.

Von den Herbergen | ritt ihrer Frau entgegen
Gotelind die schöne | Da zogen auf den Wegen
Mit klingenden Zäumen | viel Pferde wohlgetan.
Sie wurde wohl empfangen | lieb tat man Rüdigern daran.

Die sie zu beiden Seiten | begrüßten auf dem Feld
Mit kunstvollem Reiten | das war mancher Held.
Sie übten Ritterspiele | das sah manch' schöne Maid.
Auch war der Dienst der Helden | der Königin selber nicht leid.

Als zu den Gästen kamen | die in Rüdgers Lehn,
Viel Schaftsplitter sah man | in die Lüfte gehn
Von der Recken Händen | nach ritterlichen Sitten.
Da wurde wohl zu Danke | vor den Frauen geritten.

Sie ließen es bewenden | Da grüßte mancher Mann
Freundlich den andern | nun führten sie heran
Die schöne Gotelinde | wo sie Kriemhild sah.
Die Frauen dienen konnten | hatten selten Muße da.

Der Vogt von Bechelaren | ritt zu Gotlinden hin.
Wenig Kummer schuf es | der edeln Markgräfin,
Daß sie wohl geborgen | ihn sah vom Rheine kommen.
Ihr war die meiste Sorge | mit großer Freude benommen.

Als sie ihn hatt' empfangen | hieß er sie auf das Feld
Mit den Frauen steigen | die er ihr sah gesellt.
Da zeigte sich geschäftig | mancher edle Mann:
Den Frauen wurden Dienste | mit großem Fleiße getan.

Da ersah Frau Kriemhild | die Markgräfin stehn
Mit ihrem Ingesinde | sie ließ nicht näher gehn:
Sie zog mit dem Zaume | das Roß an, das sie trug,
Und ließ sich aus dem Sattel | heben schleunig genug.

Den Bischof sah man führen | seiner Schwester Kind,
Ihn und Eckewarten | hin zu Frau Gotelind.
Es mußte vor ihr weichen | wer im Wege stund.
Da küßte die Fremde | Gotelinden auf den Mund.

Da sprach mit holden Worten | die edle Markgräfin:
„Nun wohl mir, liebe Herrin | daß ich so glücklich bin,
Hier in diesem Lande | mit Augen euch zu sehn:
Mir könnt' in diesen Zeiten | nimmer lieber geschehn."

„Nun lohn' euch Gott", sprach Kriemhild | „viel edle Gotelind.
So ich gesund verbleibe | und Botlungens Kind,
Mag euch zugute kommen | daß ihr mich habt gesehn."
Noch ahnten nicht die Beiden | was später mußte geschehn.

Mit Züchten zueinander | ging da manche Maid;
Zu Diensten waren ihnen | die Recken gern bereit.
Sie setzten nach dem Gruße | sich nieder auf den Klee:
Da lernten sich kennen | die sich fremd gewesen eh.

Man ließ den Frauen schenken | Es war am hohen Tag;
Das edle Ingesinde | der Ruh' nicht länger pflag.
Sie ritten, bis sie fanden | viel breiter Hütten stehn:
Da konnten große Dienste | den edeln Gästen geschehn.

Über Nacht da pflegen | sollten sie der Ruh'.
Die von Bechelaren | schickten sich dazu,
Nach Würden zu bewirten | so manchen werten Mann.
So hatte Rüdiger gesorgt | es gebrach nicht viel daran.

Die Fenster an den Mauern | sah man offen stehn;
Man mochte Bechelaren | weit erschlossen sehn.
Da ritten ein die Gäste | die man gerne sah;
Gut Gemach schuf ihnen | der edle Rüdiger da.

Des Markgrafen Tochter | mit dem Gesinde ging
Dahin, wo sie die Königin | minniglich empfing.
Da war auch ihre Mutter | Rüdigers Gemahl:
Liebreich empfangen wurden | die Jungfrauen allzumal.

Sie fügten ihre Hände | in eins und gingen dann
Zu einem weiten Saale | der war gar wohlgetan,
Vor dem die Donau unten | die Flut vorübergoß.
Da saßen sie im Freien | und hatten Kurzweile groß.

Ich kann euch nicht bescheiden | was weiter noch geschah.
Daß sie so eilen müßten | darüber klagten da
Die Recken Kriemhildens | wohl war es ihnen leid.
Was ihnen guter Degen | aus Bechlarn gaben Geleit!

Viel minnigliche Dienste | der Markgraf ihnen bot.
Da gab die Königstochter | zwölf Armspangen rot
Der Tochter Gotlindens | und also gut Gewand,
Daß sie kein bessres brachte | hin in König Etzels Land.

Obwohl ihr war benommen | der Nibelungen Gold,
Alle, die sie sahen | machte sie sich hold
Noch mit dem kleinen Gute | das ihr verblieben war.
Dem Ingesind' des Wirtes | bot sie große Gaben dar.

Dafür erwies Frau Gotlind | den Gästen von dem Rhein
Auch so hohe Ehre | mit Gaben groß und klein,
Daß man da der Fremden | wohl selten einen fand,
Der nicht von ihr Gesteine | trug oder herrlich Gewand.

Als man nach dem Imbiß | fahren sollt' hindann,
Ihre treuen Dienste | trug die Hausfrau an
Mit minniglichen Worten | Etzels Gemahl.
Die liebkoste scheidend | der schönen Jungfrau zumal.

Da sprach sie zu der Königin | „Dünkt es euch nun gut,
So weiß ich, wie gern es | mein lieber Vater tut,
Daß er mich zu euch sendet | in der Heunen Land."
Daß sie ihr treu gesinnt war | wie wohl Frau Kriemhild das fand!

Die Rosse kamen aufgezäumt | vor Bechelaren an.
Als die edle Königin | Urlaub hatt' empfahn
Von Rüdigers Weibe | und von der Tochter sein,
Da schieden auch mit Grüßen | viel der schönen Mägdelein;

Sie sahn einander selten | mehr nach diesen Tagen.
Aus Medelick auf Händen | brachte man getragen
Manch schönes Goldgefäße | angefüllt mit Wein
Den Gästen auf die Straße | und hieß sie willkommen sein.

Ein Wirt war da gesessen | Astold genannt,
Der wies sie die Straße | ins Österreicherland
Gegen Mautaren | an der Donau nieder:
Da ward viel Dienst erboten | der reichen Königin wieder.

Der Bischof mit Liebe | von seiner Nichte schied.
Daß sie sich wohl gehabe | wie sehr er ihr das riet,
Und sich Ehr' erwerbe | wie Heike einst getan.
Hei! was sie großer Ehren | bald bei den Heunen gewann!

An die Traisem kamen | die Gäst' in kurzer Zeit.
Sie zu pflegen fliß sich | Rüdigers Geleit,
Bis daß man die Heunen | sah reiten über Land:
Da ward der Königstochter | erst große Ehre bekannt.

Bei der Traisem hatte | der Fürst von Heunenland
Eine reiche Veste | im Lande wohl bekannt,
Mit Namen Traisenmauer | einst wohnte Heike da
Und pflag so hoher Milde | als wohl nicht wieder geschah.

Es sei denn von Kriemhilden | die mochte gerne geben.
Sie durfte wohl die Freude | nach ihrem Leid erleben,
Daß ihre Güte priesen | die Etzeln untertan.
Das Lob sie bei den Helden | in der Fülle bald gewann.

König Etzels Herrschaft | war so weit erkannt,
Daß man zu allen Zeiten | an seinem Hofe fand
Die allerkühnsten Recken | davon man je vernommen
Bei Christen oder Heiden | die waren all mit ihm gekommen.

Bei ihm war allerwegen | so sieht man's nimmermehr,
So christlicher Glaube | als heidnischer Verkehr.
Wozu nach seiner Sitte | sich auch ein jeder schlug,
Das schuf des Königs Milde | man gab doch allen genug.

ZWEIUNDZWANZIGSTES ABENTEUER

WIE KRIEMHILD BEI DEN HEUNEN EMPFANGEN WARD

Sie blieb zu Traisenmauer | bis an den vierten Tag.
Der Staub in den Straßen | derweil nicht stille lag:
Aufstob er allenthalben | wie in hellem Brand.
Da ritten Etzels Leute | durch das Österreicherland.

Es war dem König Etzel | gemeldet in der Zeit,
Daß ihm vor Gedanken | schwand sein altes Leid,
Wie herrlich Frau Kriemhild | zöge durch das Land.
Da eilte hin der König | wo er die Minnigliche fand.

Von gar manchen Sprachen | sah man auf den Wegen
Vor König Etzeln reiten | viel der kühnen Degen,
Von Christen und von Heiden | manches breite Heer.
Als sie die Herrin fanden | sie zogen fröhlich einher.

Von Reußen und von Griechen | ritt da mancher Mann;
Die Polen und Walachen | zogen geschwind heran
Auf den guten Rossen | die sie herrlich ritten.
Da zeigte sich ein jeder | in seinen heimischen Sitten.

Aus dem Land zu Kiew | ritt da mancher Mann
Und die wilden Peschenegen | Mit Bogen hub man an
Zu schießen nach den Vögeln | die in den Lüften flogen;
Mit Kräften sie die Pfeile | bis zu des Bogens Ende zogen.

Eine Stadt liegt an der Donau | im Österreicherland,
Die ist geheißen Tulne | Da ward ihr bekannt
Manche fremde Sitte | die sie noch niemals sah.
Da empfingen sie gar viele | denen noch Leid von ihr geschah.

Es ritt dem König Etzel | ein Ingesind' voran,
Fröhlich und prächtig | höfisch und wohlgetan,
Wohl vierundzwanzig Fürsten | mächtig und hehr:
Ihre Königin zu schauen | sie begehrten sonst nichts mehr.

Ramung, der Herzog | aus Walachenland,
Mit siebenhundert Mannen | kam er vor sie gerannt.
Wie fliegende Vögel | sah man sie alle fahren.
Da kam der Fürst Gibeke | mit viel herrlichen Scharen.

Hornbog der schnelle | ritt mit tausend Mann
Von des Königs Seite | zu seiner Fraun heran.
Sie prangten und stolzierten | nach ihres Landes Sitten.
Von den Heunenfürsten | ward auch da herrlich geritten.

Da kam vom Dänenlande | der kühne Hawart
Und Iring der schnelle | vor allem Falsch bewahrt;
Von Thüringen Irnfried | ein weidlicher Mann:
Man empfing Kriemhilden | so daß man Ehre gewann,

Mit zwölfhundert Mannen | die zählte ihre Schar.
Da kam der Degen Blödel | mit dreitausend gar,
König Etzels Bruder | aus dem Heunenland:
Der ritt in stolzem Zuge | bis er die Königin fand.

Da kam der König Etzel | und Herr Dieterich
Mit seinen Helden allen | Da sah man ritterlich
Manchen edeln Ritter | bieder und auch gut.
Davon ward Kriemhilden | gar wohl erhoben der Mut.

Da sprach zu der Königin | der edle Rüdiger:
„Frau, euch will empfangen | hier der König hehr.
Wen ich euch küssen heiße | dem sei der Kuß gegönnt:
Wißt, daß ihr Etzels Recken | nicht alle gleich empfangen könnt.“

Da hob man von der Mähre | die Königin hehr.
Etzel der reiche | nicht säumt' er länger mehr:
Er schwang sich von dem Rosse | mit manchem kühnen Mann;
Voller Freuden kam er | zu Frau Kriemhild heran.

Zwei mächtige Fürsten | das ist uns wohlbekannt,
Gingen bei der Frauen | und trugen ihr Gewand,
Als der König Etzel | ihr entgegen ging
Und sie den edlen Fürsten | mit Küssen gütlich empfing.

Sie schob hinauf die Binden | ihre Farbe wohlgetan
Erglänzt' aus dem Golde | Da sagte mancher Mann,
Frau Heike könne schöner | nicht gewesen sein.
Da stand in der Nähe | des Königs Bruder Blödelein.

Den riet ihr zu küssen | Rüdiger der Markgraf reich
Und den König Gibeke | Dietrichen auch zugleich:
Zwölf der Recken küßte | Etzels Königin;
Da blickte sie mit Grüßen | noch zu manchem Ritter hin.

Während König Etzel | bei Kriemhilden stand,
Taten junge Degen | wie Sitte noch im Land:
Waffenspiele wurden | schön vor ihr geritten;
Das taten Christenhelden | und Heiden nach ihren Sitten.

Wie ritterlich die Degen | in Dietrichens Lehn
Die splitternden Schäfte | in die Lüfte ließen gehn
Hoch über Schilde | aus guter Ritter Hand!
Vor den deutschen Gästen | brach da mancher Schildesrand.

Von der Schäfte Krachen | vernahm man lauten Schall.
Da waren aus dem Lande | die Recken kommen all
Und auch des Königs Gäste | so mancher edle Mann:
Da ging der reiche König | mit Frau Kriemhild hindann.

Sie fanden in der Nähe | ein herrlich Gezelt.
Erfüllt war von Hütten | rings das ganze Feld;
Da war nach den Beschwerden | Rast für sie bereit.
Da geleiteten die Helden | darunter manche schöne Maid

Zu Kriemhild der Königin | die dort darnieder saß
Auf reichem Stuhlgewande | der Markgraf hatte das
So prächtig schaffen lassen | sie fanden's schön und gut,
Kriemhildens Gestühle | Drob freute sich Etzels Mut.

Was da Etzel redete | das ist mir unbekannt;
In seiner Rechten ruhte | ihre weiße Hand.
So saßen sie in Minne | als Rüdiger der Degen
Dem König nicht gestattete | Kriemhildens heimlich zu pflegen.

Da ließ man unterbleiben | das Kampfspiel überall;
Mit Ehren ward beendet | der laute Freudenschall.
Da gingen zu den Hütten | die Etzeln Untertan;
Herberge wies man ihnen | ringsum allenthalben an.

Der Tag war vergangen | sie fanden Ruhe da,
Bis man den lichten Morgen | wieder scheinen sah.
Da kamen hoch zu Rosse | viel Helden ausersehn;
Hei! was sah man Kurzweil | zu des Königs Ehren geschehn!

Nach Würden es zu schaffen | der Fürst die Heunen bat.
Da ritten sie von Tulne | gen Wien in die Stadt.
In schönem Schmucke fand man | da Frauen ohne Zahl.
Sie empfingen wohl mit Ehren | König Etzels Gemahl.

In Überfluß und Fülle | war da für sie bereit,
Wes sie nur bedurften | Viel Degen allbereit
Sahn froh dem Fest entgegen | Herbergen wies man an;
Die Hochzeit des Königs | mit hohen Freuden begann.

Man mochte sie nicht alle | herbergen in der Stadt:
Die nicht Gäste waren | Rüdiger die bat,
Daß sie Herberge | nähmen auf dem Land.
Ich glaube, daß sich immer | in Kriemhildens Nähe fand.

Dietrich der Degen | und mancher andre Held.
Die hatten ihre Muße | mit Arbeit eingestellt,
Auf daß sie den Gästen | trösteten den Mut;
Rüdger und seine Freunde | hatten Kurzweile gut.

Die Hochzeit war gefallen | auf einen Pfingstentag,
Wo der König Etzel | bei Kriemhilden lag
In der Stadt zu Wiene | Fürwahr so manchen Mann
Bei ihrem ersten Manne | sie nicht zu Diensten gewann.

Durch Gabe ward sie manchem | der sie nicht kannte, kund.
Darüber zu den Gästen | hub mancher an zur Stund:
„Wir wähnten, Kriemhilden | benommen war' ihr Gut,
Die nun mit ihren Gaben | hier so große Wunder tut."

Diese Hochzeit währte | siebzehn Tage lang.
Von keinem andern König | weiß der Heldensang,
Der solche Hochzeit hielte | es ist uns unbekannt.
Alle, die da waren | die trugen neues Gewand.

Sie hatte nie gesessen | daheim in Niederland
Vor so manchem Recken | auch ist mir wohlbekannt,
War Siegfried reich an Schätzen | so hatte er doch nicht
So viel der edeln Recken | als sie hier sah in Etzels Pflicht.

Wohl gab auch nie ein König | bei seiner Hochzeit
So manchen reichen Mantel | lang, tief und weit,
Noch so gute Kleider | als man hier gewann,
Die Kriemhildens willen | alle wurden vertan.

Ihre Freunde wie die Gäste | hatten Einen Mut:
Sie dachten nichts zu sparen | und wär's das beste Gut.
Was Einer wünschen mochte | man war dazu bereit;
Da standen viel der Degen | vor Milde bloß und ohne Kleid.

Wenn sie daran gedachte | wie sie am Rheine saß
Bei ihrem edeln Manne | ihre Augen wurden naß;
Doch hehlte sie es immer | daß es niemand sah,
Da ihr nach manchem Leide | so viel der Ehren geschah.

Was Einer tat aus Milde | das war doch gar ein Wind
Gegen Dietrichen | was Botlungens Kind
Ihm gegeben hatte | das wurde gar verwandt.
Da beging auch großer Wunder | des milden Rüdiger Hand.

Auch aus Ungarlande | der Degen Blödelein
Ließ da ledig machen | manchen Reiseschrein
Von Silber und von Golde | das ward dahin gegeben.
Man sah des Königs Helden | so recht fröhlich alle leben.

Des Königs Spielleute | Werbel und Schwemmelein,
Wohl an tausend Marken | nahm jedweder ein
Bei dem Hofgelage | (oder mehr als das),
Als die schöne Kriemhild | bei Etzeln unter Krone saß.

Am achtzehnten Morgen | von Wien die Helden ritten.
In Ritterspielen wurden | der Schilde viel verschnitten
Von Speeren, so da führten | die Recken an der Hand:
So kam der König Etzel | bis in das heunische Land.

In Heimburg der alten | verblieb man über Nacht.
Da konnte niemand wissen | recht des Volkes Macht,
Mit welchen Heerkräften | sie ritten durch das Land.
Hei! was schöner Frauen | man in seiner Heimat fand!

In Misenburg der reichen | fing man zu segeln an.
Verdeckt ward das Wasser | von Roß und auch von Mann,
Als ob es Erde wäre | was man doch fließen sah.
Die wegemüden Frauen | mochten sich wohl ruhen da.

Zusammen war gebunden | manches Schifflein gut,
Daß ihnen wenig schaden | Woge mocht' und Flut;
Darüber ausgebreitet | manch köstlich Gezelt,
Als ob sie noch immer | beides hätten, Land und Feld.

Nun ward auch in Etzelnburg | die Märe kundgetan:
Da freute sich darinnen | beides, Weib und Mann.
Etzels Ingesinde | des einst Frau Heike pflag,
Erlebte bei Kriemhilden | noch manchen fröhlichen Tag.

Da stand ihrer harrend | gar manche edle Maid,
Die seit Heikens Tode | getragen Herzeleid.
Sieben Königstöchter | Kriemhild noch da fand;
Durch die so ward gezieret | König Etzels ganzes Land.

Herrat die Jungfrau | noch des Gesindes pflag,
Heikens Schwestertochter | in der viel Tugend lag,
Dietrichs Verlobte | eines edeln Königs Sproß,
Die Tochter Nentweinens | die noch viel Ehren genoß.

Auf der Gäste Kommen | freute sich ihr Mut;
Auch war dazu verwendet | viel kostbares Gut.
Wer könnt' euch des bescheiden | wie der König saß seitdem?
Den Heunen ward nicht wieder | eine Königin so genehm.

Als der Fürst mit seinem Weibe | geritten kam vom Strand,
Wer eine jede führte | das ward da wohl benannt
Kriemhild der edlen | sie grüßte desto mehr.
Wie saß an Heikens Stelle | sie bald gewaltig und hehr!

Getreulichen Dienstes | ward ihr viel bekannt.
Die Königin verteilte | Gold und Gewand
Silber und Gesteine | was sie des überrhein
Zum Heunenlande brachte | das mußte gar vergeben sein.

Auch wurden ihr mit Diensten | ergeben allzumal
Die Freunde des Königs | und denen er befahl,
Daß Heike nie die Königin | so gewaltiglich gebot,
Als sie ihr dienen mußten | bis an Kriemhildens Tod.

Da stand in solchen Ehren | der Hof und auch das Land,
Daß man zu allen Zeiten | die Kurzweile fand,
Wonach einem jeden | verlangte Herz und Mut;
Das schuf des Königs Liebe | dazu der Königin Gut.

DREIUNDZWANZIGSTES ABENTEUER

WIE KRIEMHILD IHR LEID ZU RÄCHEN GEDACHTE

In gar hohen Ehren | das ist alles wahr,
Wohnten sie beisammen | bis an das siebte Jahr.
Eines Sohns war genesen | derweil die Königin:
Das schien König Etzel | der allergrößte Gewinn.

Bis sie es erlangte | ließ sie nicht ab davon,
Die Taufe mußt' empfangen | König Etzels Sohn
Nach christlichem Brauche | Ortlieb ward er genannt.
Darob war große Freude | über Etzels ganzem Land.

Der Zucht, deren jemals | zuvor Frau Heike pflag,
Fliß sich Frau Kriemhild | darauf gar manchen Tag.
Es lehrte sie die Sitte | Herrat die fremde Maid;
Die trug noch in der Stille | um Heike schmerzliches Leid.

Von Heimischen und Fremden | gestanden allesamt,
Besser und milder | hab' eines Königs Land
Nie eine Frau besessen | das hielten sie für wahr.
Des rühmten sie die Heunen | bis an das dreizehnte Jahr.

Nun wußte sie, daß niemand | ihr feindlich sei gesinnt,
Wie oft wohl Königinnen | der Fürsten Recken sind,
Und daß sie täglich mochte | zwölf Kön'ge vor sich sehn.
Sie vergaß auch nicht des Leides | das ihr daheim war geschehn.

Sie gedacht auch noch der Ehren | in Nibelungenland,
Die ihr geboten worden | und die ihr Hagens Hand
Mit Siegfriedens Tode | hatte gar benommen,
Und ob ihm das nicht jemals | noch zuleide sollte kommen.

„Es geschah', wenn ich ihn bringen | möcht' in dieses Land."
Ihr träumte wohl, ihr ginge | oftmals an der Hand
Geiselher, ihr Bruder | sie küßt' ihn allezeit
In ihrem sanften Schlafe | das ward zu schmerzlichem Leid.

Der üble Teufel war es wohl | der Kriemhilden riet,
Daß sie ihre Freundschaft | mit König Gunther schied,
Den sie zur Sühne küßte | in Burgundenland.
Aufs neu' begann zu triefen | von heißen Tränen ihr Gewand.

Es lag ihr an dem Herzen | beides, spat und fruh,
Wie man mit Widerstreben | sie doch gebracht dazu,
Daß sie minnen mußte | einen heidnischen Mann:
Die Not hatt' ihr Hagen | und Herr Gunther angetan.

Von diesem Vorsatz wurde | ihr Herze selten kalt:
Sie dachte : „Ich bin so mächtig | und hab so viel Gewalt,
Daß ich meinen Feinden | mag schaffen Herzeleid:
Dazu war' ich dem Hagen | von Tronje gerne bereit.

„Nach den Getreuen jammert | noch oft die Seele mein;
Doch die mir Leides taten | möcht' ich bei denen sein,
So würde noch gerochen | meines Friedels Tod.
Kaum kann ich es erwarten" | sprach sie in des Herzens Not.

Es liebten sie alle | die dem König Untertan,
Die Recken Kriemhildens | das war wohltgetan.
Ihr Kämmerer war Eckewart | drum ward er gern gesehn:
Kriemhildens Willen | konnte niemand widerstehn.

Sie gedacht' auch alle Tage | „Ich will den König bitten,"
Er möcht' ihr vergönnen | mit gütlichen Sitten,
Daß man ihre Freunde | brächt' in der Heunen Land.
Den argen Willen niemand | an der Königin verstand.

Als eines Nachts Frau Kriemhild | bei dem König lag,
Umfangen mit den Armen | hielt er sie, wie er pflag
Der edeln Frau zu kosen | sie war ihm wie sein Leib,
Da gedachte ihrer Feinde | dieses herrliche Weib.

Sie sprach zu dem König | „Viel lieber Herre mein,
Ich wollt' euch gerne bitten | möcht' es mit Hulden sein,
Daß ihr mich sehen ließet | ob ich verdient den Sold,
Daß ihr meinen Freunden | wäret inniglich hold."

Da sprach der mächt'ge König | arglos war sein Mut:
„Des sollt ihr innewerden | was man den Helden tut
Zu Ehren und zugute | mir geschieht ein Dienst daran,
Da ich von Weibesminne | nie bessre Freunde gewann."

Noch sprach zu ihm die Königin | „Ihr wißt so gut wie ich,
Ich habe hohe Freunde | darum betrübt es mich.
Daß mich die so selten | besuchen hier im Land:
Ich bin allen Leuten | hier nur als freundlos bekannt."

Da sprach der König Etzel | „Viel liebe Fraue mein,
Deucht' es sie nicht zu ferne | so lud' ich überrhein,
Die ihr da gerne sähet | hieher zu meinem Land."
Sie freute sich der Rede | als ihr sein Wille ward bekannt.

Sie sprach: „Wollt ihr mir Treue | leisten, Herre mein,
So sollt ihr Boten senden | gen Worms überrhein.
So entbiet' ich meinen Freunden | meinen Sinn und Mut:
So kommen uns zu Lande | viel Ritter edel und gut."

Er sprach: „Wenn ihr gebietet | so lass' ich es geschehn.
Ihr könntet eure Freunde | nicht so gerne sehn,
Der edlen Ute Kinder | als ich sie sähe gern:
Es ist mir ein Kummer | daß sie so fremd uns sind und fern."

Er sprach: „Wenn dir's gefiele | viel liebe Fraue mein,
So wollt' ich gerne senden | zu den Freunden dein
Meine Fiedelspieler | gen Burgundenland."
Die guten Spielleute | ließ man bringen gleich zur Hand.

Die Knappen kamen beide | wo sie den König sahn
Sitzen bei der Königin | Da sagt' er ihnen an,
Sie sollten Boten werden | nach Burgundenland.
Auch ließ er ihnen schaffen | reiches herrliches Gewand.

Vierundzwanzig Recken | schnitt man da das Kleid.
Ihnen ward auch von dem König | gegeben der Bescheid,
Wie sie Gunthern laden sollten | und die ihm Untertan.
Frau Kriemhild mit ihnen | geheim zu sprechen begann.

Da sprach der reiche König | „Nun hört, wie ihr tut:
Ich entbiete meinen Freunden | alles, was lieb und gut,
Daß sie geruhn zu reiten | hieher in mein Land.
Ich habe noch gar selten | so liebe Gäste gekannt.

Und wenn sie meinen Willen | gesonnen sind zu tun,
Kriemhilds Verwandte | so mögen sie nicht ruhn
Und diesen Sommer kommen | zu meinem Hofgelag',
Da meiner Schwäger Freundschaft | mich so sehr erfreuen mag."

Da sprach der Fiedelspieler | der stolze Schwemmelein:
„Wann soll euer Gastgebot | in diesen Landen sein?
Daß wir's euern Freunden | am Rhein mögen sagen."
Da sprach der König Etzel | „In der nächsten Sonnenwende Tagen."

„Wir tun, was ihr gebietet" | sprach da Werbelein.
Kriemhild ließ die Boten | zu ihrem Kämmerlein
Führen in der Stille | und besprach mit ihnen da,
Wodurch noch manchem Degen | bald wenig Liebes geschah.

Sie sprach zu den Boten | „Ihr verdient groß' Gut,
Wenn ihr besonnen | meinen Willen tut
Und sagt, was ich entbiete | heim in unser Land:
Ich mach' euch reich an Gute | und geb' euch herrlich Gewand.

Wen ihr von meinen Freunden | immer möget sehn
Zu Worms an dem Rheine | dem sollt ihr's nie gestehn,
Daß ihr mich immer sähet | betrübt in meinem Mut;
Und entbietet meine Grüße | diesen Helden kühn und gut.

Bittet sie zu leisten | was mein Gemahl entbot,
Und mich dadurch zu scheiden | von all meiner Not.
Ich scheine hier den Heunen | freundlos zu sein.
Wenn ich ein Ritter wäre | ich käme manchmal an den Rhein.

Und sagt auch Gernoten | dem edeln Bruder mein,
Daß ihm auf Erden niemand | holder möge sein:
Bittet, daß er mir bringe | hieher in dieses Land
Unsre besten Freunde | so wird uns Ehre bekannt.

Sagt auch Geiselheren | ich mahn' ihn daran,
Daß ich mit seinem Willen | nie ein Leid gewann:
Drum sähn ihn hier im Lande | gern die Augen mein;
Ich hätt' ihn hier gar gerne | wegen der großen Treue sein.

Sagt auch meiner Mutter | wie mir Ehre hier geschieht;
Und wenn von Tronje Hagen | der Reise sich entzieht,
Wer ihnen zeigen solle | die Straßen durch das Land?
Die Wege zu den Heunen | sind von frühauf ihm bekannt."

Nun wußten nicht die Boten | warum das möge sein,
Daß sie diesen Hagen | von Tronje nicht am Rhein
Bleiben lassen sollten | Bald ward es ihnen leid:
Durch ihn war manchem Degen | mit dem grimmen Tode gedräut.

Botenbrief und Siegel | ward ihnen nun gegeben:
Sie fuhren reich an Gute | und mochten herrlich leben.
Urlaub gab ihnen Etzel | und sein schönes Weib;
Ihnen war auch wohlgezieret | mit guten Kleidern der Leib.

VIERUNDZWANZIGSTES ABENTEUER

WIE WERBEL UND SCHWEMMEL DIE BOTSCHAFT BRACHTEN

Als Etzel seine Fiedler | hin zum Rheine sandte,
Da flogen diese Mären | von Lande zu Lande:
Mit schnellen Abgesandten | bat er und entbot
Zu seinem Hofgelage | da holte mancher sich den Tod.

Die Boten ritten hinnen | aus der Heunen Land
Zu den Burgunden | wohin man sie gesandt
Zu dreien edeln Königen | und ihrer Mannen Heer:
Daß sie zu Etzeln kämen | da beeilten sie sich sehr.

Zu Bechlaren ritten | schon die Boten ein.
Ihnen diente man da gerne | und ließ auch das nicht sein:
Ihre Grüße sandten | Rüdger und Gotelind
Den Degen an dem Rheine | und auch ihr beider liebes Kind.

Sie ließen ohne Gaben | die Boten nicht hindann,
Daß desto sanfter führen | die Etzeln untertan.
Uten und ihren Söhnen | entbot da Rüdiger,
Ihnen so gewogen hätten | sie keinen Markgrafen mehr.

Sie entboten auch Brunhilden | alles, was lieb und gut,
Ihre stete Treue | und dienstbereiten Mut.
Da wollten nach der Rede | die Boten weiter ziehn;
Gott bat sie zu bewahren | Gotlind die edle Markgräfin.

24. ABENTEUER

Eh noch die Boten völlig | durchzogen Baierland,
Werbel, der schnelle | den guten Bischof fand.
Was der da seinen Freunden | hin an den Rhein entbot,
Davon hab' ich nicht Kunde | jedoch sein Gold also rot

Gab er den Boten milde | Als sie wollten ziehn,
„Sollt' ich sie bei mir schauen" | sprach Bischof Pilgerin,
„So war' mir wohl zumute | die Schwestersöhne mein:
Denn ich mag leider selten | zu ihnen kommen an den Rhein."

Was sie für Wege fuhren | zum Rhein durch das Land,
Kann ich euch nicht bescheiden | Ihr Gold und ihr Gewand
Blieb ihnen unbenommen | man scheute Etzels Zorn:
So gewaltig herrschte | der edle König wohlgeborn.

Binnen zwölf Tagen | kamen sie an den Rhein,
Gen Worms in die Veste | Werbel und Schwemmelein.
Da sagte man's dem König | und seinen Mannen an,
Es kämen fremde Boten | Gunther zu fragen begann.

Da sprach der Vogt vom Rheine | „Wer macht uns bekannt,
Von wannen diese Gäste | ritten in das Land?"
Davon wußte niemand | bis die Boten sah
Hagen von Tronje | der begann zu Gunthern da:

„Wir hören Neues heute | dafür will ich euch stehn:
Etzels Fiedelspieler | die hab' ich hier gesehn;
Die hat eure Schwester | gesendet an den Rhein:
Ihres Herren willen | sollen sie uns willkommen sein."

Sie ritten ohne Weilen | zu dem Saal heran:
So herrlich fuhr wohl nimmer | eines Fürsten Fiedelmann.
Des Königs Ingesinde | empfing sie gleich zur Hand;
Herberge gab man ihnen | und bewahrte ihr Gewand.

Ihre Reisekleider waren | reich und so wohlgetan,
Sie mochten wohl mit Ehren | sich so dem König nahn;
Doch wollten sie nicht länger | sie dort am Hofe tragen.
Ob jemand sie begehre | ließen da die Boten fragen.

Da waren auch bedürftige | Leute bei der Hand,
Die sie gerne nahmen | denen wurden sie gesandt.
Da schmückten mit Gewanden | so reich die Gäste sich,
Wie es Königsboten | herrlich stand und wonniglich.

Da ging mit Urlaube | hin, wo der König saß,
Etzels Ingesinde | gerne sah man das.
Herr Hagen gleich in Züchten | den Boten entgegen sprang,
Sie freundlich zu begrüßen | des sagten ihm die Knappen Dank.

Da hub er um die Kunde | sie zu befragen an,
Wie Etzel sich gehabe | und die ihm Untertan.
Da sprach der Fiedelspieler | „Nie besser stand's im Land,
Das Volk war niemals froher | das sei euch wahrlich bekannt."

Sie gingen zu dem Wirte | der Königssaal war voll:
Da empfing man die Gäste | wie man immer soll
Boten freundlich grüßen | in andrer Kön'ge Land.
Werbel der Recken | viel bei König Gunthern fand.

Der König wohlgezogen | zu grüßen sie begann:
„Willkommen, beide Fiedler | die Etzeln Untertan,
Mit euern Heergesellen! | wozu hat euch gesandt
Etzel der reiche | zu der Burgunden Land?"

Sie neigten sich dem König | Da sprach Werbelein:
„Euch entbietet holde Dienste | der liebe Herre mein
Und Kriemhild deine Schwester | hierher in dieses Land:
Sie haben uns euch Recken | auf gute Treue gesandt."

Da sprach der reiche König | „Der Märe bin ich froh.
Wie gehabt sich Etzel" | der Degen fragte so,
„Und Kriemhild meine Schwester | in der Heunen Land?"
Da sprach der Fiedelspieler | „Das mach' ich gern euch bekannt.

Besser wohl gehabten | sich Menschen noch nie,
Als sie sich gehabten beide | vernehmet das allhie,
Und ihre Degen alle | Freund und Untertan.
Sie freuten sich der Reise | da wir schieden hindann."

Nun Dank ihm für die Dienste | die er mir entbeut,
Ihm und meiner Schwester | gern erfahr' ich heut',
Daß sie in Freuden leben | der König und sein Lehn;
Meine Frage war nach ihnen | in großen Sorgen geschehn."

Die beiden jungen Könige | waren auch gekommen,
Die hatten diese Märe | eben erst vernommen.
Geiselher der junge | die Boten gerne sah
Aus Liebe zu der Schwester | gar minniglich sprach er da:

„Ihr Boten sollt uns beide | hochwillkommen sein;
Kämet ihr nur öfter | geritten an den Rhein,
Ihr fändet hier der Freunde | die ihr gerne möchtet sehn.
Euch soll hierzulande | wenig Leides geschehn."

„Wir versehn uns alles Guten | zu euch," sprach Schwemmelein;
„Ich könnt' euch nicht bedeuten | mit den Worten mein,
Wie minnigliche Grüße | euch Etzel hat gesandt
Und eure edle Schwester | die da in hohen Ehren stand.

An eure Lieb' und Treue | mahnt euch die Königin
Und daß ihr stets gewogen | war euer Herz und Sinn.
Zuvörderst euch, Herr König | sind wir hieher gesandt,
Daß ihr geruht zu reiten | in des König Etzels Land.

Daß wir euch darum bäten | dringend er uns gebot:
Etzel der reiche | euch allen das entbot,
Wenn ihr nicht kommen wolltet | eure Schwester sehn,
So möcht' er doch wohl wissen | was euch von ihm wär' geschehn,

Daß ihr ihn also meidet | und auch sein Reich und Land.
Wär' euch auch die Königin | fremd und unbekannt,
So möcht' er selbst verdienen | ihr kämet ihn zu sehn:
Wenn ihr das leisten wolltet | so wär' ihm Liebes geschehn."

Da sprach der König Gunther | „Nach der siebten Nacht
Will ich euch bescheiden | wes ich mich bedacht
Hab' im Rat der Freunde | geht derweilen hin
Zu eurer Herberge | und findet gute Ruh' darin."

Da sprach wieder Werbel | „Könnt' es nicht geschehn,
Daß wir unsre Fraue | die reiche Ute, sehn,
Eh' wir müden Degen | fragten nach der Ruh?"
Da sprach wohlgezogen | der edle Geiselher dazu:

„Das soll euch niemand wehren | wollt ihr vor sie gehn,
So ist auch meiner Mutter | Will' und Wunsch geschehn,
Denn sie sieht euch gerne | um die Schwester mein,
Um Frau Kriemhilde | ihr sollt ihr willkommen sein."

Geiselher sie brachte | hin, wo er Uten fand.
Die sah die Boten gerne | aus der Heunen Land
Und empfing sie freundlich | mit wohlgezognem Mut.
Da sagten ihr die Märe | die Boten höfisch und gut.

„Meine Frau läßt euch entbieten" | sprach da Schwemmelein,
„Dienst und stete Treue | Wenn es möchte sein,
Daß sie euch öfter sähe | so glaubet sicherlich,
Wohl keine andre Freude | auf Erden wünschte sie sich."

Da sprach die Königin Ute | „Das kann nun nicht sein.
So gern ich öfter sähe | die liebe Tochter mein,
So wohnt zu fern uns leider | die edle Königin.
Nun geh' ihr immer selig | die Zeit mit Etzeln dahin!

„Ihr sollt mich wissen lassen | eh' ihr von hinnen müßt,
Wann ihr reiten wolltet | ich sah in langer Frist
Boten nicht so gerne | als ich euch gesehn."
Da gelobten ihr die Knappen | ihr Wille solle geschehn.

Zu den Herbergen gingen | die von Heunenland.
Der reiche König hatte | die Freunde nun besandt.
Gunther der edle | fragte Mann für Mann,
Was sie darüber dächten | Wohl manche hüben da an,

Er möge wohl reiten | in König Etzels Land.
Das rieten ihm die Besten | die er darunter fand.
Hagen nur alleine | dem war es grimmig leid.
Zum König sprach er heimlich | „Mit euch selbst seid ihr im Streit.

„Ihr habt doch nicht vergessen | was ihr von uns geschehn:
Vor Kriemhilden müssen | wir stets in Sorge stehn.
Ich schlug ihr zu Tode | den Mann mit meiner Hand:
Wie dürften wir wohl reiten | hin in König Etzels Land?“

Da sprach der reiche König | „Meiner Schwester Zürnen schwand.
Mit minniglichem Kusse | eh' sie verließ dies Land,
Hat sie uns verziehen | was wir an ihr getan,
Es wäre denn, sie stände | bei euch, Herr Hagen, noch an.“

„Nun laßt euch nicht betrügen“ | sprach Hagen, „was auch sagen
Diese Heunenboten | wollt ihr's mit Kriemhild wagen,
Da verliert ihr zu der Ehre | Leben leicht und Leib:
Sie weiß wohl nachzutragen | dem König Etzel sein Weib!“

Da sprach zu dem Degen | der junge Geiselher:
„Ihr mögt aus guten Gründen | fürchten dort den Tod
In heunischen Reichen | ständen wir drum an
Und mieden unsre Schwester | das wär' übel getan.“

Da sprach zu dem Degen | der junge Geiselher:
„Da ihr euch, Freund Hagen | schuldig wißt so sehr,
So bleibt hier im Lande | euer Heil zu wahren;
Nur laßt, die sich's getrauen | mit uns zu meiner Schwester fahren.“

Darob begann zu zürnen | von Tronje der Held:
„Ich will nicht, daß euch jemand | sei bei der Fahrt gesellt,
Der an den Hof zu reiten | sich mehr getraut als ich:
Wollt ihr's nicht bleiben lassen | ich beweis' es euch sicherlich.“

Da sprach der Küchenmeister | Rumold, der Degen:
„Der Heimischen und Fremden | mögt ihr zu Hause pflegen
Nach euerm Wohlgefallen | da habt ihr vollen Rat;
Ich glaube nicht, daß Hagen | euch noch je vergeiselt hat.

Wollt ihr nicht Hagen folgen | so rät euch Rumold,
Der ich euch dienstlich | gewogen bin und hold,
Daß ihr im Lande bleibet | nach dem Willen mein
Und laßt den König Etzel | dort bei Kriemhilden sein.

Wo könntet ihr auf Erden | so gut als hier gedeihn?
Ihr mögt vor euern Feinden | daheim geborgen sein,
Ihr sollt mit guten Kleidern | zieren euern Leib,
Des besten Weines trinken | und minnen manches schöne Weib.

Dazu gibt man euch Speise | so gut sie irgendwann
Ein König mag gewinnen | und fehlt' es auch daran,
Den schönen Fraun zuliebe | bleibet doch zu Haus,
Eh' ihr so kindisch setzet | das Leben diesem Wagnis aus!

Drum rat' ich euch zu bleiben | Reich ist euer Land:
Ihr könnt hier besser lösen | was ihr gabt zu Pfand,
Als dort bei den Heunen | wer weiß, wie es da steht?
Verbleibet hier, ihr Herren | das ist, was Rumold euch rät."

„Wir wollen nun nicht bleiben" | sprach da Gernot.
„Da es meine Schwester | so freundlich uns entbot
Und Etzel, der reiche | was führen wir nicht hin?
Die nicht mit uns wollen | mögen bleiben immerhin."

Zur Antwort gab da Hagen | „Laßt euch zum Verdruß
Meine Rede nicht gereichen | was auch geschehen muß,
Das rat' ich euch in Treuen | wenn ihr euch gern bewahrt,
Daß ihr nur wohlgerüstet | zu dem Heunenlande fahrt.

Wenn ihr's euch unterwindet | so entbietet euer Heer,
Die Besten, die ihr findet | und irgend wißt umher,
Aus ihnen allen wähl' ich | dann tausend Ritter gut:
So mag euch nicht gefährden | der argen Kriemhilde Mut."

„Dem Rate will ich folgen" | sprach der König gleich.
Da sandt' er seine Boten | umher in seinem Reich.
Bald brachte man der Helden | dreitausend oder mehr.
Sie dachten nicht zu finden | so großes Leid und Beschwer.

Sie ritten hohes Mutes | durch König Gunthers Land.
Sie verhießen allen | Ross' und Gewand,
Die ihnen geben wollten | zum Heunenland Geleit.
Da fand viel gute Ritter | der König zur Fahrt bereit.

Da ließ von Tronje Hagen | Dankwart den Bruder sein
Achtzig ihrer Recken | führen an den Rhein.
Sie kamen stolz gezogen | Harnisch und Gewand
Brachten viel die schnellen | König Gunthern in das Land.

Da kam der kühne Volker | ein edler Spielmann,
Mit dreißig seiner Degen | zu der Fahrt heran.
Ihr Gewand war herrlich | ein König mocht' es tragen.
Er wollte zu den Heunen | ließ er dem Könige sagen.

Wer Volker sei gewesen | das sei euch kundgetan.
Es war ein edler Herre | ihm waren Untertan
Viel der guten Recken | im Burgundenland;
Weil er fiedeln konnte | war er der Spielmann genannt.

Hagen wählte tausend | die waren ihm bekannt;
Was sie in starken Stürmen | gefrommt mit ihrer Hand
Und sonst begangen hatten | das hatt' er oft gesehn:
Auch alle andern mußten | ihnen Ehre zugestehn.

Die Boten Kriemhildens | der Aufenthalt verdroß;
Die Furcht vor ihrem Herren | war gewaltig groß:
Sie hielten alle Tage | um den Urlaub an.
Den gönnt' ihnen Hagen nicht | das ward aus Vorsicht getan.

Er sprach zu seinem Herren | „Wir wollen uns bewahren,
Daß wir sie reiten lassen | bevor wir selber fahren
Sieben Tage später | in König Etzels Land:
Trägt man uns argen Willen | das wird so besser gewandt.

So mag sich Frau Kriemhild | bereiten nicht dazu,
Daß uns nach ihrem Rate | jemand Schaden tu'.
Will sie es doch versuchen | so fährt sie übel an:
Wir führen mit uns von hinnen | manchen auserwählten Mann."

Die Sättel und die Schilde | und all ihr Gewand,
Das sie führen wollten | in König Etzels Land,
War nun bereit und fertig | für manchen kühnen Mann.
Die Boten Kriemhildens | rief man zu Gunthern heran.

Da die Boten kamen | begann Herr Gernot:
„Der König will leisten | was Etzel uns entbot.
Wir wollen gerne kommen | zu seiner Lustbarkeit
Und unsre Schwester sehen | daß ihr des außer Zweifel seid.“

Da sprach der König Gunther | „Wißt ihr uns zu sagen,
Wann das Fest beginnet | oder zu welchen Tagen
Wir erwartet werden?“ | Da sprach Schwemmelein:
„Zur nächsten Sonnenwende | da soll es in Wahrheit sein.“

Der König erlaubte | das war noch nicht geschehn,
Wenn sie Frau Brunhilden | wünschten noch zu sehn,
Daß sie mit seinem Willen | sprächen bei ihr an.
Dem widerstrebte Volker | da war ihr Liebes getan.

„Es ist ja Frau Brunhild | nun nicht so wohlgemut,
Daß ihr sie schauen möchtet“ | sprach der Ritter gut.
„Wartet bis morgen | so läßt man sie euch sehn.“
Sie wähnten sie zu schauen | da könnt’ es doch nicht geschehn.

Da ließ der reiche König | er war den Boten hold,
Aus eigner hoher Milde | daher von seinem Gold
Auf breiten Schilden bringen | wohl war er reich daran.
Ihnen ward auch reiche Schenkung | von seinen Freunden getan.

Geiselher und Gernot | Gere und Ortewein,
Wie sie auch milde waren | das leuchtete wohl ein:
So reiche Gaben boten | sie den Boten an,
Daß sie’s vor ihrem Herren | nicht getrauten zu empfahn.

Da sprach zu dem König | der Bote Werbelein:
„Herr König, laßt die Gaben | nur hier im Lande sein.
Wir können’s nicht verführen | weil uns der Herr verbot,
Daß wir Geschenke nähmen | auch tut es uns wenig not.“

Da ward der Vogt vom Rheine | darüber ungemut,
Daß sie verschmähen wollten | so reichen Königs Gut.
Da mußten sie empfahen | sein Gold und sein Gewand,
Daß sie es mit sich führten | heim in König Etzels Land.

Sie wollten Ute schauen | vor ihrer Wiederkehr.
Die Spielleute brachte | der junge Geiselher
Zu Hof vor seine Mutter | sie entbot der Königin,
Wenn man ihr Ehre biete | so bedünk' es sie Gewinn.

Da ließ die Königswitwe | ihre Borten und ihr Gold
Verteilen um Kriemhildens | denn der war sie hold,
Und König Etzels willen | an das Botenpaar.
Sie mochten's wohl empfahen | getreulich bot sie es dar.

Urlaub genommen hatten | nun von Weib und Mann
Die Boten Kriemhildens | sie fuhren wohl hindann
Bis zum Schwabenlande | dahin ließ Gernot
Seine Helden sie begleiten | daß sie nirgend litten Not.

Als die von ihnen schieden | die sie sollten pflegen,
Gab ihnen Etzels Herrschaft | Frieden auf den Wegen,
Daß ihnen niemand raubte | ihr Roß noch ihr Gewand.
Sie ritten sehr in Eile | in des König Etzels Land.

Wo sie Freunde wußten | da machten sie es kund,
In wenigen Tagen kämen | die Helden von Burgund
Vom Rhein hergezogen | in der Heunen Land.
Pilgerin, dem Bischof | ward auch die Märe bekannt.

Als sie vor Bechlaren | die Straße niederzogen,
Da ward um die Märe | Rüdger nicht betrogen,
Noch Frau Gotelinde | die Markgräfin hehr.
Daß sie sie schauen sollten | des freuten beide sich sehr.

Die Spielleute spornten | die Rosse mächtig an.
Sie fanden König Etzeln | in seiner Stadt zu Gran.
Gruß über Grüße | die man ihm her entbot,
Brachten sie dem Könige | vor Liebe ward er freudenrot.

Als Kriemhild der Königin | die Märe ward bekannt,
Ihre Brüder wollten | kommen in ihr Land,
Da ward ihr wohl zumute | sie gab den Boten Lohn
Mit reichlichen Geschenken | sie hatte Ehre davon.

Sie sprach: „Nun sagt mir beide | Werbel und Schwemmelein,
Wer will von meinen Freunden | beim Hofgelage sein,
Von den höchsten, die wir luden | hieher in dieses Land?
Sagt an, was sprach wohl Hagen | als ihm die Märe ward bekannt?“

„Er kam zu ihrem Rate | an einem Morgen fruh;
Wenig gute Sprüche | redet’ er dazu,
Als sie die Fahrt gelobten | nach dem Heunenland:
Die hat der grimme Hagen | die Todesreise genannt.

Es kommen eure Brüder | die Kön’ge alle drei,
In herrlichem Mute | Wer mehr mit ihnen sei,
Darüber ich des weitern | euch nicht bescheiden kann.
Es will mit ihnen reiten | Volker der kühne Fiedelmann.“

„Des mag ich leicht entbehren“ | sprach die Königin,
„Daß ich auch Volkern sähe | her zu Hofe ziehn;
Hagen bin ich gewogen | der ist ein Degen gut:
Daß wir ihn schauen sollen | des hab’ ich fröhlichen Mut.“

Hin ging die Königstochter | wo sie den König sah.
Wie minnigliche Worte | sprach Frau Kriemhild da:
„Wie gefallen euch die Mären | viellieber Herre mein?
Wes mich je verlangte | das soll nun bald vollendet sein.“

„Dein Will’ ist meine Freude“ | der König sprach da so:
„Ich war’ der eignen Freunde | nicht so von Herzen froh,
Wenn sie kommen sollten | hieher in unser Land.
Durch deiner Freunde Liebe | viel meiner Sorge verschwand.“

Des Königs Amtleute | befahlen überall
Mit Gestühl zu schmücken | Pallas und Saal
Für die lieben Gäste | die da sollten kommen.
Durch die ward bald dem König | viel hoher Freude benommen.

FÜNFUNDZWANZIGSTES ABENTEUER

WIE DIE KÖNIGE ZU DEN HEUNEN FUHREN

Wie man dort gebarte | vernahmt ihr nun genug.
Wohl kamen nie gefahren | in solchem stolzen Zug
So hochgemute Degen | in eines Königs Land.
Sie hatten, was sie wollten | beides, Waffen und Gewand.

Der Vogt vom Rheine kleidete | aus seinem Heergeleit
Der Degen tausendsechzig | so gab man uns Bescheid,
Und neuntausend Knechte | zu dem Hofgelag';
Die sie zu Hause ließen | beweinten wohl es hernach.

Da trug man ihr Geräte | zu Worms übern Hof.
Wohl sprach da von Speier | ein alter Bischof
Zu der schönen Ute | „Unsre Freunde wollen fahren
Zu dem Gastgebote | möge Gott sie da bewahren!"

Da sprach zu ihren Söhnen | Ute, die Fraue gut:
„Ihr solltet hier verbleiben | Helden hochgemut.
Geträumt hat mir heute | von ängstlicher Not.
Wie all das Gevögel | in diesem Lande wäre tot."

„Wer sich an Träume wendet" | sprach dawider Hagen,
„Der weiß noch die rechte | Kunde nicht zu sagen,
Wie es mög' am besten | um seine Ehre stehn:
Es mag mein Herr nur immer | mit Urlaub hin zu Hofe gehn.

„Wir wollen gerne reiten | in König Etzels Land:
Da mag wohl Kön'gen dienen | guter Helden Hand,
So wir da schauen sollen | Kriemhildens Hochzeit."
Hagen riet die Reise | doch ward es später ihm leid.

Er hätt' es widerraten | nur daß Gernot
Mit ungefügen Reden | ihm Spott entgegenbot.
Er mahnt' ihn an Siegfried | Frau Kriemhildens Mann:
Er sprach: „Darum steht Hagen | die große Reise nicht an."

Da sprach von Tronje Hagen | „Nicht Furcht ist's, daß ich's tu.
Gebietet ihr es, Helden | so greift immer zu:
Gern will ich mit euch reiten | in König Etzels Land."
Bald ward von ihm zerhauen | mancher Helm und Schildesrand.

Die Schiffe standen fertig | gar mancher fand sich ein:
Was sie an Kleidern hatten | trug man für sie darein.
Sie fanden viel zu schaffen | bis zur Abendzeit;
Sie huben sich von Hause | zur Reise freudig bereit.

Sie schlugen auf im Grase | sich Hütten und Gezelt
Jenseits des Rheines | Als dies war bestellt,
Da bat noch zu verweilen | Gunthern sein schönes Weib;
Sie herzte nachts noch einmal | des Mannes weidlichen Leib.

Flöten und Posaunen | erschollen morgens früh,
Den Aufbruch anzukündigen | da griff man bald dazu.
Wem Liebes lag im Arme | herzte des Freundes Leib;
Mit Leid trennte viele | hernach des König Etzels Weib.

Der schönen Ute Söhne | die hatten einen Mann,
Der kühn war und bieder | Als man die Fahrt begann,
Sprach er zu dem Könige | geheim nach seinem Mut.
Er sprach: „Ich muß wohl trauern | daß ihr die Hofreise tut."

Er war geheißen Rumold | ein Degen auserkannt.
Er sprach: „Wem wollt ihr lassen | Leute nun und Land?
Daß niemand doch euch Recken | wenden mag den Mut!
Die Mären Kriemhildens | deuchten niemals mich gut."

Das Land sei dir befohlen | und auch mein Söhnelein;
Und diene wohl den Frauen | das ist der Wille mein.
Wen du weinen siehest | dem tröste Herz und Sinn;
Es wird uns nichts zu Leide | Kriemhild tun, die Königin."

Die Rosse standen aufgezäumt | den Mannen wie den Herrn:
Mit minniglichem Kusse | zog da mancher fern,
Dem noch in hohem Mute | lebte Seel und Leib;
Das mußte bald beweinen | manches weidliche Weib.

Als man die schnellen Recken | sah zu den Rossen gehn,
Fand man viel der Frauen | in hoher Trauer stehn.
Ihnen würd' ihr langes Scheiden | so sagt' ihnen wohl der Mut,
Zu großem Schaden kommen | das tut keinem Herzen gut.

Die schnellen Burgunden | begannen ihren Zug.
Da ward in dem Lande | das Treiben groß genug;
Beiderseits des Rheines | weinte Frau und Mann.
Wie auch das Volk gebarte | sie fuhren fröhlich hindann.

Niblungens Helden | zogen mit ihnen aus
In tausend Halsbergen | die hatten dort zu Haus
Viel schöne Fraun gelassen | und sahn sie nimmermehr.
Siegfriedens Wunden | die schmerzten Kriemhilden sehr.

Da lenkten mit der Reise | auf den Mainstrom an
Hinauf durch Ostfranken | die Gunthern untertan.
Hagen war ihr Führer | der war da wohlbekannt.
Ihr Marschall war Dankwart | der Held von Burgundenland.

Da sie von Ostfranken | durch Schwalefelde ritten,
Da konnte man sie kennen | an den herrlichen Sitten,
Die Fürsten und die Freunde | die Helden lobesam.
An dem zwölften Morgen | der König an die Donau kam.

Da ritt von Tronje Hagen | den andern all zuvor:
Er hielt den Nibelungen | zumal den Mut empor.
Bald sprang der kühne Degen | nieder auf den Strand,
Wo er sein Roß in Eile | fest an einem Baume band.

Die Flut war ausgetreten | die Schifflein verborgen:
Die Nibelungen kamen | da in große Sorgen,
Wie sie hinüber sollten | das Wasser war zu breit.
Da schwang sich zur Erde | mancher Ritter allbereit.

„Übel" sprach da Hagen | „mag dir wohl hier geschehn,
König an dem Rheine | du magst es selber sehn:
Das Wasser ist ergossen | zu stark ist seine Flut:
Ich fürchte, wir verlieren | noch heute manchen Recken gut."

„Hagen, was verweist ihr mir?" | sprach der König hehr,
„Um eurer Hofzucht willen | erschreckt uns nicht noch mehr.
Ihr sollt die Furt uns suchen | hinüber an das Land,
Daß wir von hinnen bringen | beides, Ross' und Gewand."

„Mir ist ja noch," sprach Hagen | „mein Leben nicht so leid,
Daß ich mich möcht' ertränken | in diesen Wellen breit:
Erst soll von meinen Händen | ersterben mancher Mann
In König Etzels Landen | wozu ich gute Lust gewann.

Bleibet bei dem Wasser | ihr stolzen Ritter gut.
So geh' ich und suche | die Fergen bei der Flut,
Die uns hinüber bringen | in Gelfratens Land."
Da nahm der kühne Hagen | seinen festen Schildesrand.

Er war wohl bewaffnet | den Schild er bei sich trug;
Sein Helm war aufgebunden | und glänzte hell genug.
Überm Harnisch führt' er | eine breite Waffe mit,
Die an den beiden Schärfen | aufs allergrimmigste schnitt.

Er suchte hin und wieder | nach einem Schiffersmann.
Da hört' er Wasser rauschen | zu lauschen hub er an.
In einem schönen Brunnen | tat das manch weises Weib:
Die gedachten da im Bade | sich zu kühlen den Leib.

Hagen ward ihrer inne | da schlich er leis heran;
Sie eilten schnell von hinnen | als sie den Helden sahn.
Daß sie ihm entrannen | des freuten sie sich sehr.
Da nahm er ihre Kleider | und schadet' ihnen nicht mehr.

Da sprach das eine Meerweib | Hadburg war sie genannt:
„Hagen, edler Ritter | wir machen euch bekannt,
Wenn ihr uns, kühner Degen | die Kleider wiedergebt,
Was ihr auf dieser Reise | bei den Heunen erlebt."

Sie schwammen wie die Vögel | schwebend auf der Flut.
Da daucht' ihn ihr Wissen | von den Dingen gut:
So glaubt' er um so lieber | was sie ihm wollten sagen.
Sie beschieden ihn darüber | was er begann sie zu fragen.

Sie sprach: „Ihr mögt wohl reiten | in König Etzels Land:
Ich setz' euch meine Treue | dafür zum Unterpfand:
Niemals fuhren Helden | noch in ein fremdes Reich
Zu so hohen Ehren | in Wahrheit, ich sag' es euch."

Der Rede war da Hagen | im Herzen froh und hehr;
Die Kleider gab er ihnen | und säumte sich nicht mehr.
Als sie umgezogen | ihr wunderbar Gewand,
Vernahm er erst die Wahrheit | von der Fahrt in Etzels Land.

Da sprach das andre Meerweib | mit Namen Siegelind:
„Ich will dich warnen, Hagen | Aldrianens Kind.
Meine Muhme hat dich | der Kleider halb belogen:
Und kommst du zu den Heunen | so bist du übel betrogen.

Wieder umzukehren | wohl war' es an der Zeit,
Dieweil ihr kühnen Helden | also geladen seid,
Daß ihr müßt ersterben | in der Heunen Land:
Wer da hinreitet | der hat den Tod an der Hand."

Da sprach aber Hagen | „Ihr trügt mich ohne Not:
Wie sollte das sich fügen | daß wir alle tot
Blieben bei dem Hofgelag' | durch jemandes Groll?"
Da sagten sie dem Degen | die Märe deutlich und voll.

Da sprach die eine wieder | „Es muß nun so geschehn,
Keiner wird von euch allen | die Heimat wiedersehn
Als der Kaplan des Königs | das ist uns wohlbekannt,
Der kommt geborgen wieder | heim in König Gunthers Land."

Ingrimmen Mutes | sprach der kühne Hagen:
„Das ließen meine Herren | schwerlich sich sagen,
Wir verlören bei den Heunen | Leben all und Leib;
Nun zeig' uns übers Wasser | allerweisestes Weib."

Sie sprach: „Willst du nicht anders | und soll die Fahrt geschehn,
So siehst du überm Wasser | eine Herberge stehn:
Darin ist eine Ferge | und sonst nicht nah noch fern."
Weiter nachzufragen | des begab er nun sich gern.

Dem unmutsvollen Recken | rief noch die eine nach:
„Nun wartet, Herr Hagen | euch ist auch gar zu jach;
Vernehmt noch erst die Kunde | wie ihr kommt durchs Land.
Der Herr dieser Marke | der ist Else genannt.

„Sein Bruder ist geheißen | Gelfrat der Held,
Ein Herr im Baierlande | nicht so leicht es hält,
Wollt ihr durch seine Marke | ihr mögt euch wohl bewahren
Und sollt auch mit dem Fergen | gar bescheidentlich verfahren.

Der ist so grimmes Mutes | er läßt euch nicht gedeihn,
Wollt ihr nicht verständig | bei dem Helden sein.
Soll er euch überholen | so bietet ihm den Sold;
Er hütet dieses Landes | und ist Gelfraten hold.

Und kommt er nicht bei Zeiten | so ruft über Flut
Und sagt, ihr heißet Amelrich | das war ein Degen gut,
Der seiner Feinde willen | räumte dieses Land:
So wird der Fährmann kommen | wird ihm der Name genannt."

Der übermüt›ge Hagen | dankte den Frauen hehr.
Er schwieg fürder stille | und redete nicht mehr.
Dann ging er bei dem Wasser | hinauf an dem Strand,
Wo er auf jener Seite | eine Herberge fand.

Laut begann zu rufen | der Degen über Flut:
„Nun hol' mich über, Ferge" | sprach der Degen gut,
„So geb' ich dir zum Lohne | eine Spange goldesrot;
Mir tut das Überfahren | das wisse, wahrhaftig not."

Es brauchte nicht zu dienen | der reiche Schiffersmann,
Lohn nahm er selten | von jemandem an;
Auch waren seine Knechte | zumal von stolzen Mut.
Noch immer stand Hagen | diesseits allein bei der Flut.

Da rief er so gewaltig | der ganze Strom erscholl
Von des Helden Stärke | die war so groß und voll:
„Mich Amelrich hol' über | ich bin es, Elses Mann,
Der vor starker Feindschaft | aus diesen Landen entrann."

Hoch an seinem Schwerte | er ihm die Spange bot,
Die war schön und glänzte | von lichtem Golde rot,
Daß er ihn überbrächte | in Gelfratens Land.
Der übermut›ge Ferge | nahm selbst das Ruder an die Hand.

Auch hatte dieser Ferge | vor kurzem sich beweibt:
Die Gier nach großem Gute | zu bösem Ende treibt:
Er dachte zu verdienen | Hagens Gold so rot,
Da litt er von dem Degen | hier den schwertgrimmen Tod.

Der Ferge zog gewaltig | hinüber an den Strand.
Welcher ihm genannt war | als er den nicht fand,
Da hub er an zu zürnen | als er Hagen sah,
Mit grimmen Ungestüme | zu dem Helden sprach er da:

Ihr mögt wohl sein geheißen | mit Namen Amelrich;
Doch seht ihr dem nicht ähnlich | des ich versehen mich.
Von Vater und von Mutter | war er der Bruder mein:
Nun ihr mich betrogen habt | so müßt ihr dieshalben sein."

Nein! um Gotteswillen" | sprach Hagen dagegen.
„Ich bin ein fremder Recke | besorgt um andre Degen.
So nehmet denn freundlich | hin meinen Sold
Und fahrt uns hinüber | ich bin euch wahrhaftig hold."

Da sprach der Ferge wieder | „Das kann einmal nicht sein,
viel der Feinde haben | die lieben Herren mein.
Drum fahr' ich keinen Fremden | hinüber in ihr Land:
Wenn euch das Leben lieb ist | so tretet aus an den Strand."

„Das tu ich nicht" sprach Hagen | „traurig ist mein Mut.
Nehmt zum Gedächtnis | die goldne Spange gut
Und fahrt uns über, tausend Ross' | und auch so manchen Mann."
Da sprach der grimme Ferge | „Das wird nimmer getan."

Er hob ein starkes Ruder | mächtig und breit,
Und schlug es auf Hagen | (es ward ihm später leid),
Daß er im Schiffe nieder | strauchelt' auf die Knie.
Solchen grimmen Fergen | fand der von Tronje noch nie.

Noch stärker zu erzürnen | den kühnen Fremdling, schwang
Er seine Ruderstange | daß sie gar zersprang,
Auf das Haupt dem Hagen | er war ein starker Mann:
Davon Elses Ferge | bald großen Schaden gewann.

Mit grimmigem Mute | griff Hagen gleich zur Hand
Zur Seite nach der Scheide | wo er ein Waffen fand:
Er schlug das Haupt ihm nieder | und warf es auf den Grund.
Bald wurden diese Mären | den stolzen Burgunden kund.

Im selben Augenblicke | als er den Fährmann schlug,
Glitt das Schiff zur Strömung | das war ihm leid genug.
Eh' er es richten konnte | fiel ihn Ermüdung an:
Da zog am Ruder kräftig | König Gunthers Untertan.

Er versucht' es umzukehren | mit manchem schnellen Schlag,
Bis ihm das starke Ruder | in der Hand zerbrach.
Er wollte zu den Recken | sich wenden an den Strand;
Da hatt' er keines weiter | wie bald er es zusammen band

Mit seinem Schildriemen | einer Borte schmal.
Hin zu einem Walde | wandt' er das Schiff zu Tal.
Da fand er seinen Herren | sein harren an dem Strand;
Es gingen ihm entgegen | viel der Degen auserkannt.

Mit Gruß ihn wohl empfingen | die edeln Ritter gut:
Sie sahen in dem Schiffe | rauchen noch das Blut
Von einer starken Wunde | die er dem Fergen schlug:
Darnach ward von den Degen | befraget Hagen genug.

Als der König Gunther | das heiße Blut ersah
In dem Schiffe schweben | wie bald sprach er da:
„Wo ist denn, Herr Hagen | der Fährmann hingekommen?
Eure starken Kräfte haben | ihm wohl das Leben benommen."

Da sprach er mit Verleugnen | „Als ich das Schifflein fand
Bei einer wilden Weide | da löst' es meine Hand.
Ich habe keinen Fergen | heute hier gesehn;
Leid ist auch niemand | von meinen Händen geschehn."

Da sprach von Burgunden | der König Gernot:
„Heute muß ich bangen | um lieber Freunde Tod,
Da wir keinen Schiffmann | hier am Strome sehn:
Wie wir hinüber kommen | darob muß ich in Sorgen stehn."

Laut rief Hagen | „Legt auf den Boden her,
Ihr Knechte, das Geräte | ich gedenke, daß ich mehr
Der allerbeste Ferge war | den man am Rheine fand:
Ich bring' euch hinüber | gar wohl in Gelfratens Land."

Daß sie desto schneller | kämen über Flut,
Trieb man hinein die Mähren | ihr Schwimmen ward so gut,
Daß ihnen auch nicht eines | der starke Strom benahm.
Einige trieben ferner | als sie Ermüdung überkam.

Sie trugen zu dem Schiffe | ihr Gut und ihre Wehr,
Nun einmal ihre Reise | nicht zu vermeiden mehr.
Hagen fuhr sie über | da bracht' er an den Strand
Manchen zieren Recken | in das unbekannte Land.

Zum ersten fuhr er über | tausend Ritter hehr
Und seine sechzig Degen | dann kamen ihrer mehr:
Neuntausend Knechte | die bracht' er an das Land.
Des Tages war unmüßig | des kühnen Tronejers Hand.

Da er sie wohlgeborgen | über Flut gebracht,
Da war der fremden Märe | der schnelle Held bedacht,
Die ihm verkündet hatte | das wilde Meerweib:
Dem Kaplan des Königs ging es | da schier an Leben und Leib.

Bei seinem Weihgeräte | er den Pfaffen fand,
Auf dem Heiligtume | sich stützend mit der Hand:
Das kam ihm nicht zugute | als Hagen ihn ersah;
Der unglücksel'ge Priester | viel Beschwerde litt er da.

Er schwang ihn aus dem Schiffe | mit jäher Gewalt.
Da riefen ihrer viele | „Halt, Hagen, halt!"
Geiselher der junge | hub zu zürnen an;
Er wollt' es doch nicht lassen | bis er ihm Leides getan.

Da sprach von Burgunden | der König Gernot:
„Was hilft euch wohl, Herr Hagen | des Kaplanes Tod?
Tat' dies anders jemand | es sollt' ihm werden leid.
Was verschuldete der Priester | daß ihr so wider ihn seid?"

Der Pfaffe schwamm nach Kräften | er hoffte zu entgehn,
Wenn ihm nur jemand Hilfe | das konnte nicht geschehn,
Denn der starke Hagen | gar zornig war sein Mut,
Stieß ihn zu Grunde wieder | das deuchte niemanden gut.

Als der arme Pfaffe | hier keine Hilfe sah,
Da wandt' er sich ans Ufer | Beschwerde litt er da.
Ob er nicht schwimmen konnte | doch half ihm Gottes Hand,
Daß er wohlgeborgen | hinwieder kam an den Strand.

Da stand der arme Priester | und schüttelte sein Kleid.
Daran erkannte Hagen | ihm habe Wahrheit,
Unmeidliche, verkündet | das wilde Meerweib.
Er dachte: „Diese Degen | verlieren Leben und Leib."

Als sie das Schiff entladen | und ans Gestad' geschafft,
Was darauf besessen | der Kön'ge Ritterschaft,
Schlug Hagen es in Stücke | und warf es in die Flut;
Das wunderte gewaltig | die Recken edel und gut.

„Bruder, warum tut ihr das?" | sprach da Dankwart,
„Wie sollen wir hinüber | bei unsrer Wiederfahrt,
Wenn wir von den Heunen | reiten an den Rhein?"
Hernach sagt' ihm Hagen | das könne nimmermehr sein.

Da sprach der Held von Tronje | „Ich tat's mit Wohlbedacht:
Haben wir einen Feigen | in dieses Land gebracht,
Der uns entrinnen möchte | in seines Herzens Not,
Der muß an diesen Wogen | leiden schmählichen Tod."

Sie führten bei sich einen | aus Burgundenland,
Einen Helden gar behende | Volker war er genannt.
Der redete da launig | nach seinem kühnen Mut:
Was Hagen je begangen | den Fiedler deuchte das gut.

Die Rosse standen harrend | die Säumer wohl geladen;
Sie hatten auf der Reise | bisher noch keinen Schaden
Genommen, der sie schmerzte | als des Königs Kapellan:
Der mußt' auf seinen Füßen | sich zum Rheine suchen Bahn.

SECHSUNDZWANZIGSTES ABENTEUER

WIE DANKWART GELFRATEN ERSCHLUG

Als sie nun alle waren | gekommen an den Strand,
Da fragte König Gunther | „Wer soll uns durch das Land
Die rechten Wege weisen | daß wir nicht irre gehn?“
Da sprach der starke Volker | „Laßt mich das Amt nur versehn.“

„Nun haltet an,“ sprach Hagen | „sei’s Ritter oder Knecht:
Man soll Freunden folgen | das bedünkt mich recht.
Eine ungefüge Märe | mach’ ich euch bekannt:
Wir kommen nimmer wieder | heim in der Burgunden Land.

Das sagten mir zwei Meerfraun | heute morgen fruh,
Wir kämen nimmer wieder | Nun rat’ ich, was man tu’:
Waffnet euch, ihr Helden | ihr sollt euch wohl bewahren:
Wir finden starke Feinde | und müssen drum wehrhaft fahren.

Ich wähnt’ auf Lug zu finden | die weisen Meerfraun:
Sie sagten mir, nicht Einer | werde wiederschaun
Die Heimat von uns allen | bis auf den Kapellan;
Drum hätt’ ich ihm so gerne | heut’ den Tod angetan.“

Da flogen diese Mären | von Schar zu Schar einher.
Bleich vor Schrecken wurden | Degen kühn und hehr,
Als sie die Sorge faßte | vor dem herben Tod
Auf dieser Hofreise | das schuf ihnen wahrlich Not.

Bei Möringen waren | sie über Flut gekommen,
Wo dem Fährmann Elsen | das Leben ward benommen.
Da sprach Hagen wieder | „Da ich mir so gewann
Unterwegs Feinde | so greift man sicherlich uns an.

Ich erschlug den Fährmann | heute morgen früh;
Sie wissen nun die Kunde | Drum eilt und greifet zu,
Wenn Gelfrat und Else | heute hier besteht
Unser Ingesinde | daß es ihnen übel ergeht.

Sie sind gar kühn, ich weiß es | es wird gewiß geschehn.
Drum laßt nur die Rosse | in sanftem Schritte gehn,
Daß nicht jemand wähne | wir flöhn vor ihrem Heer."
„Dem Rate will ich folgen" | sprach der junge Geiselher.

„Wer zeigt nun dem Gesinde | die Wege durch das Land?"
Sie sprachen: „Das soll Volker | dem sind hie wohlbekannt
Die Straßen und die Steige | dem stolzen Fiedelmann."
Eh' man's von ihm verlangte | kam er gewaffnet heran,

Der schnelle Fiedelspieler | den Helm er überband;
Von herrlicher Farbe | war all sein Streitgewand.
Am Schaft ließ er flattern | ein Zeichen, das war rot.
Bald kam er mit den Königen | in eine furchtbare Not.

Gewisse Kunde hatte | Gelfrat nun bekommen
Von des Fergen Tode | da hatt' es auch vernommen
Else, der starke | beiden war es leid.
Sie besandten ihre Helden | die traf man balde bereit.

Darauf in kurzen Zeiten | nun hört mich weiter an,
Sah man zu ihnen reiten | denen Schade war getan,
In starkem Kriegszuge | ein ungefüges Heer:
Wohl siebenhundert stießen | zu Gelfrat oder noch mehr.

Als das den grimmen Feinden | nachzuziehn begann,
Die Herren, die es führten | hüben zu jagen an
Den kühnen Gästen hinterdrein | Sie wollten Rache haben:
Da mußten sie der Freunde | hernach noch manchen begraben.

Hagen von Tronje | richtete das ein
(Wie konnte seiner Freunde | ein bessrer Hüter sein?),
Daß er die Nachhut hatte | und die ihm Untertan
Mit Dankwart seinem Bruder | das war gar weislich getan.

Ihnen war der Tag zerronnen | den hatten sie nicht mehr.
Er bangte vor Gefahren | für seine Freunde sehr.
Sie ritten unter Schilden | durch der Baiern Land:
Darnach in kurzer Weile | die Helden wurden angerannt.

Beiderseits der Straße | und hinter ihnen her
Vernahm man Hufe schlagen | die Haufen eilten sehr.
Da sprach der kühne Dankwart | „Gleich fallen sie uns an:
Bindet auf die Helme | das dünkt mich rätlich getan."

Sie hielten ein mit Reiten | als es mußte sein.
Da sahen sie im Dunkel | der lichten Schilde Schein.
Nicht länger stille schweigen | mochte da Herr Hagen:
„Wer verfolgt uns auf der Straße?" | Das mußte Gelfrat ihm sagen.

Da sprach zu ihm der Markgraf | aus der Baiern Land:
„Wir suchen unsre Feinde | denen sind wir nachgerannt.
Ich weiß nicht, wer mir heute | meinen Fergen schlug:
Das war ein schneller Degen | mir ist leid um ihn genug."

Da sprach von Tronje Hagen | „War der Ferge dein?
Er wollt' uns nicht fahren | alle Schuld ist mein:
Ich erschlug den Recken | fürwahr, es tat mir not:
Ich hatte von dem Degen | schier selbst den grimmigen Tod.

Ich bot ihm zum Lohne | Gold und Gewand,
Daß er uns überführe | Held, in euer Land.
Darüber zürnt' er also | daß er nach mir schlug
Mit starker Ruderstange | da ward ich grimmig genug.

Ich griff nach dem Schwerte | und wehrte seinem Zorn
Mit einer schweren Wunde | da war der Held verlorn.
Ich steh' euch hier zur Sühne | wie es euch dünke gut."
Da ging es an ein Streiten | sie hatten zornigen Mut.

„Ich wußte wohl," sprach Gelfrat | „als hier mit dem Geleit
Gunther zog vorüber | uns würde tun ein Leid
Hagen von Tronje | Nun büßt er's mit dem Leben:
Für des Fergen Ende | soll er selbst hier Bürgschaft geben."

Über die Schilde neigten | da zum Stich den Speer
Gelfrat und Hagen | sich zürnten beide schwer.
Dankwart und Else | zusammen herrlich ritten:
Sie erprobten, wer sie waren | da wurde grimmig gestritten.

Wer je versuchte kühner | sich und die Gunst des Glücks?
Von einem starken Stoße | sank Hagen hinterrücks
Von der Mähre nieder | durch Gelfratens Hand.
Der Brustriem war gebrochen | so ward ihm Fallen bekannt.

Man hört' auch beim Gesinde | krachender Schäfte Schall.
Da erholte Hagen | sich wieder von dem Fall,
Den er auf das Gras getan | von des Gegners Speer:
Da zürnte der von Tronje | wider Gelfraten sehr.

Wer ihnen hielt die Rosse | das ist mir unbekannt.
Sie waren aus den Sätteln | gekommen auf den Sand,
Hagen und Gelfrat | nun liefen sie sich an.
Ihre Gesellen halfen | daß ihnen Streit ward kundgetan.

Wie heftig auch Hagen | zu Gelfraten sprang,
Ein Stück gar gewaltig | der edle Markgraf schwang
Ihm vom Schilde nieder | das Feuer stob hindann.
Da wäre schier erstorben | König Gunthers Untertan.

Er rief mit lauter Stimme | Dankwarten an:
„Hilf mir, lieber Bruder! | Ein schneller starker Mann
Hat mich hier bestanden | der läßt mich nicht gedeihn."
Da sprach der kühne Dankwart | „So will ich denn Schiedsmann sein."

Da sprang der Degen näher | und schlug ihm solchen Schlag
Mit einer scharfen Waffe | daß er tot da lag.
Else wollte Rache | nehmen für den Mann:
Doch er und sein Gesinde | schied mit Schaden hindann.

Sein Bruder war erschlagen | selber ward er wund.
Wohl achtzig seiner Degen | wurden gleich zur Stund'
Des grimmen Todes Beute | da mußte wohl der Held
Gunthers Mannen räumen | in geschwinder Flucht das Feld.

Als die vom Baierlande | wichen aus dem Wege,
Man hörte nachhallen | die furchtbaren Schläge:
Da jagten die von Tronje | ihren Feinden nach;
Die es nicht büßen wollten | die hatten wenig Gemach.

Da sprach beim Verfolgen | Dankwart der Degen:
„Kehren wir nun wieder | zurück auf unsern Wegen,
Und lassen wir sie reiten | sie sind vom Blute naß.
Wir eilen zu den Freunden | in Treuen rat' ich das."

Als sie hinwieder kamen | wo der Schade war geschehn,
Da sprach von Tronje Hagen | „Helden, laßt uns sehn,
Wen wir hier vermissen | oder wer uns verlorn
Hier in diesem Streite | ging durch Gelfratens Zorn."

Sie hatten vier verloren | der Schade ließ sich tragen.
Sie waren wohl vergolten | dagegen aber lagen
Deren vom Baierlande | mehr als hundert tot.
Den Tronejern waren | von Blut die Schilde trüb und rot.

Ein wenig brach aus Wolken | des hellen Mondes Licht;
Da sprach wieder Hagen | „Hört, berichtet nicht
Meinen lieben Herren | was hier von uns geschah:
Bis zum Morgen komme | ihnen keine Sorge nah."

Als zu ihnen stießen | die da kamen von dem Streit,
Da klagte das Gesinde | über Müdigkeit:
„Wie lange sollen wir reiten?" | fragte mancher Mann.
Da sprach der kühne Dankwart | „Wir treffen keine Herberg' an.

Ihr müßt alle reiten | bis an den hellen Tag."
Volker der schnelle | der des Gesindes pflag,
Ließ den Marschall fragen | „Wo kehren wir heut' ein?
Wo rasten unsre Pferde | und die lieben Herren mein?"

Da sprach der kühne Dankwart | „Ich weiß es nicht zu sagen:
Wir können uns nicht ruhen | bis es beginnt zu tagen;
Wo wir es dann finden | legen wir uns ins Gras."
Als sie die Kunde hörten | wie leid war etlichen das!

Sie blieben unverraten | vom heißen Blute rot,
Bis daß die Sonne | die lichten Strahlen bot
Dem Morgen über Berge | wo es der König sah,
Daß sie gestritten hatten | sehr im Zorne sprach er da:

„Wie nun denn, Freund Hagen? | Verschmähtet ihr wohl das,
Daß ich euch Hilfe brächte | als euch die Ringe naß
Wurden von dem Blute? | Wer hat euch das getan?"
Da sprach er: „Else tat es | der griff nächten uns an.

Seines Fergen wegen | wurden wir angerannt.
Da erschlug Gelfraten | meines Bruders Hand.
Zuletzt entrann uns Else | es zwang ihn große Not:
Ihnen hundert, uns nur viere | blieben da im Streite tot."

Wir können euch nicht melden | wo man die Nachtruh' fand.
All den Landleuten | ward es bald bekannt,
Der edeln Ute Söhne | zögen zum Hofgelag.
Sie wurden wohl empfangen | dort zu Passau bald hernach.

Der werten Fürsten Oheim | der Bischof Pilgerin,
Dem wurde wohl zumute | als seine Neffen ihn
Mit soviel der Recken | besuchten da im Land:
Daß er sie gerne sähe | ward ihnen balde bekannt.

Sie wurden wohl empfangen | von Freunden vor dem Ort.
Nicht all' verpflegen mochte | man sie in Passau dort:
Sie mußten übers Wasser | wo Raum sich fand und Feld:
Da wurden aufgeschlagen | Hütten für sie und Gezelt.

Sie mußten da verweilen | einen vollen Tag
Und eine Nacht darüber | Wie schön man sie verpflag!
Dann ritten sie von dannen | in Rüdigers Land;
Dem wurden auch die Mären | darnach in Eile bekannt.

Als die Wegemüden | Nachtruh' genommen
Und sie dem Lande waren | näher gekommen,
Sie fanden auf der Marke | schlafen einen Mann,
Dem von Tronje Hagen | ein starkes Waffen abgewann.

Eckewart geheißen | war dieser Ritter gut.
Der gewann darüber | gar traurigen Mut,
Daß er verlor das Waffen | durch der Helden Fahrt.
Rüdgers Grenzmarke | die fand man übel bewahrt.

„O weh mir dieser Schande!" | sprach da Eckewart.
„Schwer muß ich beklagen | der Burgunden Fahrt.
Als ich verlor Siegfrieden | hub all mein Kummer an;
O weh, mein Herr Rüdiger | wie hab' ich wider dich getan!"

Gar wohl hörte Hagen | des edeln Recken Not:
Er gab das Schwert ihm wieder | dazu sechs Spangen rot.
„Die nimm dir, Held, zu Lohne | willst du hold mir sein;
Du bist ein kühner Degen | liegst auf der Mark du auch allein."

„Gott lohn' euch eure Spangen" | sprach da Eckewart;
„Doch muß ich sehr beklagen | zu den Heunen eure Fahrt.
Ihr erschlugt Siegfrieden | hier trägt man euch noch Haß:
Daß ihr euch wohl behütet | in Treuen rat' ich euch das."

„Nun mög' uns Gott behüten" | sprach Hagen entgegen,
„Keine andre Sorge | haben diese Degen
Als um die Herberge | die Fürsten und ihr Lehn,
Wo wir in diesem Lande | heute Nachtruh' sollen sehn.

Verdorben sind die Rosse | uns auf den fernen Wegen,
Die Speise gar zerronnen" | sprach Hagen der Degen:
„Wir finden's nicht zu Kaufe | es wär' ein Wirt uns not,
Der uns heute gäbe | um seine Ehre sein Brot."

Da sprach wieder Eckewart | „Ich zeig' euch solchen Wirt,
Daß niemand euch im Hause | so gut empfangen wird
Irgend in den Landen | als hier euch mag geschehn,
Wenn ihr schnelle Degen | wollt zu Rüdigern gehn.

„Der Wirt wohnt an der Straße | der beste allerwärts,
Der je ein Haus besessen | Milde gebiert sein Herz,
Wie das Gras mit Blumen | der süße Maimond tut,
Und soll er Helden dienen | so ist er froh und wohlgemut."

Da sprach der König Gunther | „Wollt ihr mein Bote sein,
Ob uns behalten wolle | bis an des Tages Schein
Mein lieber Freund Rüdiger | und die mir Untertan?
Das will ich stets verdienen | so gut ich irgend nur kann."

„Der Bote bin ich gerne" | sprach da Eckewart.
Mit gar gutem Willen | erhob er sich zur Fahrt,
Rüdigern zu sagen | was er da vernommen.
Dem war in langen Zeiten | so liebe Kunde nicht gekommen.

Man sah zu Bechlaren | eilen einen Degen,
Den Rüdger wohl erkannte | er sprach: „Auf diesen Wegen
Kommt Eckewart in Eile | Kriemhildens Untertan."
Er wähnte schon, die Feinde | hätten ihm ein Leid getan.

Da ging er vor die Pforte | wo er den Boten fand.
Der nahm sein Schwert vom Gurte | und legt' es aus der Hand.
Die Märe, die er brachte | verschwieg er länger nicht
Dem Wirt und seinen Freunden | bald gab er ihnen Bericht.

Er sprach zum Markgrafen | „Mich hat zu euch gesandt
Gunther der König | aus Burgundenland,
Und Geiselher sein Bruder | und auch Gernot;
Jeglicher der Recken | euch seine Dienste her entbot.

„Dasselbe tut auch Hagen | Volker auch zugleich,
Mit Fleiß und rechter Treue | dazu bericht' ich euch,
Was des Königs Marschall | euch durch mich entbot,
Es sei den guten Degen | eure Herberge not."

Mit lachendem Munde | sprach da Rüdiger:
„Nun wohl mir dieser Märe | daß die Könige hehr
Meinen Dienst verlangen | dazu bin ich bereit.
Wenn sie ins Haus mir kommen | des bin ich höchlich erfreut."

Dankwart der Marschall | hat euch kundgetan,
Wer euch zu Hause | noch heute zieht heran:
Sechzig kühner Recken | und tausend Ritter gut
Mit neuntausend Knechten" | Da ward ihm fröhlich zumut'.

Wohl mir dieser Gäste“ | sprach da Rüdiger,
„Daß mir zu Hause kommen | diese Recken hehr,
Denen ich noch selten | hab’ einen Dienst getan.
Entgegen reitet ihnen | sei’s Freund oder Untertan.“

Da eilte zu den Rossen | Ritter so wie Knecht:
Was sie der Herr geheißen | das deuchte alle recht.
Sie brachten ihre Dienste | um so schneller dar.
Noch wußt’ es nicht Frau Gotlind | die in ihrer Kammer war.

SIEBENUNDZWANZIGSTES ABENTEUER

WIE SIE NACH BECHLAREN KAMEN

Hin ging der Markgraf | wo er die Frauen fand,
Sein Weib und seine Tochter | Denen macht' er da bekannt
Diese liebe Märe | die er jetzt vernommen,
Daß ihrer Frauen Brüder | zu ihrem Hause sollten kommen.

„Viel liebe Traute" | sprach da Rüdiger,
„Ihr sollt sie wohl empfangen | die edeln Kön'ge hehr,
Wenn sie und ihr Gesinde | vor euch zu Hofe gehn;
Ihr sollt auch freundlich grüßen | Hagen in König Gunthers Lehn.

Mit ihnen kommt auch einer | mit Namen Dankwart;
Ein andrer heißt Volker | an Ehren wohlbewahrt.
Die sechse sollt ihr küssen | ihr und die Tochter mein,
Und sollt in höf'schen Züchten | diesen Recken freundlich sein."

Das gelobten ihm die Frauen | und waren's gern bereit.
Sie suchten aus den Kisten | manch herrliches Kleid,
Darin sie den Recken | entgegen wollten gehn.
Da mocht ein groß Befleißen | von schönen Frauen geschehn.

Gefälschter Frauenzierde | gar wenig man da fand;
Sie trugen auf dem Haupte | lichtes goldnes Band,
Das waren reiche Kränze | damit ihr schönes Haar
Die Winde nicht verwehten | das ist meiner Treue wahr.

In solcher Unmuße | lassen wir die Fraun.
Da war ein schnelles Reiten | über Feld zu schaun
Von Rüdigers Freunden | bis man die Fürsten fand.
Sie wurden wohl empfangen | in des Markgrafen Land.

Als sie der Markgraf | zu sich kommen sah,
Rüdiger, der schnelle | wie fröhlich sprach er da:
„Willkommen mir, ihr Herren | und die in euerm Lehn!
Hier in diesem Lande | seid ihr gerne gesehn."

Da dankten ihm die Recken | in Treuen ohne Haß.
Daß sie willkommen waren | wohl erzeigt' er das.
Besonders grüßt' er Hagen | der war ihm längst bekannt;
So tat er auch mit Volkern | dem Helden aus Burgundenland.

Er begrüßt' auch Dankwarten | Da sprach der kühne Degen:
„Wollt ihr uns hier versorgen | wer soll dann verpflegen
Unser Ingesinde | das wir mitgebracht?"
Da begann der Markgraf | „Dafür habt geruhige Nacht,

Ihr und euer Gesinde! | Was ihr in das Land
Mit euch geführet habet | Roß und Gewand,
Ich schaff' ihm solche Hüter | nichts geht davon verloren,
Das euch zu Schaden brächte | nur um einen halben Sporen.

Spannet auf, ihr Knechte | die Hütten in dem Feld!
Was ihr hier verlieret | dafür leist' ich Entgelt:
Zieht die Zäume nieder | und laßt die Rosse gehn."
Das war ihnen selten | von einem Wirt noch geschehn.

Des freuten sich die Gäste | Als das geschehen war
Und die Herrn von dannen ritten | legte sich die Schar
Der Knecht' im Grase nieder | sie hatten gut Gemach.
Sie fanden's auf der Reise | nicht besser vor oder nach.

Die Markgräfin eilte | vor die Burg zu gehn
Mit ihrer schönen Tochter | Da sah man bei ihr stehn
Die minniglichen Frauen | und manche schöne Maid:
Die trugen viel der Spangen | und manches herrliche Kleid.

Das edle Gesteine | glänzte fern hindann
Aus ihrem reichen Schmucke | sie waren wohlgetan.
Da kamen auch die Gäste | und sprangen auf den Sand.
Hei! was man edle Sitten | an den Burgunden fand!

Sechsunddreißig Mägdelein | und viel andre Fraun,
Die wohl nach Wunsche waren | und wonnig anzuschaun,
Gingen den Herrn entgegen | mit manchem kühnen Mann.
Da ward ein schönes Grüßen | von edeln Frauen getan.

Die junge Markgräfin küßte | die Kön'ge alle drei;
So tat auch ihre Mutter | Hagen stand dabei.
Den hieß ihr Vater küssen | da blickte sie ihn an:
Er deuchte sie so furchtbar | sie hätt' es lieber nicht getan.

Doch mußte sie es leisten | wie ihr der Wirt gebot.
Gemischt ward ihre Farbe | bleich und auch rot.
Auch Dankwarten küßte sie | danach den Fiedelmann:
Seiner Kraft und Kühnheit wegen | ward ihm das Grüßen getan.

Die junge Markgräfin | nahm bei der Hand
Geiselher den jungen | von Burgundenland;
So nahm auch ihre Mutter | Gunthern den kühnen Mann.
Sie gingen mit den Helden | beide fröhlich hindann.

Der Wirt ging mit Gernot | in einen weiten Saal.
Die Ritter und die Frauen | setzten sich zumal.
Man ließ alsdann den Gästen | schenken guten Wein:
Gütlicher bewirtet | mochten Helden nimmer sein.

Mit zärtlichen Augen | sah da mancher an
Rüdigers Tochter | die war so wohlgetan.
Wohl kost' in seinem Sinne | sie mancher Ritter gut;
Das mochte sie verdienen | sie trug gar hoch ihren Mut.

Sie gedachten, was sie wollten | nur könnt' es nicht geschehn.
Man sah die guten Ritter | hin und wieder spähn
Nach Mägdelein und Frauen | deren saßen da genug.
Dem Wirt geneigten Willen | der edle Fiedeler trug.

Da wurden sie geschieden | wie Sitte war im Land:
Zu andern Zimmern gingen | Ritter und Frau'n zur Hand.
Man richtete die Tische | in dem Saale weit
Und ward den fremden Gästen | zu allen Diensten bereit.

Den Gästen ging zuliebe | die edle Markgräfin
Mit ihnen zu den Tischen | die Tochter ließ sie drin
Bei den Mägdlein weilen | wo sie nach Sitte blieb.
Daß sie die nicht mehr sahen | das war den Gästen nicht lieb.

Als sie getrunken hatten | und gegessen überall,
Da führte man die Schöne | wieder in den Saal.
Anmut'ge Reden | wurden nicht gescheut:
Viel sprach deren Volker | ein Degen kühn und allbereit.

Da sprach unverhohlen | der edle Fiedelmann:
„Viel reicher Markgraf | Gott hat an euch getan
Nach allen seinen Gnaden | er hat euch gegeben
Ein Weib, ein so recht schönes | dazu ein wonnigliches Leben.

„Wenn ich ein König wäre" | sprach der Fiedelmann,
„Und sollte Krone tragen | zum Weibe nähm' ich dann
Eure schöne Tochter | die wünschte sich mein Mut.
Sie ist minniglich zu schauen | dazu edel und gut."

Der Markgraf entgegnete | „Wie möchte das wohl sein,
Daß ein König je begehrte | der lieben Tochter mein?
Wir sind hier beide heimatlos | ich und mein Weib:
Was hilft große Schönheit | unsrer guten Tochter Leib?"

Zur Antwort gab ihm Gernot | der edle Degen gut:
„Sollt' ich ein Weib mir wählen | nach meinem Sinn und Mut,
So wär' ich solches Weibes | stets von Herzen froh."
Darauf versetze Hagen | in höfischen Züchten so:

„Nun soll sich doch beweiben | mein Herr Geiselher:
Es ist so hohen Stammes | die Markgräfin hehr,
Daß wir ihr gerne dienten | ich und all sein Lehn,
Wenn sie bei den Burgunden | unter Krone sollte gehn."

Diese Rede deuchte | den Markgrafen gut
Und auch Gotelinde | wohl freute sich ihr Mut.
Da schufen es die Helden | daß sie zum Weibe nahm
Geiselher, der edle | wie er es mocht' ohne Scham.

Soll ein Ding sich fügen | wer mag ihm widerstehn?
Man bat die Jungfraue | hin zu Hof zu gehn.
Da schwur man ihm zu geben | das schöne Mägdelein,
Wogegen er sich erbot | die Wonnigliche zu frein.

Man beschied der Jungfrau | Burgen und auch Land.
Da sicherte mit Eiden | des edeln Königs Hand
Und Gernot der Degen | es werde so getan.
Da sprach der Markgraf | „Da ich Burgen nicht gewann,

So kann ich euch in Treuen | nur immer bleiben hold.
Ich gebe meiner Tochter | an Silber und an Gold,
Was hundert Saumrosse | nur immer mögen tragen,
Daß es des Bräutigams Freunden | nach Ehren möge behagen."

Da wurden diese beiden | in einen Kreis gestellt
Nach dem Rechtsgebrauche | Mancher junge Held
Stand ihr gegenüber | in fröhlichem Mut;
Er gedacht' in seinem Sinne | wie noch ein Junger gerne tut.

Als man begann zu fragen | die minnigliche Maid,
Ob sie den Recken wolle | zum Teil war es ihr leid;
Doch dachte sie zu nehmen | den weidlichen Mann.
Sie schämte sich der Frage | wie manche Maid hat getan.

Ihr riet ihr Vater Rüdiger | daß sie spräche ja,
Und daß sie gern ihn nähme | Wie schnell war er da
Mit seinen weißen Händen | womit er sie umschloß,
Geiselher, der junge! | Wie wenig sie ihn doch genoß!

Da begann der Markgraf | „Ihr edeln Kön'ge reich,
Wenn ihr nun wieder reitet | heim in euer Reich,
So geb' ich euch, so ist es | am schicklichsten, die Magd,
Daß ihr sie mit euch führet" | Also ward es zugesagt.

Der Schall, den man hörte | der mußte nun vergehn.
Da ließ man die Jungfrau | zu ihrer Kammer gehn
Und auch die Gäste schlafen | und ruhn bis an den Tag.
Da schuf man ihnen Speise | der Wirt sie gütlich verpflag.

Als sie gegessen hatten | und nun von dannen fahren
Wollten zu den Heunen | „Davor will ich euch wahren,“
Sprach der edle Markgraf | „ihr sollt noch hier bestehn;
So liebe Gäste hab' ich | lange nicht bei mir gesehn.“

Dankwart entgegnete | „Das kann ja nicht sein:
Wo nähmt ihr die Speise | das Brot und auch den Wein,
Das ihr doch haben müßtet | für solch ein Heergeleit?“
Als das der Wirt erhörte | er sprach: „Die Rede laßt beiseit'.

Meine lieben Herren | ihr dürft mir's nicht versagen.
Wohl geb' ich euch die Speise | zu vierzehen Tagen,
Euch und dem Gesinde | das mit euch hergekommen.
Mir hat der König Etzel | noch gar selten was genommen.“

Wie sehr sie sich wehrten | sie mußten da bestehn
Bis an den vierten Morgen | Da sah man geschehn
Durch des Wirtes Milde | was weithin ward bekannt:
Er gab seinen Gästen | beides Ross' und Gewand.

Nicht länger mocht' es währen | sie mußten an ihr Ziel.
Seines Gutes konnte | Rüdiger nicht viel
Vor seiner Milde sparen | Wonach man trug Begehr,
Das versagt' er niemand | er gab es gern den Helden hehr.

Ihr edel Ingesinde | brachte vor das Tor
Gesattelt viel der Rosse | zu ihnen kam davor
Mancher fremde Recke | den Schild an der Hand,
Da sie reiten wollten | in des König Etzels Land.

Der Wirt bot seine Gaben | den Degen allzumal,
Eh' die edeln Gäste | kamen vor den Saal.
Er konnte wohl mit Ehren | in hoher Milde leben.
Seine schöne Tochter | hatt' er Geiselhern gegeben;

Da gab er Gernoten | eine Waffe gut genug,
Die hernach in Stürmen | der Degen herrlich trug.
Ihm gönnte wohl die Gabe | des Markgrafen Weib;
Doch verlor der gute Rüdiger | davon noch Leben und Leib.

Er gab König Gunthern | dem Helden ohne Gleich,
Was wohl mit Ehren führte | der edle König reich,
Wie selten er auch Gab' empfing | ein gutes Streitgewand.
Da neigte sich der König | vor des milden Rüdger Hand.

Gotelind bot Hagnen | sie durfte es ohne Scham,
Ihre freundliche Gabe | da sie der König nahm,
So sollt' auch er nicht fahren | zu dem Hofgelag'
Ohn' ihre Steuer | der edle Held aber sprach:

„Alles, was ich je gesehn" | entgegnete Hagen,
„So begehr' ich nichts weiter | von hinnen zu tragen
Als den Schild, der dorten | hängt an der Wand:
Den möcht' ich gerne führen | mit mir in der Heunen Land."

Als die Rede Hagens | die Markgräfin vernahm,
Ihres Leids ermahnt' er sie | daß ihr das Weinen kam.
Mit Schmerzen gedachte | sie an Nudungs Tod,
Den Wittich hatt' erschlagen | das schuf ihr Jammer und Not.

Sie sprach zu dem Degen | „Den Schild will ich euch geben.
Wollte Gott vom Himmel | daß der noch dürfte leben,
Der einst ihn hat getragen! | er fand im Kampf den Tod.
Ich muß ihn stets beweinen | das schafft mir armem Weibe Not!"

Da erhob sich vom Sitze | die Markgräfin mild:
Mit ihren weißen Händen | hob sie herab den Schild
Und trug ihn hin zu Hagen | der nahm ihn an die Hand.
Die Gabe war mit Ehren | an den Recken gewandt.

Eine Hülle lichten Zeuges | auf seinen Farben lag.
Bessern Schild als diesen | beschien wohl nie der Tag.
Mit edelm Gesteine | war er so besetzt,
Man hätt' ihn im Handel | wohl auf tausend Mark geschätzt.

Den Schild hinwegzutragen | befahl der Degen hehr.
Da kam sein Bruder Dankwart | auch zu Hofe her.
Dem gab reiche Kleider | Rüdgers Kind genug,
Die er bei den Heunen | hernach mit hohen Ehren trug.

Wieviel sie der Gaben | empfingen insgemein,
Nichts würd' in ihre Hände | davon gekommen sein,
War's nicht dem Wirt zuliebe | der es so gütlich bot.
Sie wurden ihm so feind hernach | daß sie ihn schlagen mußten tot.

Da hatte mit der Fiedel | Volker, der schnelle Held,
Sich vor Gotelinde | höfisch hingestellt.
Er geigte süße Töne | und sang dazu sein Lied:
Damit nahm er Urlaub | als er von Bechlaren schied.

Da ließ die Markgräfin | eine Lade näher tragen.
Von freundlicher Gabe | mögt ihr nun hören sagen:
Zwölf Spangen, die sie aus ihr nahm | schob sie ihm an die Hand:
„Die sollt ihr führen, Volker | mit euch in der Heunen Land

Und sollt sie mir zuliebe | dort am Hofe tragen:
Wenn ihr wiederkehret | daß man mir möge sagen,
Wie ihr gedient mir habet | bei dem Hofgelag'."
Wie sie ihn gebeten | so tat der Degen hernach.

Der Wirt sprach zu den Gästen | „Daß ihr nun sichrer fahrt,
Will ich euch selbst geleiten | so seid ihr wohl bewahrt,
Daß ihr auf der Straße | nicht werdet angerannt."
Seine Saumrosse | die belud man gleich zur Hand.

Der Wirt war reisefertig | und fünfhundert Mann
Mit Rossen und mit Kleidern | die führt' er hindann
Zu dem Hofgelage | mit fröhlichem Mut;
Nach Bechelaren kehrte | nicht Einer all der Ritter gut.

Mit minniglichen Küssen | der Wirt von dannen schied;
Also tat auch Geiselher | wie seine Zucht ihm riet.
Sie herzten schöne Frauen | mit zärtlichem Umfahn:
Das mußten bald beweinen | viel Jungfrauen wohlgetan.

Da wurden allenthalben | die Fenster aufgetan,
Als mit seinen Mannen | der Markgraf ritt hindann.
Sie fühlten wohl im Herzen | voraus das herbe Leid:
Drum weinten viel der Frauen | und manche weidliche Maid.

Nach den lieben Freunden | trug manche groß' Beschwer,
Die sie in Bechelaren | ersahen nimmermehr.
Doch ritten sie mit Freuden | nieder an dem Strand
Dort im Donautale | bis in das heunische Land.

Da sprach zu den Burgunden | der milde Markgraf hehr,
Rüdiger der edle | „Nun darf nicht länger mehr
Verhohlen sein die Kunde | daß wir nach Heunland kommen.
Es hat der König Etzel | noch nie so Liebes vernommen."

Da ritt in Eil' der Bote | ins Österreicherland:
So ward es allenthalben | den Leuten bald bekannt,
Daß die Helden kämen | von Worms über Rhein.
Dem Ingesind' des Königs | konnt' es lieber nicht sein.

Die Boten vordrangen | mit diesen Mären,
Daß die Nibelungen | bei den Heunen wären:
„Du sollst sie wohl empfangen | Kriemhild, Fraue mein:
Nach großen Ehren kommen | dir die lieben Brüder dein."

Kriemhild, die Fraue | an ein Fenster ging:
Sie spähte nach den Brüdern | wie Freund den Freund empfing.
Aus ihres Vaters Lande | sah sie manchen ziehn heran.
Auch Etzel hört' die Märe | vor Freud' zu lachen er begann.

„Nun wohl mir dieser Freude!" | sprach da Kriemhild.
„Hier bringen meine Freunde | gar manchen neuen Schild
Und Panzer glänzend helle | wer nehmen will mein Gold
Und meines Leids gedenken | dem will ich immer bleiben hold."

ACHTUNDZWANZIGSTES ABENTEUER

WIE KRIEMHILD HAGEN EMPFING

Als die Burgunden | kamen in das Land,
Da erfuhr es von Berne | der alte Hildebrand.
Er sagt' es seinem Herren | Dietrichen war es leid;
Er hieß ihn wohl empfangen | der kühnen Ritter Geleit.

Da ließ der starke Wolfhart | die Pferde führen her;
Dann ritt mit dem Berner | mancher Degen hehr,
Sie zu begrüßen | zu ihnen auf das Feld.
Sie hatten aufgeschlagen | da manches herrliche Zelt.

Als sie von Tronje Hagen | aus der Ferne sah,
Wohlgezogen sprach er | zu seinen Herren da:
„Nun hebt euch von den Sitzen | ihr Recken wohlgetan,
Und geht entgegen denen | die euch hier wollen empfahn.

„Dort nahet ein Gesinde | das ist mir wohlbekannt;
Es sind viel schnelle Degen | von Amelungenland.
Die führt der von Berne | sie tragen hoch den Mut.
Laß euch nicht verschmähen | was man an Diensten euch tut."

Da sprang von den Rossen | wohl nach Fug und Recht
Mit Dietrichen nieder | mancher Herr und Knecht.
Sie gingen zu den Gästen | wo man die Helden fand,
Und begrüßten freundlich | die von der Burgunden Land.

Als sie der edle Dietrich | ihm entgegen kommen sah,
Nun mögt ihr wohl vernehmen | was er sagte da
Zu Frau Utens Söhnen | leid war ihm ihre Fahrt:
Er wähnte, Rüdger wüßt' es | und hätt' es ihnen offenbart.

„Willkommen mir, ihr Herren | Gunther und Geiselher,
Gernot und Hagen | Herr Volker auch so sehr,
Und Dankwart der schnelle! | Ist euch das nicht bekannt?
Schwer beweint noch Kriemhild | den von Nibelungenland."

„Sie mag noch lange weinen" so sprach da Hagen:
„Er liegt seit manchem Jahre | schon zu Tod erschlagen.
Den König der Heunen | mag sie nun lieber haben:
Siegfried kommt nicht wieder | er ist nun lange begraben."

„Siegfriedens Wunden | lassen wir nun stehn:
So lange lebt Frau Kriemhild | mag Schade wohl geschehn."
So redete von Berne | der edle Dietrich:
„Trost der Nibelungen | davor behüte du dich!"

„Wie soll ich mich behüten?" | sprach der König hehr.
„Etzel sandt' uns Boten | was sollt' ich fragen mehr?
Daß wir zu ihm ritten | her in dieses Land.
Auch hat uns manche Botschaft | meine Schwester Kriemhild gesandt."

„So will ich euch raten" | sprach wieder Hagen,
„Laßt euch diese Märe | doch zu Ende sagen
Dieterich den Herren | und seine Helden gut,
Daß sie euch wissen lassen | der Frau Kriemhilde Mut."

Da gingen die drei Könige | und sprachen unter sich
Herr Gunther und Gernot | und Herr Dieterich:
„Nun sag' uns, von Berne | du edler Ritter gut,
Was du wissen mögest | von der Königin Mut."

Da sprach der Vogt von Berne | „Was soll ich weiter sagen?
Ich höre alle Morgen | weinen und klagen
Etzels Weib, Frau Kriemhild | in jämmerlicher Not
Zum reichen Gott vom Himmel | um des starken Siegfried Tod."

„Es ist halt nicht zu wenden“ | sprach der kühne Mann,
Volker, der Fiedler | „was ihr uns kundgetan.
Laßt uns zu Hofe reiten | und einmal da besehn,
Was uns schnellen Degen | bei den Heunen möge geschehn.“

Die kühnen Burgunden | hin zu Hofe ritten:
Sie kamen stolz gezogen | nach ihres Landes Sitten.
Da wollte bei den Heunen | gar mancher kühne Mann
Von Tronje Hagen schauen | wie der wohl wäre getan.

Es war durch die Sage | dem Volk bekannt genug,
Daß er von Niederlanden | Siegfrieden schlug,
Aller Recken stärksten | Frau Kriemhildens Mann:
Drum ward so großes Fragen | bei Hof nach Hagen getan.

Der Held war wohlgewachsen | das ist gewißlich wahr,
Von Schultern breit und Brüsten | gemischt war sein Haar
Mit einer greisen Farbe | von Beinen war er lang
Und schrecklich von Antlitz | er hatte herrlichen Gang.

Da schuf man Herberge | den Burgundendegen;
Gunthers Ingesinde | ließ man gesondert legen.
Das riet die Königstochter | die ihm viel Hasses trug:
Daher man bald die Knechte | in der Herberg’ erschlug.

Dankwart, Hagens Bruder | war da Marschall;
Der König sein Gesinde | ihm fleißig anbefahl,
Daß er sie gut verpflege | und ihnen geb’ genug.
Der Held von Burgunden | holden Sinn dem Heere trug.

Kriemhild die schöne | mit dem Gesinde ging,
Wo sie die Nibelungen | mit falschem Mut empfing.
Sie küßte Geiselheren | und nahm ihn bei der Hand.
Als das Hagen sah von Tronje | den Helm er fester sich band.

„Nach solchem Empfange“ | so sprach da Hagen,
„Mögen wohl Bedenken | die schnellen Degen tragen;
Man grüßt die Fürsten ungleich | und den Untertan:
Keine gute Reise haben wir | zu dieser Hochzeit getan.“

Sie sprach: „Seid willkommen | dem, der euch gerne sieht:
Eurer Freundschaft willen | kein Gruß euch hier geschieht.
Sagt, was ihr mir bringet | von Worms überrhein,
Daß ihr mir so höchlich | solltet willkommen sein?“

„Was sind das für Sachen“ | sprach Hagen entgegen,
„Daß euch Gaben bringen | sollten diese Degen?
So reich wär’ ich gewesen | hätt’ ich das gedacht,
Daß ich euch meine Gabe | her ins Land hätt’ gebracht.“

„Nun frag’ ich um die Märe | weiter bei euch an:
Der Hort der Nibelungen | wohin ward der getan?
Der war doch mein eigen | das ist euch wohl bekannt:
Den solltet ihr mir haben | gebracht in König Etzels Land.“

„In Treuen, Frau Kriemhild | schon mancher Tag ist hin,
Den Hort der Nibelungen | seit ich des ledig bin:
Ihn ließen meine Herren | senken in den Rhein;
Da muß er auch in Wahrheit | bis zum jüngsten Tage sein.“

Die Königin versetzte | „Ich dacht’ es wohl vorher.
Ihr habt mir noch wenig | davon gebracht hieher,
Wiewohl er war mein eigen | und ich sein weiland pflag;
Drum hab’ ich seither immer | gar manchen traurigen Tag.“

„Ich bring’ euch den Teufel!“ | sprach wieder Hagen,
„Ich hab’ an meinem Schilde | so viel zu tragen
Und an meinem Harnisch | mein Helm der ist licht,
Das Schwert an meiner Seite | drum bring’ ich ihn euch nicht.“

Da sprach die Königstochter | zu den Recken allzumal:
„Man soll keine Waffen | tragen hier im Saal;
Vertraut sie mir, ihr Helden | zur Verwahrung an.“
„In Treuen,“ sprach da Hagen | „das wird nimmer getan.

„Ich begehre nicht der Ehre | Fürstengattin mild,
Daß ihr zur Herberge | tragt meinen Schild
Und ander Streitgeräte | ihr seid hier Königin.
So lehrte mich mein Vater | daß ich selbst ihr Hüter bin.“

„O weh dieses Leides!" | sprach da Kriemhild:
„Warum will mein Bruder | und Hagen seinen Schild
Nicht verwahren lassen? | Gewiß, sie sind gewarnt:
Und wüßt' ich, wer es hat getan | der Tod der hielt' ihn umgarnt."

Im Zorn gab ihr Antwort | Dietrich sogleich:
„Ich bin es, der gewarnt hat | die edeln Fürsten reich
Und Hagen den kühnen | der Burgunden Mann:
Nur zu, du Braut des Teufels | du tust kein Leid mir drum an."

Da schämte sich gewaltig | die edle Königin:
Sie fürchtete sich bitter | vor Dietrichs Heldensinn.
Sie ging alsdann von dannen | kein Wort mehr sprach sie da,
Nur daß sie nach den Feinden | mit geschwinden Blicken sah.

Da nahmen bei den Händen | zwei der Degen sich,
Der eine war Hagen | der andere Dietrich.
Da sprach wohlgezogen | der Degen allbereit:
„Eure Reise zu den Heunen | die ist in Wahrheit mir leid,

Da die Königstochter | so gesprochen hat."
Da sprach von Tronje Hagen | „Zu allem wird schon Rat."
So sprachen zueinander | die Recken wohlgetan.
Das sah der König Etzel | der gleich zu fragen begann:

„Die Märe wüßt' ich gerne" | befrug der König sich,
„Wer der Recke wäre | den dort Herr Dietrich
So freundlich hat empfangen | er trägt gar hoch den Mut;
Wie auch sein Vater heiße | er mag wohl sein ein Recke gut."

Antwort gab dem König | ein Kriemhildens Mann:
„Von Tronje ist er geboren | sein Vater hieß Aldrian;
Wie zahm er hier gebare | er ist ein grimmer Mann:
Ich lass' euch das noch schauen | daß ich keine Lüge getan."

„Wie soll ich das erkennen | daß er so grimmig ist?"
Noch hau' er nicht Kunde | von mancher argen List,
Die wider ihre Freunde | die Königin spann,
Daß aus dem Heunenlande | ihr auch nicht Einer entrann.

Wohl kannt' ich Hagen | er war mein Untertan.
Lob und große Ehre | er hier bei mir gewann.
Ich macht' ihn zum Ritter | und gab ihm mein Gold;
Weil er sich getreu erwies | war ich immer ihm hold.

Daher ist mir von Hagen | alles wohlbekannt.
Zwei edle Kinder bracht' ich | als Geisel in dies Land,
Ihn und von Spanien Walther | die wuchsen hier heran.
Hagen sandt' ich wieder heim | Walther mit Hildegund entrann."

So gedacht' er alter Zeiten | und was vordem geschehn.
Seinen Freund von Tronje | hau' er hier gesehn,
Der ihm in seiner Jugend | oft große Dienste bot;
Jetzt schlug er ihm im Alter | viel lieber Freunde zu Tod.

NEUNUNDZWANZIGSTES ABENTEUER

WIE ER NICHT VOR IHR AUFSTAND

Da schieden auch die beiden | werten Recken sich,
Hagen von Tronje | und Herr Dieterich.
Über die Achsel blickte | Gunthers Untertan
Nach einem Heergesellen | den er sich bald da gewann.

Neben Geiselheren | sah er Volkern stehn,
Den kunstreichen Fiedler | den bat er mitzugehn,
Weil er wohl erkannte | seinen grimmen Mut:
Er war an allen Tugenden | ein Ritter kühn und auch gut.

Noch ließ man die Herren | auf dem Hofe stehn.
Die beiden ganz alleine | sah man von dannen gehn
Über den Hof hin ferne | vor einen Pallas weit:
Die Auserwählten scheuten | sich vor niemandes Streit.

Sie setzten vor dem Hause sich | genüber einem Saal,
Der war Kriemhilden | auf eine Bank zu Tal.
An ihrem Leibe glänzte | ihr herrlich Gewand;
Gar manche, die das sahen | hätten gern sie gekannt.

Wie die wilden Tiere | gaffte sie da an,
Die übermüt›gen Helden | mancher Heunenmann.
Da sah sie durch ein Fenster | Etzels Königin:
Das betrübte wieder | der schönen Kriemhilde Sinn.

Sie gedacht' ihres Leides | zu weinen hub sie an.
Das wunderte die Degen | die Etzeln Untertan,
Was ihr bekümmert hätte | so sehr den hohen Mut.
Da sprach sie: „Das tat Hagen | ihr Helden kühn und auch gut."

Sie sprachen zu der Frauen | „Wie ist das geschehn?
Wir haben euch doch eben | noch wohlgemut gesehn.
Wie kühn er auch wäre | der es euch hat getan,
Befehlt ihr uns die Rache | den Tod müßt' er empfahn."

„Dem wollt' ich immer danken | der rächte dieses Leid:
Was er nur begehrte | ich war' dazu bereit.
Ich fall' euch zu Füßen" | so sprach des Königs Weib:
„Rächt mich an Hagen | er verliere Leben und Leib."

Da rüsteten die Kühnen | sich, sechzig an der Zahl:
Kriemhild zu Liebe | wollten sie vor den Saal
Und wollten Hagen schlagen | diesen kühnen Mann,
Dazu den Fiedelspieler | das ward einmütig getan.

Als so gering den Haufen | die Königin ersah,
In grimmem Mute sprach sie | zu den Helden da:
„Von solchem Unterfangen | rat' ich abzustehn:
Ihr dürft in so geringer Zahl | nicht mit Hagen streiten gehn.

So kühn auch und gewaltig | der von Tronje sei,
Noch ist bei weitem stärker | der ihm da sitzet bei,
Volker der Fiedler | das ist ein übler Mann:
Wohl dürft ihr diesen Helden | nicht zu so wenigen nahn."

Als sie die Rede hörten | rüsteten sich mehr,
Vierhundert Recken | Der Königin hehr
Lag sehr am Herzen | die Rache für ihr Leid.
Da wurde bald den Degen | große Sorge bereit.

Als sie ihr Gesinde | wohlbewaffnet sah,
Zu den schnellen Recken | sprach die Königin da:
„Nun harrt eine Weile | ihr sollt noch stille stehn.
Ich will unter Krone | hin zu meinen Feinden gehn.

Hört mich ihm verweisen | was mir hat getan
Hagen von Tronje | Gunthers Untertan.
Ich weiß ihn so verwegen | er leugnet's nimmermehr:
So will ich auch nicht fragen | was ihm geschehe nachher."

Da sah der Fiedelspieler | ein kühner Spielmann,
Die edle Königstochter | von der Stiege nahn,
Die aus dem Hause führte | Als er das ersah,
Zu seinem Heergesellen | sprach der kühne Volker da:

„Nun schauet, Freund Hagen | wie sie dorther naht,
Die uns ohne Treue | ins Land geladen hat.
Ich sah mit einer Königin | nie so manchen Mann
Die Schwerter in den Händen | also streitlustig nahn.

Wißt ihr, Freund Hagen | daß sie euch abhold sind?
So will ich euch raten | daß ihr zu hüten sinnt
Des Lebens und der Ehre | fürwahr, das dünkt mich gut:
Soviel ich mag erkennen | ist ihnen zornig zumut.

Es sind auch manche drunter | von Brüsten stark und breit:
Wer seines Lebens hüten will | der tu' es beizeit.
Ich glaube, unter Seide | sie lichte Panzer tragen.
Was sie damit meinen | das kann ich niemandem sagen."

Da sprach im Zornmute | Hagen, der kühne Mann:
„Ich weiß wohl, das wird alles | wider mich getan,
Daß sie die lichten Waffen | tragen an der Hand;
Vor denen aber reit' ich | noch in der Burgunden Land.

Nun sagt mir, Freund Volker | denkt ihr mir beizustehn,
Wenn mit mir streiten wollen | die in Kriemhilds Lehn?
Das laßt mich vernehmen | so lieb als ich euch sei.
Ich steh' euch mit Diensten | immer wieder treulich bei."

„Sicherlich, ich helf' euch" | so sprach da Volker.
„Und sah ich uns entgegen | mit seinem ganzen Heer
Den König Etzel kommen | all meines Lebens Zeit
Weich' ich von eurer Seite | aus Furcht nicht eines Fußes breit."

Nun lohn' euch Gott vom Himmel | viel edler Volker!
Wenn sie mit mir streiten | wes bedarf ich mehr?
Da ihr mir helfen wollet | wie ich jetzt vernommen,
So mögen diese Recken | fein behutsam näher kommen."

„Stehn wir auf vom Sitze" | sprach der Fiedelmann,
„Vor der Königstochter | so sie nun kommt heran.
Bieten wir die Ehre | der edeln Königin!
Das bringt uns auch beiden | an eignen Ehren Gewinn."

„Nein! wenn ihr mich lieb habt" | sprach dawider Hagen.
„Es möchten diese Degen | mit dem Wahn sich tragen,
Daß ich aus Furcht es täte | und dächte wegzugehn:
Von dem Sitze mein' ich | vor ihrer keinem aufzustehn.

Daß wir es bleiben lassen | das ziemt uns ganz allein.
Soll ich dem Ehre bieten | der mir feind will sein?
Nein, ich tu es nimmer | solang' ich leben soll:
In aller Welt, was kümmr' ich | mich um Kriemhildens Groll?"

Der vermess'ne Hagen legte | über die Schenkel hin
Eine lichte Waffe | aus deren Knaufe schien
Mit hellem Glanz ein Jaspis | grüner noch als Gras.
Wohl erkannte Kriemhild | daß Siegfried einst sie besaß.

Als sie das Schwert erkannte | das schuf ihr große Not.
Der Griff war von Golde | der Scheide Borte rot.
Ermahnt war sie des Leides | zu weinen hub sie an;
Ich glaube, Hagen hatt' es | auch eben darum getan.

Volker, der kühne | zog näher an die Bank
Einen starken Fiedelbogen | mächtig und lang,
Wie ein Schwert geschaffen | scharf dazu und breit.
So saßen unerschrocken | diese Recken allbereit.

Die kühnen Degen beide | deuchten sich so hehr,
Aus Furcht vor jemandem | wollten sie nimmermehr
Vom Sitz sich erheben | Ihnen schritt da vor den Fuß
Die edle Königstochter | und bot unfreundlichen Gruß.

Sie sprach: „Nun sagt, Herr Hagen | wer hat nach euch gesandt,
Daß ihr zu reiten wagtet | her in dieses Land,
Da ihr doch wohl wußtet | was ihr mir habt getan?
Wart ihr bei guten Sinnen | ihr durftet's euch nicht unterfahn."

Nach mir gesandt hat niemand" | sprach er entgegen,
„Her zu diesem Lande | lud man drei Degen,
Die heißen meine Herren | ich steh' in ihrem Lehn;
Bei keiner Hofreise | pfleg' ich daheim zu bestehn."

Sie sprach: „Nun sagt mir ferner | was tatet ihr das,
Daß ihr es verdientet | wenn ich euch trage Haß?
Ihr erschlugt Siegfrieden | meinen lieben Mann,
Den ich bis an mein Ende | nicht genug beweinen kann."

„Wozu der Rede weiter?" | sprach er, „es ist genug:
Ich bin halt der Hagen | der Siegfrieden schlug,
Den behenden Degen | wie schwer er das entgalt,
Daß die Frau Kriemhild | die schöne Brunhilde schalt!

Es wird auch nicht geleugnet | reiche Königin,
Daß ich an all dem Schaden | dem schlimmen, schuldig bin,
Nun räch' es, wer da wolle | Weib oder Mann.
Ich müßt' es wahrlich lügen | ich hab' euch viel zuleid getan."

Sie sprach: „Da hört ihr, Recken | wie er die Schuld gesteht
An all meinem Leide ! | Wie's ihm deshalb ergeht,
Darnach will ich nicht fragen | ihr Etzeln Untertan."
Die übermüt›gen Degen | blickten all einander an.

Wär' da der Streit erhoben | so hätte man gesehn,
Wie man den zwei Gesellen | müss' Ehre zugestehn:
Das hatten sie in Stürmen | oftmals dargetan.
Was jene sich vermessen | das ging aus Furcht nun nicht an.

Da sprach der Recken einer | „Was seht ihr mich an?
Was ich zuvor gelobte | das wird nun nicht getan.
Um niemands Gabe lass' ich | Leben gern und Leib.
Uns will hier verleiten | dem König Etzel sein Weib."

Da sprach ein andrer wieder | „So steht auch mir der Mut.
Wer mir Türme gäbe | von rotem Golde gut,
Diesen Fiedelspieler | wollt' ich nicht bestehn
Der schnellen Blicke wegen | die ich hab' an ihm ersehn.

Auch kenn' ich diesen Hagen | von seiner Jugendzeit:
Drum weiß ich von dem Recken | selber wohl Bescheid.
In zweiundzwanzig Stürmen | hab' ich ihn gesehn;
Da ist mancher Frauen | Herzeleid von ihm geschehn.

Er und der von Spanien | traten manchen Pfad,
Da sie hier bei Etzeln | taten manche Tat
Dem König zuliebe | Das ist oft geschehn:
Drum mag man Hagen billig | große Ehre zugestehn.

„Damals war der Recke | an Jahren noch ein Kind
(Die damals Junge waren | wie grau die heute sind!):
Nun kam er zu Sinnen | und ist ein grimmer Mann;
Auch trägt er Balmungen | den er übel gewann."

Damit war's entschieden | niemand suchte Streit.
Das war der Königstochter | im Herzen bitter leid.
Die Helden gingen wieder | wohl scheuten sie den Tod
Von den Helden beiden | das tat ihnen wahrlich not.

Wie oft man verzagend | manches unterläßt,
Wo der Freund beim Freunde | treulich steht und fest!
Und hat er kluge Sinne | daß er nicht also tut,
Vor Schaden nimmt sich mancher | durch Besonnenheit in Hut.

Da sprach der kühne Volker | „Da wir nun selber sahn,
Daß wir hier Feinde finden | wie man uns kundgetan,
So laß uns zu den Königen | hin zu Hofe gehn,
So darf unsre Herren | mit Kampfe niemand bestehn."

„Gut, ich will euch folgen" | sprach Hagen entgegen.
Da gingen hin die beiden | wo sie die zieren Degen
Noch harrend des Empfanges | auf dem Hofe sahn.
Volker, der kühne | hub da laut zu reden an.

Er sprach zu seinen Herren | „Wie lange wollte ihr stehn
Und euch drängen lassen? | ihr sollt zu Hofe gehn
Und von dem König hören | wie der gesonnen sei.“
Da sah man sich gesellen | der kühnen Helden je zwei.

Dietrich von Berne | nahm da an die Hand
Gunther, den reichen | von Burgundenland;
Irnfried nahm Gernoten | diesen kühnen Mann;
Da ging mit Rüdigeren | Geiselher zu Hof heran.

Wie bei diesem Zuge | gesellt war jeglicher,
Volker und Hagen | die schieden sich nicht mehr
Als noch in Einem Kampfe | bis an ihren Tod.
Das mußten bald beweinen | edle Fraun in großer Not.

Da sah man mit den Königen | hin zu Hofe ziehn
Ihres edeln Ingesindes | tausend Degen kühn;
Darüber sechzig Recken | waren mitgekommen:
Die hatt’ aus seinem Lande | der kühne Hagen genommen.

Hawart und Iring | zwei Degen auserkannt,
Die gingen mit den Königen | zu Hofe Hand in Hand;
Dankwart und Wolfhart | ein teuerlicher Degen,
Die sah man großer Hofzucht | vor den übrigen pflegen.

Als der Vogt vom Rheine | in den Pallas ging,
Etzel, der reiche | das länger nicht verhing:
Er sprang von seinem Sitze | als er ihn kommen sah.
Ein Gruß, ein so recht schöner | nie mehr von Kön’gen geschah.

„Willkommen mir, Herr Gunther | und auch Herr Gernot
Und euer Bruder Geiselher | die ich hieher entbot
Mit Gruß und treuem Dienste | von Worms überrhein,
Und eure Degen alle | sollen mir willkommen sein.

Laßt euch auch Willkommen | ihr beiden Recken, sagen,
Volker, der kühne | und dazu Herr Hagen,
Mir und meiner Frauen | hier in diesem Land:
Sie hat euch manche Botschaft | hin zum Rheine gesandt.“

Da sprach von Tronje Hagen | „Das haben wir vernommen.
War' ich um meine Herren | gen Heunland nicht gekommen,
So war' ich euch zu Ehren | geritten in das Land."
Da nahm der edle König | die lieben Gäste bei der Hand

Und führte sie zum Sitze | hin, wo er selber saß.
Da schenkte man den Gästen | fleißig tat man das,
In weiten goldnen Schalen | Met, Moraß und Wein
Und hieß die fremden Degen | höchlich willkommen sein.

Da sprach König Etzel | „Das muß ich wohl gestehn,
Mir könnt' in diesen Zeiten | nichts Lieberes geschehn
Als durch euch, ihr Recken | daß ihr gekommen seid;
Damit ist auch der Königin | benommen Kummer und Leid.

„Mich nahm immer wunder | was ich euch wohl getan,
Da ich der edeln Gäste | so manche doch gewann,
Daß ihr nie zu reiten | geruhtet in mein Land;
Nun ich euch hier ersehen hab' | ist mir's zu Freuden gewandt."

Da versetzte Rüdiger | ein Ritter hochgemut:
„Ihr mögt sie gern empfahen | ihre Treue, die ist gut:
Der wissen meiner Frauen | Brüder schön zu pflegen.
Sie bringen euch zu Hause | manchen weidlichen Degen."

Am Sonnewendenabend | waren sie gekommen
An Etzels Hof, des reichen | Noch selten ward vernommen,
Daß ein König seine Gäste | freundlicher empfing.
Nun war auch Zeit zum Essen | Etzel zu Tisch mit ihnen ging.

Ein Wirt bei seinen Gästen | sich holder nie betrug.
Zu trinken und zu essen | bot man da genug:
Was sie nur wünschen mochten | das wurde gern gewährt.
Man hatte von den Helden | viel große Wunder gehört.

DREISSIGSTES ABENTEUER

WIE HAGEN UND VOLKER SCHILDWACHT STANDEN

Der Tag war nun zu Ende | es nahte sich die Nacht.
Den reisemüden Recken | war die Sorg' erwacht,
Wann sie ruhen sollten | und zu Bette gehn.
Zur Sprache bracht' es Hagen | Bescheid ist ihnen geschehn.

Zu dem Wirte sprach da Gunther | „Gott laß euch's wohlgedeihn:
Wir wollen schlafen gehen | mag es mit Urlaub sein.
Wenn ihr das gebietet | kommen wir morgen fruh."
Der Wirt entließ die Gäste | wohlgemut zu ihrer Ruh'.

Von allen Seiten drängen | man die Gäste sah.
Volker, der kühne | sprach zu den Heunen da:
„Wie dürft ihr uns Recken | so vor die Füße gehn?
Und wollt ihr das nicht meiden | so wird euch übel geschehn.

So schlag' ich dem und jenem | so schweren Geigenschlag,
Hat er einen Treuen | daß der's beweinen mag.
Nun weicht vor uns Recken | fürwahr, mich dünkt es gut:
Es heißen alle Degen | und haben doch nicht gleichen Mut."

Als in solchem Zorne | sprach der Fiedelmann,
Hagen, der kühne | sich umzuschaun begann.
Er sprach: „Euch rät zum Heile | der kühne Fiedeler.
Geht zu den Herbergen | ihr in Kriemhildens Heer.

Was ihr habt im Sinne | es fügt sich nicht dazu:
Wollt ihr was beginnen | so kommt uns morgen fruh
Und laßt uns Landfremden | heut' in Frieden ruhn.
Ich glaube, niemals werden | es Helden williger tun."

Da brachte man die Gäste | in einen weiten Saal,
Zur Nachtruh' eingerichtet | den Recken allzumal
Mit köstlichen Betten | lang zumal und breit.
Gern schuf ihnen Kriemhild | das allergrößeste Leid.

Schmucker Decken sah man | von Arras da genug
Aus lichthellem Zeuge | und manchen Überzug
Aus arabischer Seide | so gut sie mochten sein,
Verbrämt mit goldnen Borten | die gaben herrlichen Schein.

Viel Bettlaken fand man | von Hermelin gemacht
Und von schwarzem Zobel | worunter sie die Nacht
Sich Ruhe schaffen sollten | bis an den lichten Tag.
Ein König mit dem Volke | wohl nimmer herrlicher lag.

„O weh des Nachtlagers!" | sprach Geiselher das Kind,
„Und weh meiner Freunde | die mit uns kommen sind!
Wie gut es meine Schwester | uns auch hier erbot,
Wir gewinnen, fürcht' ich, alle | von ihrem Hasse den Tod."

„Nun laßt euer Sorgen" | sprach Hagen der Degen,
„Ich will heute selber | der Schildwache pflegen
Und getrau' euch zu behüten | bis morgen an den Tag:
Seid des ohne Sorge | so entrinne, wer da mag."

Da neigten sich ihm alle | und sagten ihm Dank.
Sie gingen zu den Betten | da währt' es nicht lang',
Bis in Ruhe lagen | die Helden wohlgetan.
Hagen, der kühne | sich da zu waffnen begann.

Da sprach der Fiedelspieler | Volker, der Degen:
„Verschmäht ihr's nicht, Hagen | so will ich mit euch pflegen
Heunt der Schildwache | bis morgen an den Tag."
Da dankte Volkeren | der Degen gütlich und sprach:

Nun lohn' euch Gott vom Himmel | viel lieber Volker!
Zu allen meinen Sorgen | wünsch' ich mir niemand mehr
Als nur euch alleine | befahr' ich irgend Not.
Ich will es wohl vergelten | es verwehr' es denn der Tod."

Da kleideten die beiden | sich in ihr licht Gewand.
Jedweder faßte | den Schild an seine Hand,
Sie gingen aus dem Hause | vor die Türe stehn
Und hüteten der Gäste | das ist mit Treuen geschehn.

Volker, der schnelle | lehnte von der Hand
Seinen Schild den guten | an des Saales Wand.
Dann wandt er sich zurücke | wo seine Geige war,
Und diente seinen Freunden | es ziemt ihm also fürwahr.

Unter des Hauses Türe | setzt' er sich auf den Stein.
Kühnrer Fiedelspieler | mochte nimmer sein.
Als der Saiten Tönen | ihm so hold erklang,
Die stolzen Heimatlosen | die sagten Volkern den Dank.

Da tönten seine Saiten | daß all das Haus erscholl;
Seine Kraft und sein Geschicke | die waren beide voll.
Süßer und sanfter | zu geigen hub er an:
So spielt' er in den Schlummer | gar manchen sorgenden Mann.

Da sie entschlafen waren | und Volker das befand,
Da nahm der Degen wieder | den Schild an die Hand
Und ging aus dem Hause | vor die Türe stehn,
Zu hüten die Landfremden | vor denen in Kriemhildens Lehn.

Wohl der Nacht inmitten | wenn es erst da geschah,
Volker, der kühne | einen Helm erglänzen sah
Fernher durch das Dunkel | Die Kriemhild untertan,
Hätten an den Gästen | gerne Schaden getan.

Da sprach der Fiedelspieler | „Nun seht, Freund Hagen,
Uns ziemt, diese Sorge | gemeinsam zu tragen.
Gewaffnet vor dem Hause | seh' ich Leute stehn:
So viel ich mag erkennen | kommen sie uns zu bestehn."

So schweigt," sprach da Hagen | „laßt sie erst näher her.
Eh' sie uns inne werden | wird ihrer Helme Wehr
Zerschroten mit den Schwertern | von unser beider Hand:
Sie werden Kriemhilden | übel wieder heimgesandt."

Der Heunenrecken einer | das gar bald ersah,
Die Türe sei behütet | wie schnell sprach er da:
„Was wir im Sinne hatten | kann nun nicht geschehn:
Ich seh' den Fiedelspieler | vor dem Hause Schildwacht stehn.

„Er trägt auf dem Haupte | einen Helm von lichtem Glanz,
Der ist hart und lauter | stark dazu und ganz.
Auch loh'n die Panzerringe | ihm, wie das Feuer tut.
Daneben steht auch Hagen | die Gäste sind in guter Hut."

Da wandten sie sich wieder | Als Volker das ersah,
Zu seinem Heergesellen | in Zorn sprach er da:
„Nun laßt mich von dem Hause | zu den Recken gehn:
So frag' ich um die Märe | die in Kriemhildens Lehn."

„Nein, wenn ihr mich lieb habt" | sprach Hagen entgegen,
„Kämt ihr aus dem Hause | diese schnellen Degen
Brächten euch mit Schwertern | leicht in solche Not,
Daß ich euch helfen müßte | wär's aller meiner Freunde Tod.

„Wenn wir dann beide | kämen in den Streit,
So möchten ihrer zweie | oder vier in kurzer Zeit
Zu dem Hause springen | und schüfen solche Not
Drinnen an den Schlafenden | daß wir's bereuten bis zum Tod."

Da sprach wieder Volker | „So laßt es nur geschehn,
Daß sie inne werden | wir haben sie gesehn:
So können uns nicht leugnen | die Kriemhild untenan,
Daß sie gerne treulos | an den Gästen hätten getan."

Da rief der Fiedelspieler | den Heunen entgegen:
„Wie geht ihr so bewaffnet | ihr behenden Degen?
Wollt ihr morden reiten | ihr Kriemhild untenan?
So nehmt mich zur Hilfe | und meinen Heergesellen an."

Niemand gab ihm Antwort | zornig war sein Mut:
„Pfui, feige Bösewichter“ | sprach der Degen gut,
„Im Schlaf uns zu ermorden | schlicht ihr dazu heran?
Das ward so guten Helden | bisher noch selten getan.“

Bald ward auch die Märe | der Königin bekannt
Vom Abzug ihrer Boten | wie schwer sie das empfand!
Da fügte sie es anders | gar grimmig war ihr Mut.
Da mußten bald verderben | viel der Helden kühn und gut.

EINUNDDREISSIGSTES ABENTEUER

WIE DIE HERREN ZUR KIRCHE GINGEN

Mir wird so kühl der Harnisch“ | sprach da Volker:
„Die Nacht, wähn’ ich, wolle | nun nicht währen mehr.
Ich fühl’ es an den Lüften | es ist nicht weit vom Tag.“
Da weckten sie gar manchen | der da im Schlafe noch lag.

Da schien der lichte Morgen | den Gästen in den Saal.
Hagen begann zu wecken | die Recken allzumal,
Ob sie zum Münster wollten | in die Messe heut.
Nach christlichen Sitten | erscholl der Glocken Geläut.

Der Gesang war ungleich | kein Wunder mocht’ es sein,
Daß Christen mit Heiden | nicht stimmten überein.
Da wollten zu der Kirche | die in Gunthers Lehn:
Man sah sie von den Betten | allzumal da erstehn.

Da schnürten sich die Recken | in also gut Gewand,
Daß nie Helden wieder | in eines Königs Land
Bess’re Kleider brachten | Hagen war es leid;
Er sprach: „Ihr tätet besser | ihr trügt hier anderlei Kleid.

Nun ist euch doch allen | die Märe wohl bekannt:
Drum statt der Rosenkränze | nehmt Waffen an die Hand;
Statt wohlgesteinter Hüte | die lichten Helme gut,
Da wir so wohl erkennen | der argen Kriemhilde Mut.

Wir müssen heute streiten | das will ich euch sagen.
Statt seidner Hemden sollt ihr | Halsbergen tragen
Und statt der reichen Mäntel | gute Schilde breit:
Zürnt mit euch jemand | daß ihr wehrhaftig seid.

„Meine lieben Herren | Freund' und Mannen mein,
Tretet in die Kirche | mit lauterm Herzen ein
Und klagt Gott, dem reichen | eure Sorg' und Not:
Denn wißt unbezweifelt | es naht uns allen der Tod.

Ihr sollt auch nicht vergessen | was je von euch geschah,
Und steht vor eurem Gotte | andächtig da.
Laßt euch alle warnen | gute Recken hehr:
Es wend' es Gott im Himmel | so hört ihr keine Messe mehr."

So gingen zu dem Münster | die Fürsten und ihr Lehn.
Auf dem heiligen Friedhof | da hieß sie stille stehn
Hagen, der kühne | damit man sie nicht schied.
Er sprach: „Noch weiß ja niemand | was von den Heunen geschieht.

Setzt, meine Freunde | die Schilde vor den Fuß
Und lohnt es, beut euch jemand | feindlichen Gruß,
Mit tiefen Todeswunden | das ist, was Hagen rät.
So werdet ihr befunden | wie's euch am löblichsten steht."

Volker und Hagen | die beiden stellten da
Sich vor das weite Münster | was darum geschah,
Sie wollten's dazu bringen | daß sich die Königin
Mit ihnen drängen müsse | wohl war gar grimmig ihr Sinn.

Da kam der Wirt des Landes | und auch sein schönes Weib;
Mit reichem Gewande | war ihr geziert der Leib
Und manchem schnellen Degen | der im Geleit ihr war.
Da flog der Staub zur Höhe | vor der Kriemhilden Schar.

Als der reiche König | so gewaffnet sah
Die Fürsten und ihr Ingesind' | wie bald sprach er da:
„Was seh' ich meine Freunde | unter Helmen gehn?
Leid wär' mir meiner Treue | wär' ihnen etwas hier geschehn.

Das wollt' ich ihnen büßen | wie sie es deuchte gut.
Wenn ihnen wer beschwerte | das Herz und den Mut,
So lass' ich sie wohl schauen | es sei mir wahrlich leid:
Was sie gebieten mögen | dazu bin ich gern bereit."

Zur Antwort gab ihm Hagen | „Uns ist kein Leid geschehn.
Es ist der Herren Sitte | daß sie gewaffnet gehn
Bei allen Gastgeboten | zu dreien vollen Tagen.
Was uns hier geschähe | wir würden Etzeln es klagen."

Wohl vernahm die Königin | Hagens Rede da.
Wie feindlich sie dem Degen | unter die Augen sah!
Sie wollte doch nicht melden | den Brauch in ihrem Land,
Wie lang bei den Burgunden | sie den auch hatte gekannt.

Wie grimm und stark die Königin | ihnen abhold wäre,
Hätte jemand Etzeln | gesagt die rechte Märe,
Er hätt' es wohl gewendet | was nun doch geschah:
In ihrem hohen Übermut | verschwiegen sie es alle da.

Da schritt mit vielem Volke | Kriemhild zur Kirchentür:
Doch wollten diese beiden | weichen nicht vor ihr
Zweier Hände Breite | das war den Heunen leid.
Da mußten sie sich drängen | mit den Helden allbereit.

Etzels Kämmerlinge | die deuchte das nicht gut:
Wohl hätten sie den Recken | gern erzürnt den Mut,
Wenn sie es wagen dürften | vor dem König hehr.
Da gab es groß Gedränge | und doch nichts anderes mehr.

Als nach dem Gottesdienste | man auf den Heimweg sann,
Da kam hoch zu Rosse | mancher Heunenmann.
Auch war bei Kriemhilden | manche schöne Maid;
Wohl Siebentausend zählte | der Königin Heergeleit.

Kriemhild mit ihren Frauen | in den Fenstern saß
Bei Etzeln, dem reichen | gerne sah er das.
Sie wollten reiten sehen | die Helden auserkannt:
Hei! was man fremder Recken | vor ihnen auf dem Hofe fand!

Nun war auch mit den Knechten | der Marschall gekommen:
Der kühne Dankwart hatte | mit sich genommen
Der Herren Ingesinde | von Burgundenland:
Die Rosse wohlgesattelt | man den kühnen Niblungen fand.

Als zu Rossen kamen | die Fürsten und ihr Heer,
Da begann zu raten | der starke Volker,
Sie sollten buhurdieren | nach ihres Landes Sitten.
Da wurde von den Helden | bald gar herrlich geritten.

Was der Held geraten | niemanden wohl verdroß;
Der Buhurd und der Waffenklang | wurden beide groß.
In dem weiten Hofe | kam da mancher Mann;
Etzel mit Kriemhild | es selbst zu schauen begann.

Auf den Buhurd kamen | sechshundert Degen.
Dietrichens Recken | den Gästen entgegen.
Mit den Burgunden wollten | sie sich im Spiel ergehn;
Wollt' es ihr Herr vergönnen | so wär' es gerne geschehn.

Hei! was gute Recken | ritten da heran!
Dietrich, dem Helden | ward es kundgetan.
Mit Gunthers Ingesinde | das Spiel er verbot.
Er schonte seiner Leute | das tat ihm sicherlich not.

Als Dietrichs Gefolge | so vermied den Streit,
Da kam von Bechlaren | Rüdigers Geleit,
Fünfhundert unter Schilden | vor den Saal geritten.
Leid war's dem Markgrafen | er hätt' es gern nicht gelitten.

Da ritt er fürsorglich | zu ihnen durch die Schar
Und sagte seinen Mannen | sie würden selbst gewahr,
Daß im Unmut wären | die Gunthern untertan:
Wenn sie das Kampfspiel ließen | so wär' ihm Liebes getan.

Als von ihnen schieden | die Helden allbereit,
Da kamen die von Thüringen | hörten wir Bescheid,
Und vom Dänenlande | der kühnen tausend Mann.
Von Stichen sah man fliegen | viel der Splitter hoch hinan.

Irnfried und Hawart | ritten zum Buhurd hin;
Ihrer harrten die vom Rheine | mit hochfährt'gern Sinn
Zum Lanzenspiel mit denen | von Thüringerland:
Durchbohrt von Stichen wurde | mancher schöne Schildesrand.

Da kam der Degen Blödel | dreitausend in der Schar.
Etzel und Kriemhild | nahmen sein wohl war,
Da vor ihnen beiden | das Ritterspiel geschah.
Die Königin es gerne | aus Haß der Burgunden sah.

Schrutan und Gibeke | ritten zum Buhurd auch,
Hornbog und Ramung | nach heunischem Gebrauch.
Sie hielten vor den Helden | aus Burgundenland:
Die Schäfte flogen wirbelnd | über des Königssaales Wand.

Wie sie da alle ritten | das war doch eitel Schall.
Von Stößen auf die Schilde | das Haus und den Saal
Hörte man ertosen | durch manchen Gunthers-Mann.
Das Lob sich sein Gesinde | mit großen Ehren gewann.

Da ward ihre Kurzweil | so stark und so groß,
Daß den Satteldecken | der blanke Schweiß entfloß
Von den guten Rossen | so die Helden ritten.
Sie versuchten an den Heunen | sich mit hochfährt'gen Sitten.

Da sprach der kühne Volker | der edle Spielmann:
„Zu feig sind diese Degen | sie greifen uns nicht an.
Ich hörte immer sagen | daß sie uns abhold sei'n:
Nun könnte die Gelegenheit | ihnen doch nicht günst'ger sein."

„Zu den Ställen wieder" | sprach nochmals Volker,
„Ziehe man die Rosse | wir reiten wohl noch mehr
In den Abendstunden | wenn die Zeit erschien.
Ob dann den Burgunden | den Preis wohl gibt die Königin?"

Da sahn sie einen reiten | so stattlich daher,
Es tat's von allen Heunen | kein anderer mehr.
Er hatt' in den Fenstern | wohl ein Liebchen traut:
Er ritt so wohl gekleidet | als eines edeln Ritters Braut.

Da sprach wieder Volker | „Wie blieb' es ungetan?
Jener Weiberliebling | muß einen Stoß empfahn.
Das mag hier niemand wenden | es geht ihm an den Leib:
Nicht frag' ich, ob drum zürne | dem König Etzel sein Weib."

„Nicht doch," sprach der König | „wenn ich's erbitten kann:
Es schelten uns die Leute | greifen wir sie an.
Die Heunen laßt beginnen | es kommt wohl bald dahin."
Noch saß König Etzel | am Fenster bei der Königin.

„Ich will das Kampf spiel mehren" | sprach Hagen jedoch.
„Laßt diese Frauen | und die Degen noch
Sehn, wie wir reiten können | das ist wohlgetan;
Man läßt des Lobs doch wenig | die Recken Gunthers empfahn."

Volker, der schnelle | ritt wieder in den Streit.
Das schuf da viel der Frauen | großes Herzeleid.
Er stach dem reichen Heunen | den Speer durch den Leib.
Das sah man noch beweinen | manche Maid und manches Weib.

Alsbald rückt' auch Hagen | mit seinen Helden an:
Mit sechzig seiner Degen | zu reiten er begann
Dahin, wo von dem Fiedler | das Spiel war geschehn.
Etzel und Kriemhild | konnten alles deutlich sehn.

Da wollten auch die Könige | den kühnen Fiedler gut
Unter seinen Feinden | nicht lassen ohne Hut.
Da ward von tausend Helden | mit großer Kunst geritten.
Sie taten, was sie lüstete | mit gar hochfährt'gen Sitten.

Als der reiche Heune | zu Tode war geschlagen,
Man hörte seiner Freunde | Wehruf und Klagen.
All' das Gesinde fragte | „Wer hat das getan?"
„Das hat getan der Fiedler | Volker, der kühne Spielmann."

Nach Schwertern und Schilden | riefen gleich zur Hand
Des Markgrafen Freunde | von der Heunen Land:
Zu Tode schlagen wollten | sie den Fiedelmann.
Der Wirt von seinem Fenster | daher zu eilen begann.

Da hob sich von den Heunen | allenthalben Schall.
Abstiegen mit dem Volke | die Kön'ge vor dem Saal;
Zurück die Rosse stießen | die Gunthern untertan.
Da kam der König Etzel | den Streit zu schlichten, heran.

Einem Vetter dieses Heunen | den er da bei ihm fand,
Eine scharfe Waffe | brach er ihm aus der Hand
Und schlug sie all' zurücke | er war in großem Zorn.
„Wie hätt' ich meine Dienste | an diesen Helden verlorn!

Wenn ihr bei mir erschlüget | diesen Spielmann,"
Sprach der König Etzel | „übel wär› das getan!
Als er erstach den Heunen | sein Reiten wohl ich sah,
Daß es ohne sein Verschulden | nur durch Straucheln geschah.

Ihr sollt meine Gäste | mit Frieden lassen ziehn."
So ward er ihr Geleite | Die Rosse zog man hin
Zu den Herbergen | Sie hatten manchen Knecht,
Der ihnen war zu Diensten | mit allem Fleiße gerecht.

Der Wirt mit seinen Freunden | ging zum Saal zurück:
Da regte sich kein Zürnen | mehr vor seinem Blick.
Man richtete die Tische | das Wasser man auch trug.
Da hatten die vom Rheine | der starken Feinde genug.

Bevor da niedersaßen | die Herren, das währte lang,
Weil zu sehr mit Sorgen | jetzt Frau Kriemhild rang.
Sie sprach: „Fürst von Berne | heute muß ich flehn
Zu dir um Rat und Hilfe | meine Sachen ängstlich stehn."

Zur Antwort gab ihr Hildebrand | ein Recke tugendlich:
„Wer schlägt die Nibelungen | der tut es ohne mich,
Wie viel man Schätze böte | es wird ihm wahrlich leid.
Sie sind noch unbezwungen | die schnellen Ritter allbereit."

Da sprach dazu Herr Dietrich | mit zuchtreichem Sinn:
„Die Rede laßt bleiben | reiche Königin;
Mir ist von euern Freunden | kein solches Leid geschehn,
Daß ich sollt' im Streite | die kühnen Degen bestehn.

Die Bitte ehrt euch wenig | edel Königsweib,
Daß ihr den Freunden ratet | an Leben und an Leib.
Sie kamen euch auf Gnade | hieher in dieses Land;
Siegfried bleibt ungerochen | wohl von Dietrichens Hand."

Als sie keine Untreu | bei dem Berner fand,
Alsobald gelobte sie | Blödeln in die Hand
Eine weite Landschaft | die Nudung einst besaß;
Hernach erschlug ihn Dankwart | daß er der Gabe gar vergaß.

Sie sprach: „Du sollst mir helfen | Bruder Blödelein.
Hier in diesem Hause | sind die Feinde mein,
Die Siegfrieden schlugen | meinen lieben Mann:
Wer mir das rächen hülfe | dem wär' ich immer untenan."

Zur Antwort gab ihr Blödel | „Fraue, wisset das,
Ich darf Etzels wegen | ihnen sinnen keinen Haß:
weil er eure Freunde | so gerne leiden mag:
Tät ich ihnen Leides | der König säh' es mir nicht nach."

„Nicht also, Herr Blödel | ich bin dir immer hold:
Ich gebe dir zum Lohne | mein Silber und mein Gold
Und eine schöne Witwe | Nudungens Weib:
So magst du immer kosen | ihren minniglichen Leib.

Das Land zu den Burgen | alles geb' ich dir,
So lebst du, teurer Ritter | in Freuden stets mit ihr,
Wenn du die Mark gewinnest | die Nudung einst besaß.
Was ich dir hier gelobe | mit Treuen leist' ich dir das."

Als Blödel bieten hörte | des Lohnes also viel
Und ihrer Schöne willen | die Frau ihm wohlgefiel,
Im Kampf verdienen wollt' er | das minnigliche Weib.
Da mußte dieser Recke | verlieren Leben und Leib.

Er sprach zu der Königin | „Geht wieder in den Saal!
Eh' man es inne werde | erheb' ich großen Schall.
Hagen muß es büßen | was er euch hat getan:
Ich bring' euch gebunden | König Gunthers Untertan."

Nun waffnet euch," sprach Blödel | „ihr all in meinem Lehn.
Wir wollen zu den Feinden | in die Herberge gehn.
Mir will es nicht erlassen | König Etzels Weib:
Wir Helden müssen alle | verwagen Leben und Leib."

Als den Degen Blödel | entließ die Königin,
Daß er den Streit begänne | zu Tische ging sie hin
Mit Etzeln dem Könige | und manchem Untertan.
Sie hatte schlimme Räte | wider die Gäste getan.

Da nicht anders konnte | erhoben sein der Streit,
Kriemhilden lag im Herzen | begraben altes Leid,
Da ließ sie zu den Tischen | tragen Etzels Sohn:
Wie könnt' ein Weib aus Rache | wohl entsetzlicher tun?

Da kamen vier gegangen | aus Etzels Ingesind'
Und brachten Ortlieben | das junge Königskind,
Den Fürsten an die Tafel | wo auch Hagen saß.
Das Kind mußt' ersterben | durch seinen mordlichen Haß.

Als der reiche König | seinen Sohn ersah,
Zu seiner Frauen Brüdern | gütlich sprach er da:
„Nun schaut, meine Freunde | das ist mein einzig Kind
Und das eurer Schwester | von dem ihr Frommen einst gewinnt.

Gerät er nach dem Stamme | er wird ein kühner Mann,
Reich dazu und edel | stark und wohlgetan.
Erleb' ich es, ich geb' ihm | zwölf reicher Kön'ge Land:
So tut euch wohl noch Dienste | des jungen Ortliebens Hand.

Darum bat' ich gerne | euch, lieben Freunde mein,
Wenn ihr heimwärts reitet | wieder an den Rhein,
Daß ihr dann mit euch nehmet | eurer Schwester Kind;
Und seid auch dem Knaben | immer gnädig gesinnt.

Erzieht ihn nach Ehren | bis er gerät zum Mann:
Hat euch in den Landen | jemand ein Leid getan,
So hilft er euch es rächen | erwuchs ihm erst der Leib."
Die Rede hörte Kriemhild | mit an, König Etzels Weib.

„Ihm sollten wohl vertrauen | alle diese Degen,
Wenn er zum Mann erwüchse“ | sprach Hagen entgegen;
„Doch ist der junge König | so schwächlich anzusehn:
Man soll mich selten schauen | nach Hof zu Ortlieben gehn.“

Der König blickt’ auf Hagen | die Rede war ihm leid.
Wenn er auch nichts erwiderte | der König allbereit,
Es betrübt’ ihn in der Seele | und beschwert’ ihm den Mut.
Da waren Hagens Sinne | zu keiner Kurzweile gut.

Es schmerzte wie den König | sein fürstlich Ingesind,
Was Hagen da gesprochen | hatte von dem Kind.
Daß sie’s vertragen sollten | ging ihnen allen nah;
Noch konnten sie nicht wissen | was von dem Recken bald geschah.

ZWEIUNDDREISSIGSTES ABENTEUER

WIE BLÖDEL ERSCHLAGEN WURDE

Blödels Recken standen | gerüstet allzumal.
In tausend Halsbergen | erreichten sie den Saal,
Wo Dankwart mit den Knechten | an den Tischen saß.
Da hob sich unter Helden | der allergrimmigste Haß.

Als der Degen Blödel | vor die Tische ging,
Dankwart, der Marschall | ihn freundlich empfing:
„Willkommen hier im Hause | mein Herr Blödelein:
Mich wundert euer Kommen | sagt, was soll die Märe sein?“

„Du brauchst mich nicht zu grüßen“ | sprach da Blödelein,
Denn dieses mein Kommen | muß dein Ende sein
Um Hagen deinen Bruder | der Siegfrieden schlug.
Des entgiltst du bei den Heunen | und andre Helden genug.“

„Nicht doch, mein Herr Blödel!“ | sprach da Dankwart,
„So möchte sehr uns reuen | zu Hofe diese Fahrt.
Ich war ein Kind, als Siegfried | Leben ließ und Leib:
Nicht weiß ich, was mir wolle | dem König Etzel sein Weib.“

Ich weiß dir von der Märe | nicht mehr zu sagen;
Es taten's deine Freunde | Gunther und Hagen.
Nun wehrt euch, ihr Armen | ihr könnt nicht länger leben,
Ihr müßt mit dem Tode | hier ein Pfand Kriemhilden geben.“

Wollt ihr es nicht lassen?“ | sprach da Dankwart,
„So gereut mich meines Flehens | hätt’ ich das gespart!“
Der schnelle, kühne Degen | von dem Tische sprang,
Eine scharfe Waffe zog er | die war gewaltig und lang.

Damit schlug er Blödeln | einen schwinden Schwertesschlag,
Daß ihm das Haupt zur Stelle | vor den Füßen lag.
„Das sei die Morgengabe“ | sprach der schnelle Degen,
„Zu Nudungens Witwe | der du mit Minne solltest pflegen.

Vermähle man sie morgen | einem andern Mann:
Will er den Brautschatz haben | wird ihm wie dir getan.“
Ein getreuer Heune | hatt’ ihm das hinterbracht,
Wie die Königstochter | auf ihr Verderben gedacht.

Da sahen Blödeis Mannen | ihr Herr sei erschlagen;
Das wollten sie den Gästen | länger nicht vertragen.
Mit aufgehobnen Schwertern | auf die Knappen ein
Drangen sie mit Ingrimm | das mußte manchen gereun.

Laut rief da Dankwart | all das Gesinde an:
„Ihr seht wohl, edle Knechte | es ist um uns getan.
Nun wehrt euch, ihr Armen | fürwahr, das tut uns not,
So gütig es den Gästen | die edle Kriemhild entbot!“

Die nicht Schwerter hatten | die griffen vor die Bank,
Vom Boden aufzuheben | manchen Schemel lang.
Die Burgundenknechte | wollten nichts vertragen:
Mit schweren Stühlen sah man | starker Beulen viel geschlagen.

Wie grimm die armen Knappen | sich wehrten in dem Strauß!
Sie trieben zu dem Hause | die Gewaffneten hinaus:
Fünfhundert oder drüber | erlagen drin dem Tod.
Da war das Ingesinde | von Blute naß und auch rot.

Diese schwere Botschaft | drang in kurzer Zeit
Zu König Etzels Recken | ihnen war’s grimmig leid,
Daß mit seinen Mannen | Blödel den Tod gewann;
Das hatte Hagens Bruder | mit den Knechten getan.

Eh' es vernahm der König | stand schon ein Heunenheer
In hohem Zorn gerüstet | zweitausend oder mehr.
Sie gingen zu den Knechten | es mußte nun so sein,
Und ließen des Gesindes | darin nicht einen gedeihn.

Die Ungetreuen brachten | vors Haus ein mächtig Heer.
Die landlosen Knechte | standen wohl zu Wehr.
Was half da Kraft und Kühnheit? | sie fanden doch den Tod.
Darnach in kurzer Weile | hob sich noch grimmere Not.

Nun mögt ihr Wunder hören | und Ungeheures sagen:
Neuntausend Knechte | lagen tot geschlagen,
Darüber zwölf Ritter | in Dankwartens Lehn.
Man sah ihn weltalleine | noch bei seinen Feinden stehn.

Der Lärm war beschwichtigt | das Tosen eingestellt.
Über die Achsel blickte | Dankwart der Held:
Er sprach: „O weh der Freunde | die ich fallen sah!
Nun steh' ich leider einsam | unter meinen Feinden da."

Die Schwerter fielen heftig | auf des einen Leib:
Das mußte bald beweinen | manches Helden Weib.
Den Schild rückt' er höher | der Riemen ward gesenkt:
Mit rotem Blute sah man | noch manchen Harnisch getränkt.

„O weh mir dieses Leides!" | sprach Aldrianens Kind.
„Nun weicht, Heunenrecken | und laßt mich an den Wind,
daß die Lüfte kühlen | mich sturmmüden Mann."
Da sah man den Recken | stolz und herrlich dringen an.

Als der Streitmüde | aus dem Hause sprang,
Wie manches Schwert von neuem | auf seinem Helm erklang!
Die nicht gesehen hatten | die Wunder seiner Hand,
Die sprangen da entgegen | dem aus Burgundenland.

„Nun wollte Gott," sprach Dankwart | „daß mir ein Bote käm',
Durch den mein Bruder Hagen | Kunde vernähm',
Daß ich vor diesen Recken | steh' in solcher Not!
Der Hilfe mir von hinnen | oder fände selbst den Tod."

Da sprachen Heunenrecken | „Der Bote mußt du sein,
Wenn wir tot dich tragen | vor den Bruder dein.
Dann sieht erst sein Herzeleid | Gunthers Untertan.
Du hast dem König Etzel | hier großen Schaden getan.“

Er sprach: „Nun laßt das Dräuen | und weicht zurück von mir,
Sonst netz' ich noch manchem | mit Blut den Harnisch hier.
Ich will die Märe selber | hin zu Hofe tragen
Und will meinen Herren | meinen großen Kummer klagen.“

Er verleidete so sehr sich | dem Volk in Etzels Lehn,
Daß sie ihn mit Schwertern | nicht wagten zu bestehn:
Da schossen sie der Speere | so viel ihm in den Rand,
Er mußt' ihn seiner Schwere | wegen lassen aus der Hand.

Sie wähnten ihn zu zwingen | weil er den Schild nicht trug;
Hei, was er tiefer Wunden | durch die Helme schlug!
Da mußte vor ihm straucheln | mancher kühne Mann,
Daß sich viel Lob und Ehre | der kühne Dankwart gewann.

Von beiden Seiten sprangen | die Gegner auf ihn zu.
Wohl kam ihrer mancher | in den Kampf zu fruh.
Da ging er vor den Feinden | wie ein Eberschwein
Im Walde tut vor Hunden | wie mocht' er wohl kühner sein?

Sein Weg war stets aufs neue | genetzt mit heißem Blut.
Wie konnte je ein Recke | allein wohl so gut
Mit so viel Feinden streiten | als hier von ihm geschehn?
Man sah Hagens Bruder | herrlich hin zu Hofe gehn.

Truchsässen und Schenken | vernahmen Schwerterklang:
Gar mancher die Getränke | aus den Händen schwang
Oder auch die Speisen | die man zu Hofe trug.
Da fand er vor der Stiege | noch starker Feinde genug.

Wie nun, ihr Truchsässen?“ | sprach der müde Degen,
„Nun solltet ihr die Gäste | gütlich verpflegen
Und solltet den Herren | die edle Speise tragen
Und ließet mich die Märe | meinen lieben Herren sagen.“

Wer da den Mut gewonnen | und vor die Stieg' ihm sprang,
Deren schlug er etlichen | so schweren Schwertesschwang,
Daß ihm aus Schreck die andern | ließen freie Bahn,
Da hatten seine Kräfte | viel große Wunder getan.

DREIUNDDREISSIGSTES ABENTEUER

WIE DANKWART DIE MÄRE SEINEN HERREN BRACHTE

Als der kühne Dankwart | unter die Türe trat
Und Etzels Ingesinde | zurückzuweichen bat,
Mit Blut war beronnen | all sein Gewand;
Eine scharfe Waffe | trug er bloß an seiner Hand.

Hellauf rief da Dankwart | einem Degen zu:
„Ihr sitzt, Bruder Hagen | hier zu lang in Ruh!
Euch und Gott vom Himmel | klag' ich unsre Not:
Ritter und Knechte | sind in der Herberge tot."

Der rief ihm hin entgegen | „Wer hat das getan?"
„Das tat der Degen Blödel | und die ihm untertan.
Auch hat er's schwer entgolten | das will ich euch sagen:
Mit diesen Händen hab' ich | ihm sein Haupt abgeschlagen."

„Das ist ein kleiner Schade" | sprach Hagen unverzagt,
„Wenn man solche Märe | von einem Degen sagt,
Daß er von Heldenhänden | zu Tode sei geschlagen:
Den sollen desto minder | die schönen Frauen beklagen.

Nun sagt mir, Bruder Dankwart | wie seid ihr so rot?
Ich glaube gar, ihr leidet | von Wunden große Not.
Ist der wo hier im Lande | von dem das ist geschehn?
Der üble Teufel helf ihm denn | sonst muß es ihm ans Leben gehn."

Ihr seht mich unverwundet | mein Kleid ist naß von Blut.
Das floß nur aus Wunden | andrer Degen gut,
Deren ich so manchen | heute hab' erschlagen,
Wenn ich's beschwören sollte | ich wüßte nicht die Zahl zu sagen."

Da sprach er: „Bruder Dankwart | so hütet uns die Tür
Und laßt von den Heunen | nicht einen Mann herfür!
So red' ich mit den Recken | wie uns zwingt die Not:
Unser Ingesinde liegt | ohne Schuld von ihnen tot.

„Soll ich Kämmrer werden?" | sprach der kühne Mann,
„Bei so reichen Königen | steht mir das Amt wohl an:
Der Stiege will ich hüten | nach allen Ehren mein."
Kriemhildens Recken | konnte das nicht leider sein.

„Nun nimmt mich doch wunder" | sprach wieder Hagen,
„Was sich die Heunendegen | hier in die Ohren sagen:
Sie möchten sein entbehren | der dort die Tür bewacht
Und der die Hofmären | den Burgunden hat gebracht.

Ich hörte schon lange | von Kriemhilden sagen,
Daß sie nicht ungerochen | ihr Herzleid wolle tragen.
Nun trinken wir die Minne | und zahlen Etzels Wein:
Der junge Vogt der Heunen | muß hier der allererste sein."

Ortlieb, das Kind erschlug da | Hagen der Degen gut,
Daß vom Schwerte nieder | zur Hand ihm floß das Blut
Und das Haupt herabsprang | der Königin in den Schoß.
Da hob sich unter Degen | ein Morden grimmig und groß.

Darauf dem Hofmeister | der des Kindes pflag,
Mit beiden Händen schlug er | einen schnellen Schlag,
Daß vor des Tisches Füße | das Haupt ihm niederflog;
Es war ein jämmerlicher Lohn | den er dem Hofmeister wog.

Er sah vor Etzels Tische | einen Spielmann:
Hagen in seinem Zorne | lief zu ihm heran.
Er schlug ihm auf der Geigen | herab die rechte Hand.
„Das habe für die Botschaft | in der Burgunden Land!"

Ach meine Hand!" sprach Werbel | Etzels Spielmann:
„Herr Hagen von Tronje | was hatt' ich euch getan?
Ich kam in großer Treue | in eurer Herren Land:
Wie kläng' ich nun die Töne | da ich verlor meine Hand?"

Hagen fragte wenig | und geigt' er nimmermehr.
Da kühlt' er in dem Hause | die grimme Mordlust sehr
An König Etzels Recken | deren er viel erschlug:
Er bracht' in dem Saale | zu Tod der Recken genug.

Volker sein Geselle | von dem Tische sprang,
Daß laut der Fiedelbogen | ihm an der Hand erklang.
Ungefüge fiedelte | Gunthers Spielmann:
Hei! was er sich zu Feinden | der kühnen Heunen gewann!

Auch sprangen von den Tischen | die drei Kön'ge hehr.
Sie wollten's gerne schlichten | eh' Schadens würde mehr.
Doch strebten ihre Kräfte | umsonst dawider an,
Da Volker mit Hagen | so sehr zu wüten begann.

Nun sah der Vogt vom Rheine | er scheide nicht den Streit:
Da schlug der König selber | manche Wunde weit
Durch die lichten Panzer | den argen Feinden sein.
Der Held war behende | das zeigte hier der Augenschein.

Da kam auch zu dem Streite | der starke Gernot:
Wohl schlug er den Heunen | manchen Helden tot
Mit dem scharfen Schwerte | das Rüdeger ihm gab:
Damit bracht' er manche | von Etzels Recken ins Grab.

Der jüngste Sohn Frau Utens | auch zu dem Streite sprang:
Sein Gewaffen herrlich | durch die Helme klang
König Etzels Recken | aus der Heunen Land;
Da tat viel große Wunder | des kühnen Geiselher Hand.

Wie tapfer alle waren | die Kön'ge wie ihr Lehn,
Jedennoch sah man Volkern | voran all andern stehn
Bei den starken Feinden | er war ein Degen gut:
Er förderte mit Wunden | manchen nieder in das Blut.

Auch wehrten sich gewaltig | die in Etzels Lehn.
Die Gäste sah man hauend | auf und nieder gehn
Mit den lichten Schwertern | durch des Königs Saal.
Allenthalben hörte man | von Wehruf gräßlichen Schall.

Da wollten die da draußen | zu ihren Freunden drin:
Sie fanden an der Türe | gar wenig Gewinn;
Da wollten die da drinnen | gerne vor den Saal:
Dankwart ließ keinen | die Stieg' empor noch zu Tal.

So hob sich vor den Türen | ein ungestümer Drang
Und von den Schwerthieben | auf Helme lauter Klang.
Da kam der kühne Dankwart | in eine große Not:
Das beriet sein Bruder | wie ihm die Treue gebot.

Da rief mit lauter Stimme | Hagen Volkern an:
„Seht ihr dort, Geselle | vor manchem Heunenmann
Meinen Bruder stehen | unter starken Schlägen?
Schützt mir, Freund, den Bruder | eh' wir verlieren den Degen."

Der Spielmann entgegnete | „Das soll alsbald geschehn."
Dann begann er fiedelnd | durch den Saal zu gehn:
Ein hartes Schwert ihm öfters | an der Hand erklang.
Vom Rhein die Recken sagten | dafür ihm größlichen Dank.

Volker, der kühne | zu Dankwarten sprach:
„Ihr habt erlitten heute | großes Ungemach.
Mich bat euer Bruder | ich sollt' euch helfen gehn;
Wollt ihr nun draußen bleiben | so will ich innerhalben stehn."

Dankwart, der schnelle | stand außerhalb der Tür:
So wehrt' er von der Stiege | wer immer trat dafür.
Man hörte Waffen hallen | den Helden an der Hand:
So tat auch innerhalben | Volker von Burgundenland.

Da rief der kühne Fiedelmann | über die Menge laut:
„Der Saal ist wohl verschlossen | ihr, Freund Hagen, schaut!
Verschränkt ist so völlig | König Etzels Tür:
Von zweier Helden Händen | gehn ihr wohl tausend Riegel für."

Als von Tronje Hagen | die Türe sah in Hut,
Den Schild warf zurücke | der schnelle Degen gut:
Nun begann er erst zu rächen | was ihm war geschehn.
Da konnten seine Feinde | sich nicht des Lebens mehr versehn.

Als der Vogt von Berne | recht dies ersah,
Wie der starke Hagen | die Helme brach allda,
Der Fürst der Amelungen | sprang auf eine Bank.
Er sprach: „Hier schenkt Hagen | den allerbittersten Trank."

Der Wirt war sehr in Sorgen | das tat ihm wahrlich not.
Was schlug man lieber Freunde | ihm vor den Augen tot!
Er selbst war kaum geborgen | vor seiner Feinde Schar.
Er saß in großen Ängsten | was half ihm, daß er König war?

Kriemhild, die reiche | rief Dietrichen an:
„Hilf mir mit dem Leben | edler Held, hindann,
Bei aller Fürsten Tugend | aus Amelungenland:
Denn erreicht mich Hagen | hab' ich den Tod an der Hand."

„Wie soll ich euch helfen" | sprach da Dietrich,
„Edle Königstochter? | ich sorge selbst um mich.
Es sind so sehr im Zorne | die Gunthern untertan,
Daß ich zu dieser Stunde | niemand Frieden schaffen kann."

„Nicht also, Herr Dietrich | edler Degen gut!
Laß uns heut' erscheinen | deinen tugendreichen Mut
Und hilf mir von hinnen | oder ich bleibe tot."
Es trieb zu solcher Sorge | Kriemhilden wahrhafte Not.

Ich will es versuchen | ob euch zu helfen ist,
Jedoch sah ich wahrlich | nicht in langer Frist
In so bitterm Zorne | manchen Ritter gut:
Ich seh' ja durch die Helme | von Hieben springen das Blut."

Mit Kraft begann zu rufen | der Ritter auserkorn,
Daß seine Stimme hallte | wie ein Büffelhorn,
Und daß die weite Veste | von seiner Kraft erscholl.
Dietrichens Stärke | die war gewaltig und voll.

Da hörte König Gunther | rufen diesen Mann
In dem harten Sturme | Zu horchen hub er an:
Er sprach: „Dietrichs Stimme | ist in mein Ohr gekommen.
Ihm haben unsre Degen | wohl der Seinen wen benommen.

Ich seh ihn auf dem Tische | winken mit der Hand.
Ihr Vettern und Freunde | von Burgundenland,
Haltet ein mit Streiten | laßt hören erst und sehn,
Was hier diesem Degen | von meinen Mannen sei geschehn."

Als so der König Gunther | bat und auch gebot,
Da senkten sie die Schwerter | in des Streites Not.
Das war Gewalt bewiesen | daß niemand da mehr schlug.
Er fragte den von Berne | um die Märe schnell genug.

Er sprach: „Viel edler Dietrich | was ist euch geschehen
Hier von meinen Freunden? | Ihr sollt mich willig sehn:
Zur Sühne und zur Buße | bin ich euch bereit.
Was euch jemand täte | das wär' mir inniglich leid."

Da sprach der edle Dietrich | „Mir ist nichts geschehn!
Laßt mich aus dem Hause | mit euerm Frieden gehn
Von diesem harten Streite | mit dem Gesinde mein.
Dafür will ich in Wahrheit | stets zu Dienst beflissen sein."

„Was müßt ihr also flehen?" | sprach da Wolf hart,
„Es hält der Fiedelspieler | die Tür' nicht so verwahrt,
Wir erschließen sie so mächtig | daß man ins Freie kann."
„Nun schweig", sprach da Dietrich | „du hast den Teufel getan!"

Da sprach der König Gunther | „Das sei euch freigestellt:
Führt aus dem Hause | so viel euch gefällt,
Ohne meine Feinde | die sollen hier bestehn.
Von ihnen ist mir Leides | bei den Heunen viel geschehn."

Als das der Berner hörte | mit einem Arm umschloß
Er die edle Königin | ihre Angst war groß!
Da führt' er an dem andern | Etzeln aus dem Haus.
Auch folgten Dietrichen | sechshundert Degen hinaus.

Da begann der Markgraf | der edle Rüdiger:
„Soll aber aus dem Hause | noch kommen jemand mehr,
Der euch doch gerne diente | so macht es mir kund:
So walte steter Friede | in getreuer Freunde Bund."

Antwort gab Geiselher | aus Burgunden Land:
„Frieden und Sühne | sei euch von uns bekannt:
Ihr haltet stete Treue | ihr und euer Lehn;
Ihr sollt mit euren Freunden | ohne Sorgen hinnen gehn."

Als Rüdiger der Markgraf | räumte Etzels Saal,
Fünfhundert oder drüber | folgten ihm zumal.
Das ward von den Helden | aus Treue getan,
Wodurch König Gunther | bald großen Schaden gewann.

Da sah ein Heunenrecke | König Etzeln gehn
Neben Dietrichen | des wollt' er Frommen sehn.
Dem gab der Fiedelspieler | einen solchen Schlag,
Daß ihm gleich am Boden | das Haupt vor Etzels Füßen lag.

Als der Wirt des Landes | kam vor des Hauses Tor,
Da wandt' er sich und blickte | zu Volkern empor:
„O weh mir dieser Gäste | wie ist das grimme Not,
Daß alle meine Recken | vor ihnen finden den Tod!

Ach weh des Hofgelages!" | sprach der König hehr:
„Da drinnen ficht einer | der heißt Volker,
Wie ein wilder Eber | und ist ein Fiedelmann;
Ich dank' es meinem Heile | daß ich dem Teufel entrann.

Seine Weisen lauten übel | sein Bogenstrich ist rot;
Mir schlagen seine Töne | manchen Helden tot.
Ich weiß nicht, was uns Schuld gibt | derselbe Fiedelmann,
Daß ich in meinem Leben | so leiden Gast nicht gewann."

Sie hatten, die sie wollten | entlassen aus dem Saal:
Da hob sich innerhalben | ein furchtbarer Schall.
Die Gäste rächten bitter | ihr Leid und ihre Schmach.
Volker, der kühne | hei, was der Helme zerbrach!

Sich kehrte zu dem Schalle | Gunther der König hehr:
„Hört ihr die Töne, Hagen | die dorten Volker
Mit den Heunen fiedelt | wenn wer zur Türe trat?
Es ist ein roter Anstrich | den er am Fiedelbogen hat.“

„Es reut mich ohne Maßen“ | sprach Hagen entgegen,
„Daß ich hier blieb drinnen | fern von dem Degen.
Ich war sein Geselle | er der Geselle mein,
Und kehren wir je wieder heim | wir wollen's noch in Treuen sein.

Nun schau, hehrer König | Volker ist dir hold:
Wie will er verdienen | dein Silber und dein Gold!
Sein Fiedelbogen schneidet | durch den harten Stahl,
Er wirft von den Helmen | die hellen Zierden zu Tal.

Ich sah nie Fiedelspieler | noch so herrlich stehn,
Als diesen Tag von Volker | dem Degen ist geschehn.
Seine Weisen hallen | durch Helm und Schildesrand:
Gute Rosse soll er reiten | und tragen herrlich Gewand.“

So viel der Heunendegen | auch waren in dem Saal,
Nicht einer blieb am Leben | von ihnen allzumal.
Da war der Schall beschwichtigt | als niemand blieb zum Streit.
Die kühnen Recken legten | da ihre Schwerter beiseit.

VIERUNDDREISSIGSTES ABENTEUER

WIE SIE DIE TOTEN AUS DEM SAALE WARFEN

Da setzten sich aus Müdigkeit | die Herrn und ruhten aus.
Volker und Hagen | die gingen vor das Haus,
Über den Schild sich lehnend | in ihrem Übermut:
Da pflagen laun'ger Reden | diese beiden Helden gut.

Da sprach von Burgunden | Geiselher, der Degen:
„Noch dürft ihr, lieben Freunde | nicht der Ruhe pflegen:
Ihr sollt erst die Toten | aus dem Hause tragen.
Wir werden noch bestanden | das will ich wahrlich euch sagen.

Sie sollen untern Füßen | uns hier nicht länger liegen.
Bevor im Sturm die Heunen | mögen uns besiegen,
Wir haun noch manche Wunde | die gar sanft mir tut.
Des hab ich", sprach da Geiselher | „einen willigen Mut."

„O wohl mir solches Herren!" | sprach Hagen entgegen.
„Der Rat geziemte niemand | als einem solchen Degen,
Wie unsern jungen Herren | wir heute hier gesehn:
Ihr Burgunden möget | all darob in Freuden stehn."

Da folgten sie dem Rate | und trugen vor die Tür
Siebentausend Tote | die warfen sie dafür.
Vor des Saales Stiege | fielen sie zu Tal:
Da erhoben ihre Freunde | mit Jammern kläglichen Schall.

Auch war darunter mancher | nur so mäßig wund,
Käm' ihm sanftre Pflege | er würde noch gesund;
Doch von dem hohen Falle | fand er nun den Tod.
Das klagten ihre Freunde | es zwang sie wahrhafte Not.

Da sprach der Fiedelspieler | der Degen unverzagt:
„Nun seh' ich wohl, sie haben | mir Wahrheit gesagt:
Die Heunen sind feige | sie klagen wie ein Weib,
Da sie nun pflegen sollten | der Schwerverwundeten Leib."

Da mocht' ein Markgraf wähnen | er meint' es ernst und gut:
Ihm war der Vettern einer | gefallen in das Blut;
Den dacht' er wegzutragen | und wollt' ihn schon umfahn:
Ihn schoß ob ihm zu Tode | da der kühne Spielmann.

Als das die andern sahen | sie flohen von dem Saal.
Dem Spielmann zu fluchen | begannen sie zumal.
Einen Speer hob Volker | vom Boden, scharf und hart,
Der von einem Heunen | zu ihm hinaufgeschossen ward.

Den schoß er durch den Burghof | zurück kräftiglich
Über ihre Häupter | Das Volk Etzels wich
Erschreckt von dem Wurfe | weiter von dem Haus.
Vor seinen Kräften hatten | alle Leute Schreck und Graus.

Da standen vor dem Hause | viele tausend Mann.
Volker und Hagen | huben zu reden an
Mit Etzel, dem König | nach ihrem Übermut.
Das schuf bald große Sorge | diesen Helden kühn und gut.

„Wohl wär' es," sprach da Hagen | „des Volkes Trost im Leid,
Wenn die Herren föchten | allen voran im Streit,
Wie von meinen Herren | hier jeglicher tut:
Die hauen durch die Helme | daß von den Schwertern fließt das Blut."

So kühn war König Etzel | er faßte seinen Schild.
„Nun hütet eures Lebens" | sprach da Kriemhild,
„Und bietet Gold den Recken | auf dem Schildesrand;
Denn erreicht euch Hagen | ihr habt den Tod an der Hand."

So kühn war der König | er ließ nicht vom Streit,
Wozu so mächt'ge Fürsten | nun selten sind bereit.
Man mußt' ihn bei den Riemen | des Schildes ziehn hindann.
Hagen, der grimme | ihn mehr zu höhnen begann:

„Eine ferne Sippe war es" | sprach Hagen gleich zur Hand,
„Die Etzeln zusammen | und Siegfried verband:
Er minnte Kriemhilden | eh' sie gesehen dich;
Feiger König Etzel | warum rätst du wider mich?"

Diese Rede hörte | die edle Königin.
Darüber ward unmutig | Kriemhild in ihrem Sinn,
Daß er sie schelten durfte | vor manchem Etzelsmann.
Wider die Gäste hub sie | aufs neue da zu werben an.

Sie sprach: „Wer von Tronje | den Hagen mir schlüge
Und sein Haupt als Gabe | her vor mich trüge,
Mit rotem Gold füllt' ich | ihm Etzels Schildesrand;
Auch gab' ich ihm zum Lohne | viel gute Burgen und Land."

„Ich weiß nicht, was sie zaudern" | sprach der Fiedelmann.
„Nie sah ich, daß Helden | so verzagt getan,
Wo man bieten hörte | also reichen Sold.
Wohl sollt' ihnen Etzel | nimmer wieder werden hold.

Die hier mit Schimpf und Schanden | essen des Königs Brot
Und jetzt im Stich ihn lassen | in der größten Not,
Deren seh' ich manchen | so recht verzagt da stehn,
Und tun doch so verwegen | sie können nie der Schmach entgehn."

FÜNFUNDDREISSIGSTES ABENTEUER

WIE IRING ERSCHLAGEN WARD

Da rief der Markgraf Iring | aus der Dänen Land:
„Ich habe nun auf Ehre | die Sinne lang gewandt;
Auch ist von mir das Beste | in Stürmen oft geschehn:
Nun bringt mir mein Gewaffen | so will ich Hagen bestehn.

„Das möcht' ich widerraten" | hub da Hagen an;
„Heiß' die Heunendegen | weichen mehr hindann.
Springen eurer zweie | oder drei in den Saal,
Die send' ich wohlverhauen | die Stiege wieder zu Tal."

„Ich will's darum nicht lassen" | sprach wieder Iring:
„Wohl schon oft versucht' ich | ein gleich gefährlich Ding.
Wohl will ich mit dem Schwerte | allein dich bestehn.
Was hilft dein stolz Gebahren | das du in Worten läßt sehn?"

Da ward gewaffnet Iring | nach ritterlichem Brauch,
Und Irnfried, der kühne | von Thüringen auch,
Und Hawart der starke | wohl mit tausend Mann:
Sie wollten Iring helfen | was der Held auch begann.

Da sah der Fiedelspieler | ein gewaltig Heer,
Das mit Iringen | gewaffnet zog einher.
Sie trugen aufgebunden | die lichten Helme gut.
Da ward dem kühnen Volker | darüber zornig zumut.

Seht ihr, Freund Hagen | dort Iringen gehn,
Der euch im Kampf alleine | gelobte zu bestehn?
Wie ziemt Helden Lüge? | Fürwahr, ich tadl' es sehr.
Es gehn mit ihm gewaffnet | tausend Recken oder mehr."

„Nun straft mich nicht Lügen" | sprach Hawarts Untertan,
„Ich will gerne leisten | was ich euch kundgetan.
Mein Wort soll um Feigheit | nicht gebrochen sein:
Sei Hagen noch so greulich | ich besteh' ihn ganz allein."

Zu Füßen warf sich Iring | den Freunden und dem Lehn,
Daß sie allein ihn ließen | den Recken bestehn.
Das taten sie doch ungern | ihnen war zu wohl bekannt
Der übermüt›ge Hagen | aus der Burgunden Land.

Doch bat er sie so lange | bis es zuletzt geschah.
Als das Ingesinde | seinen Willen sah,
Und daß er warb nach Ehre | da ließen sie ihn gehn.
Da ward von den beiden | ein grimmes Streiten gesehn.

Iring, der Däne | hielt hoch empor den Speer,
Sich deckte mit dem Schilde | der teure Degen hehr:
So lief er auf im Sturme | zu Hagen vor den Saal.
Da erhob sich von den Degen | ein gewaltiger Schall.

Die Speere schossen beide | kräftig aus der Hand
Durch die festen Schilde | auf ihr licht' Gewand,
Daß die Speersplitter | hoch in die Lüfte flogen.
Da griffen zu den Schwertern | die grimmen Degen verwogen.

Die Kraft des kühnen Hagen | war ohne Maßen voll;
Doch schlug nach ihm Iring | daß all die Burg erscholl.
Der Saal und die Türme | erhallten von den Schlägen.
Es konnte seinen Willen | doch nicht vollführen der Degen.

Iring ließ Hagen | unverwundet stehn:
Auf den Fiedelspieler | begann er loszugehn.
Er wähnt', er sollt' ihn zwingen | mit seinen grimmen Schlägen,
Doch wußte sich zu schirmen | dieser zierliche Degen.

Da schlug der Fiedelspieler | daß von des Schildes Rand
Das Gespänge wirbelte | von Volkers starker Hand,
Den ließ er wieder stehen | es war ein übler Mann:
Jetzt lief er auf Gunther | den Burgundenkönig, an.

Da war nun jedweder | zum Streite stark genug.
Wie Gunther auf Iring | und der auf Gunther schlug,
Das brachte nicht aus Wunden | das fließende Blut.
Ihre Rüstung wehrt' es | die war zu fest und zu gut.

Gunthern ließ er stehen | und lief Gernoten an.
Das Feuer aus den Ringen | er ihm zu haun begann.
Da hätte von Burgunden | der starke Gernot
Iring, den kühnen | beinah gesandt in den Tod.

Da sprang er von dem Fürsten | schnell war er genug.
Der Burgunden viere | der Held behend erschlug,
Des edeln Heergesindes | aus Worms an dem Rhein.
Darüber mochte Geiselher | nicht wohl zorniger sein.

„Gott weiß, Herr Iring“ | sprach Geiselher das Kind,
„Ihr müßt mir entgelten | die hier erlegen sind
Vor euch in dieser Stunde“ | Da lief er ihn an
Und schlug den Dänenhelden | daß er nicht weichen konnt' hindann.

Er schoß vor seinen Händen | nieder in das Blut,
Daß sie alle wähnten | dieser Degen gut
Schlüg' im Streit nicht wieder | einen Schlag mit seinem Schwert.
Doch lag vor Geiselheren | Iring da noch unversehrt.

Von des Helmes Schwirren | und von des Schwertes Klang
Waren seine Sinne | so betäubt und krank,
Daß sich der kühne Degen | des Lebens nicht besann.
Das hatt' ihm mit den Kräften | der starke Geiselher getan.

Als ihm aus dem Haupte | das Schwirren jetzt entwich,
Das er zuerst mußt' leiden | von dem Schlage fürchterlich,
Da gedacht' er: „Ich lebe | und bin auch nirgend wund:
Nun ist mir erst die Stärke | des kühnen Geiselher kund!“

Zu beiden Seiten hört' er | seine Feinde stehn.
Sie hätten's wissen sollen | so wär' ihm mehr geschehn.
Auch hatt' er Geiselheren | vernommen nahe bei:
Er sann, wie mit dem Leben | den Feinden zu entkommen sei.

Wie tobend der Degen | aus dem Blute sprang!
Er mochte seiner Schnelle | wohl sagen großen Dank.
Da lief er aus dem Hause | wo er Hagen fand,
Und schlug ihm schnelle Schläge | mit seiner kraftreichen Hand.

Da gedachte Hagen | „Du mußt des Todes sein.
Befriede dich der Teufel | sonst kannst du nicht gedeihn."
Doch traf Iring Hagnen | durch seines Helmes Hut.
Das tat der Held mit Waske | das war eine Waffe gut.

Als der grimme Hagen | die Wund' an sich empfand,
Da schwenkte sich gewaltig | das Schwert in seiner Hand.
Es mußte vor ihm weichen | Hawarts Untertan:
Hagen ihm die Stiege | hinab zu folgen begann.

Übers Haupt den Schildrand | Iring, der kühne, schwang.
Und war' dieselbe Stiege | drei solcher Stiegen lang,
Derweil ließ ihn Hagen | nicht schlagen einen Schlag.
Hei! was roter Funken | da auf seinem Helme lag!

Doch kam zu den Freunden | Iring noch gesund.
Da wurde diese Märe | Kriemhilden kund,
Was er dem von Tronje | hatt' im Streit getan;
Dafür die Königstochter | ihm sehr zu danken begann.

„Nun lohne Gott dir, Iring | erlauchter Degen gut!
Du hast mir wohl getröstet | das Herz und auch den Mut:
Nun seh' ich blutgerötet | Hagens Wehrgewand!"
Kriemhild nahm ihm selber | den Schild vor Freud' aus der Hand.

„Ihr mögt ihm mäßig danken" | begann da Hagen,
„Versucht' er es zum andern Mal | das ziemte dem Degen.
Kam' er heran wieder | er war' ein kühner Mann.
Die Wunde frommt euch wenig | die ich noch von ihm gewann.

Daß ihr von meiner Wunde | mir seht den Harnisch rot,
Das hat mich noch erbittert | zu manchen Mannes Tod.
Nun bin ich erst im Zorne | auf ihn und manchen Mann;
Mir hat der Degen Iring | noch kleinen Schaden getan."

Da stand dem Wind entgegen | Iring von Dänenland;
Er kühlte sich im Harnisch | den Helm er niederband.
Da priesen ihn die Leute | für streitbar und gut:
Darüber trug der Markgraf | nicht wenig hoch seinen Mut.

Da sprach Iring wieder | „Nun, Freunde, sollt ihr gehn
Und neue Waffen holen | ich will noch einmal sehn,
Ob ich bezwingen möge | den übermüt›gen Mann."
Sein Schild war verhauen | einen bessern er gewann.

Gewaffnet war der Recke | bald in noch festre Wehr.
Er griff in seinem Zorne | nach einem starken Speer:
Damit wollt' er aufs neue | gegen Hagen an.
Bereit auf ihn in Feindschaft | stand der mordgrimme Mann.

Da wollte sein nicht harren | Hagen der Degen.
Mit Schüssen und mit Hieben | lief er ihm entgegen
Die Stiege bis zu Ende | zornig war sein Mut.
Da kam dem Degen Iring | seine Stärke nicht zugut.

Sie schlugen durch die Schilde | daß es zu loh'n begann
Mit feuerrotem Winde | Hawarts Untertan
Ward von Hagens Schwerte | da gefährlich wund
Durch Schild und durch Brünne | er ward nicht wieder gesund.

Als Iring, der Degen | der Wunde sich besann,
Den Schild rückte näher | dem Helm der kühne Mann.
Ihn deuchte voll der Schaden | der ihm war geschehen;
Bald tat ihm aber größern | der in König Gunthers Lehn.

Hagen vor seinen Füßen | einen Wurfspieß liegen fand;
Auf Iringen schoß er | den von Dänenland,
Daß man ihm aus dem Haupte | die Stange ragen sah.
Ein grimmes Ende ward ihm | von dem Recken Hagen da.

Iring mußt' entweichen | zu seinen Dänen hin.
Eh' man den Helm dem Degen | mochte niederziehn,
Brach man den Speer vom Haupte | da naht' ihm der Tod.
Das beweinten seine Freunde | es zwang sie wahrhafte Not.

Da kam die Königstochter | auch zu ihm heran:
Iring, den starken | hub sie zu klagen an.
Sie beweinte seine Wunden | es war ihr grimmig leid.
Da sprach vor seinen Freunden | dieser Recke kühn im Streit:

„Laßt eure Klage bleiben | viel hehre Königin.
Was hilft euer Weinen? | Mein Leben muß dahin
Schwinden aus den Wunden | die an mir offen stehn.
Der Tod will mich nicht länger | euch und Etzeln dienen sehn."

Zu Thüringern und Dänen | sprach er hingewandt:
„Die Gaben, so die Königin | euch beut, soll eure Hand
Nicht zu erwerben trachten | ihr lichtes Gold so rot:
Und besteht ihr Hagen | so müßt ihr schauen den Tod."

Seine Farbe war erblichen | des Todes Zeichen trug
Iring, der kühne | ihnen war es leid genug.
Es konnte nicht gesunden | der Held in Hawarts Lehn:
Da mußt es an ein Streiten | von den Dänenhelden gehn.

Irnfried und Hawart | sprangen vor das Haus
Wohl mit tausend Helden | Einen ungestümen Braus
Vernahm man allenthalben | kräftig und groß.
Hei! was man scharfer Speere | auf die Burgunden schoß!

Irnfried, der kühne | lief den Spielmann an,
Wodurch er großen Schaden | von seiner Hand gewann.
Der edle Fiedelspieler | den Landgrafen schlug
Durch den Helm den festen | wohl war er grimmig genug.

Da schlug dem grimmen Spielmann | Irnfried einen Schlag,
Daß er den Ringpanzer | dem Helden zerbrach
Und sich sein Harnisch färbte | von Funken feuerrot.
Dennoch fiel der Landgraf | vor dem Spielmann in den Tod.

Zusammen waren Hagen | und Hawart gekommen.
Da mochte Wunder schauen | wer es wahrgenommen.
Die Schwerter fielen kräftig | den Helden an der Hand:
Da mußte Hawart sterben | vor dem aus Burgundenland.

Die Thüringer und Dänen | sahn ihre Herren tot.
Da hub sich vor den Hause | noch grimmere Not,
Eh' sie die Tür gewannen | mit kraftreicher Hand.
Da ward noch verhauen | mancher Helm und Schildesrand.

„Weichet," sprach da Volker | „laßt sie zum Saal herein:
Was sie im Sinne haben | kann dennoch nicht sein.
Sie müssen bald ersterben | allzumal darin:
Sie ernten mit dem Tode | was ihnen beut die Königin."

Als die Übermut›gen | drangen in den Saal,
Das Haupt ward da manchem | so geneigt zu Tal,
Daß er ersterben mußte | vor ihren schnellen Schlägen.
Wohl stritt der kühne Gernot | so tat auch Geiselher, der Degen.

Tausend und viere | die kamen in das Haus:
Da hörte man erklingen | den hellen Schwertersaus.
Sie wurden von den Gästen | alle drin erschlagen:
Man mochte große Wunder | von den Burgunden sagen.

Darnach ward eine Stille | als der Lärm verscholl.
Das Blut allenthalben | durch die Lücken quoll
Und zu den Riegelsteinen | von den toten Degen:
Das hatten die vom Rheine | getan mit kräftigen Schlägen.

Da saßen wieder ruhend | die aus Burgundenland,
Sie legten mit den Schilden | die Waffen aus der Hand.
Da stand noch vor dem Hause | der kühne Spielmann,
Erwartend, ob noch jemand | zum Streite zöge heran.

Der König klagte heftig | dazu die Königin;
Mägdelein und Frauen | härmten sich den Sinn.
Der Tod, wähn' ich, hatte | sich wider sie verschworen:
Drum gingen durch die Gäste | noch viel der Recken verloren.

SECHSUNDDREISSIGSTES ABENTEUER

WIE DIE KÖNIGIN DEN SAAL VERBRENNEN LIESS

Nun bindet ab die Helme“ | sprach Hagen der Degen:
„Ich und mein Geselle | wollen euer pflegen.
Und versuchen es noch einmal | die Etzeln untertan,
So warn’ ich meine Herren | so geschwind ich immer kann.“

Da band den Helm vom Haupte | mancher Ritter gut.
Sie setzten auf die Leichen | sich nieder, die ins Blut
Waren zum Tode | von ihrer Hand gekommen.
Da ward der edeln Gäste | mit Erbittrung wahrgenommen.

Noch vor dem Abend | schuf der König hehr
Und Kriemhild die Königin | daß es der Heunen mehr
Noch versuchen mußten | Man sah vor ihnen stehn
Wohl an zwanzigtausend | die mußten da zum Kampfe gehn.

Da drang zu den Gästen | ein harter Sturm heran.
Dankwart, Hagens Bruder | der kraftvolle Mann,
Sprang von seinen Herren | zu den Feinden vor das Tor.
Sie versahn sich seines Todes | doch sah man heil ihn davor.

Das harte Streiten währte | bis es die Nacht benahm.
Da wehrten sich die Gäste | wie Helden lobesam
Wider Etzels Recken | den sommerlangen Tag.
Hei! was guter Helden | im Tod vor ihnen erlag!

Zu einer Sonnenwende | der große Mord geschah:
Ihres Herzens Jammer | rächte Kriemhild da
An ihren nächsten Freunden | und manchem andern Mann,
Wodurch der König Etzel | nie wieder Freude gewann.

Der Tag war zerronnen | ihnen schuf nun Sorge Not.
Sie gedachten, wie doch besser | wär' ein kurzer Tod,
Als sich so lang zu quälen | in ungefügem Leid.
Da wünschten einen Frieden | die stolzen Ritter allbereit.

Sie baten, daß man brächte | den König vor den Saal.
Die blutroten Helden | geschwärzt vom rost'gen Stahl,
Traten aus dem Hause | und die drei Kön'ge hehr.
Sie wußten nicht, wem klagen | ihres großen Leids Beschwer.

Etzel und Kriemhild | kamen beide her;
Das Land war ihnen eigen | drum mehrte sich ihr Heer.
Er sprach zu den Gästen | „Sagt, was begehrt ihr mein?
Wollt ihr Frieden haben? | das könnte nun schwerlich sein

Nach so großem Schaden | als ihr mir habt getan.
Es kommt euch nicht zustatten | solang' ich atmen kann:
Mein Kind, das ihr erschlüget | und viel der Freunde mein,
Fried' und Sühne soll euch | stets dafür geweigert sein."

Antwort gab ihm Gunther | „Uns zwang wohl große Not.
All mein Gesinde | lag vor deinen Helden tot
In der Herberge | verdient' ich solchen Sold?
Ich kam zu dir auf Treue | und wähnte, du wärst mir hold."

Da sprach von Burgunden | Geiselher das Kind:
„Ihr Helden König Etzels | die noch am Leben sind,
Wes zeiht ihr mich, ihr Degen? | was hatt' ich euch getan,
Der ich die Fahrt so gütlich | zu diesem Land begann?"

Sie sprachen: „Deiner Güte | ist all die Burg hier voll
Mit Jammer gleich dem Lande | Wir gönnten dir es wohl,
Wärst du nie gekommen | von Worms überrhein.
Das Land ist gar verwaiset | durch dich und die Brüder dein."

Da sprach im Zornmute | Gunther der Held:
„Wünscht ihr noch dies Morden | im Frieden eingestellt
Mit uns Heimatlosen | das ist uns beiden gut;
Es ist gar unverschuldet | was uns König Etzel tut.“

Der Wirt sprach zu den Gästen | „Mein und euer Leid
Sind einander ungleich | die große Not im Streit,
Der Schaden und die Schande | die ich von euch gewann,
Dafür soll euer keiner | mir lebend kommen hindann.“

Da sprach zu dem König | der starke Gernot:
„So soll euch Gott gebieten | daß ihr die Lieb' uns tut:
Erschlagt uns Heimatlose | und laßt zuvor hindann
Ins freie Feld uns nieder | das war' nach Ehren getan!

„Was uns geschehen könne | das laßt schnell ergehn!
Ihr habt so viel Gesunde | die dürfen uns bestehn
Und geben uns vom Streite | Müden leicht den Tod:
Wie lange solln wir Recken, bleiben in so grimmer Not?“

Von König Etzels Recken | war' es fast geschehn,
Daß sie die Helden ließen | aus dem Saale gehn.
Als das Kriemhild hörte | es war ihr grimmig leid.
Da war den Heimatlosen | mitnichten Sühne bereit.

„Nein, edle Recken | worauf euch sinnt der Mut,
Ich will euch treulich raten | daß ihr das nimmer tut,
Daß ihr die Mordgierigen | laßt vor den Saal;
Sonst müssen eure Freunde | leiden tödlichen Fall.

Und lebten nur alleine | die Utens Söhne sind,
Und kämen meine edeln | Brüder an den Wind,
Daß sie die Panzer kühlten | ihre alle wärt verloren!
Es wurden kühnre Degen | noch nie auf Erden geboren.“

Da sprach der junge Geiselher | „Viel schöne Schwester mein,
Wie hätt' ich dir das zugetraut | als du mich überrhein
Her zu Lande ladetest | in diese große Not:
Wie mocht' ich an den Heunen | hier verdienen den Tod?

Ich hielt dir stete Treue | tat nie ein Leid dir an:
Ich kam auch her zu Hofe | geritten in dem Wahn,
Du wärst mir gewogen | viel liebe Schwester mein,
Nun schenk' uns deine Gnade | da es anders nicht mag sein."

„Ich schenk' euch keine Gnade | Ungnad' ich selbst gewann.
Mir hat von Tronje Hagen | so großes Leid getan:
Das wird nie gesühnet | solang' ich hab' den Leib.
Ihr alle müßt's entgelten" | so sprach König Etzels Weib.

„Wollt ihr mir aber Hagen | allein zum Geisel geben,
So will ich's nicht verweigern | daß ich euch lasse leben.
Denn meine Brüder seid ihr | der gleichen Mutter Kind;
So red' ich um die Sühne | mit den Helden, die hier sind."

„Nicht woll' es Gott vom Himmel!" | sprach da Gernot.
„Und wären unser tausend | wir wollten alle tot
Vor deinen Freunden liegen | eh' wir den einen Mann
Hier zu Geisel gäben | das wird nimmer getan."

„Wir müßten doch ersterben" | sprach da Geiselher,
„So soll uns niemand scheiden | von ritterlicher Wehr.
Wer gerne mit uns stritte | wir sind noch immer hie:
Verriet ich meine Treue | an einem Freunde doch nie."

Da sprach der kühne Dankwart | es ziemt' ihm wohl zu sagen:
„Noch steht nicht alleine | hier mein Bruder Hagen.
Die uns den Frieden weigern | beklagen es noch schwer,
Des sollt ihr inne werden | ich sag's euch wahrlich vorher."

Da sprach die Königstochter | „Ihr Helden allbereit,
Nun geht der Stiege näher | und rächet mein Leid.
Das will ich stets verdienen | wie ich billig soll:
Der Übermut Hagens | dessen lohn' ich ihm wohl.

Laßt keinen aus dem Hause | der Degen allzumal:
So lass' ich an vier Enden | anzünden hier den Saal.
So wird noch wohl gerochen | all mein Herzeleid."
König Etzels Recken | sah man bald dazu bereit.

Die noch draußen standen | die trieb man in den Saal
Mit Schlägen und mit Schüssen | da gab es lauten Schall.
Doch wollten sich nicht scheiden | die Fürsten und ihr Heer:
Durch ihre Treue ließen | sie voneinander nicht mehr.

Den Saal in Brand zu stecken | gebot da Etzels Weib.
Da quälte man den Helden | mit Feuersglut den Leib.
Das Haus, vom Wind ergriffen | geriet in hohen Brand.
Nie wurde solcher Schrecken | noch einem Volksheer bekannt.

Da riefen viele drinnen | „O weh dieser Not!
Da möchten wir ja lieber | im Sturm liegen tot.
Das möge Gott erbarmen | wie sind wir all verlorn!
Wie grimmig rächt die Königin | an uns allen ihren Zorn!"

Da sprach darinnen einer | „Wir finden hier den Tod
Vor Rauch und vor Feuer | wie grimm ist diese Not!
Mir tut vor starker Hitze | der Durst so schrecklich weh,
Ich fürchte, mein Leben | in diesen Nöten zergeh'!"

Da sprach von Tronje Hagen | „Ihr edlen Ritter gut,
Wen der Durst will zwingen | der trinke hier das Blut.
Das ist in solcher Hitze | besser noch als Wein;
Es mag halt zu trinken | hier nichts Besseres sein."

Hin ging der Recken einer | wo er einen Toten fand:
Er kniet' ihm zu der Wunde | den Helm er niederband.
Da begann er zu trinken | das fließende Blut.
So wenig er's gewohnt war | er fand es köstlich und gut.

„Nun lohn' euch Gott, Herr Hagen" | sprach der müde Mann,
„Daß ich von eurer Lehre | so guten Trunk gewann!
Man schenkte mir selten | noch einen bessern Wein.
Solang' ich leben bleibe | will ich euch stets gewogen sein."

Als das die andern hörten | es deuchte ihn so gut,
Da fanden sich noch viele | die tranken auch das Blut.
Davon kam zu Kräften | manches Recken Leib:
Des entgalt an lieben Freunden | bald manches weidliche Weib.

Das Feuer fiel gewaltig | auf sie in den Saal:
Sie wandten mit den Schilden | es von sich ab im Fall.
Der Rauch und auch die Hitze | schmerzten sie gar sehr.
Also großer Jammer | geschieht wohl Helden nimmermehr.

Da sprach von Tronje Hagen | „Stellt euch an die Wand;
Laßt nicht die Brände fallen | auf eurer Helme Band
Und tretet sie mit Füßen | tiefer in das Blut.
Eine üble Hochzeit ist es | zu der die Königin uns lud."

Unter solchen Nöten | zerrann zuletzt die Nacht.
Noch hielt vor dem Hause | der kühne Spielmann Wacht
Und Hagen sein Geselle | gelehnt auf Schildesrand,
Noch größern Leids gewärtig | von denen aus König Etzels Land.

Da sprach der Fiedelspieler | „Gehn wir in den Saal:
Da wähnen wohl die Heunen | wir seien allzumal
Von der Qual erstorben | die sie uns angetan:
Dann kommen doch noch etliche | zum Streit mit ihnen heran."

Da sprach von Burgunden | Geiselher das Kind:
„Ich wähn', es wolle tagen | sich hebt ein kühler Wind.
Nun lass' uns Gott vom Himmel | noch liebre Zeit erleben!
Eine arge Hochzeit hat uns | meine Schwester Kriemhild gegeben."

Da sprach wieder einer | „Ich spüre schon den Tag.
Wenn es denn uns Degen | nicht besser werden mag,
So waffnet euch, ihr Helden | denkt an euren Leib!
Nicht lang', so kommt wieder | über uns König Etzels Weib."

Der Wirt mochte wähnen | die Gäste wären tot
Von den Beschwerden allen | und von des Feuers Not:
Da lebten doch so Kühner | noch drin sechshundert Mann,
Daß wohl nie ein König | bessre Degen gewann.

Der Heimatlosen Hüter | hatten wohl gesehn,
Daß noch die Gäste lebten | was ihnen auch geschehn
Zu Schaden war und Leide | den Herrn und ihrem Lehn.
Man sah sie in dem Hause | noch gar wohl geborgen stehn.

Man sagte Kriemhilden | noch viele lebten drin.
„Wie wäre das möglich“ | sprach die Königin,
„Daß noch einer lebte | nach solcher Feuersnot?
Eher will ich glauben | sie fanden alle den Tod.“

Noch wünschten zu entkommen | die Fürsten und ihr Lehn,
Wenn an ihnen Gnade | noch jemand ließ' ergehn.
Die konnten sie nicht finden | in der Heunen Land:
Da rächten sie ihr Sterben | mit gar williger Hand.

Schon früh am andern Morgen | man ihnen Grüße bot
Mit heftigem Angriff | wohl schuf das Helden Not.
Zu ihnen aufgeschossen | ward mancher scharfe Speer:
Ritterlich sich setzten | die kühnen Recken zur Wehr.

Dem Heergesinde Etzels | war erregt der Mut,
Daß sie verdienen wollten | Frau Kriemhildens Gut
Und alles willig leisten | was der Fürst gebot:
Da mußte bald noch mancher | von ihnen schauen den Tod.

Von Verheißen und von Gaben | mochte man Wunder sagen:
Sie ließ ihr Gold, das rote | auf Schilden vor sich tragen;
Sie gab es jedem willig | der es wollt' empfahn.
Nie wurden wider Feinde | so große Schätze vertan.

Gewaffnet trat der Recken | eine große Macht zur Tür.
Da sprach der kühne Volker | „Wir sind noch immer hier!
So gern sah ich Helden | zum Streiten nimmer kommen:
Sie haben das Gold des Königs | uns zu verderben genommen.“

Da riefen ihrer viele | „Nur näher zu dem Streit!
Da wir doch fallen müssen | so tun wir's gern beizeit.
Hier wird niemand bleiben | als wer doch sterben soll.“
Da staken ihre Schilde | gleich von Speerschüssen voll.

Was kann ich weiter sagen? | Wohl zwölf hundert Degen
Versuchten's auf und nieder | mit starken Schwertesschlägen.
Da kühlten an den Feinden | die Gäste wohl den Mut.
Kein Friede war zu hoffen | drum sah man fließen das Blut

Aus tiefen Todeswunden | deren wurden viel geschlagen.
Man hörte nach den Freunden | jeglichen klagen.
Die Biedern starben alle | dem reichen König hehr:
Da hatten liebe Freunde | nach ihnen Leid und Beschwer.

SIEBENUNDDREISSIGSTES ABENTEUER

WIE RÜDIGER ERSCHLAGEN WARD

Die Heimatlosen hatten | am Morgen viel getan.
Der Gemahl Gotlindens | kam zu Hof heran
Und sah auf beiden Seiten | des großen Leids Beschwer:
Darüber weinte inniglich | der getreue Rüdiger.

„O weh, daß ich das Leben“ | sprach der Held, „gewann
Und diesem großen Jammer | nun niemand wehren kann!
So gern ich Frieden schüfe | der König geht’s nicht ein,
Da ihm das Unheil stärker | immer stärker bricht herein.“

Zu Dietrichen sandte | der gute Rüdiger,
Ob sie’s noch könnten wenden | von den Kön’gen hehr?
Da entbot ihm der von Berne | „Wer möcht’ ihm widerstehn?
Es will der König Etzel | keine Sühne mehr sehn.“

Da sah ein Heunenrecke | Rüdigern da stehn
Mit weinenden Augen | wie er ihn oft gesehn.
Er sprach zu der Königin | „Nun seht, wie er da steht,
Den ihr und König Etzel | vor allen andern habt erhöht

Und dem doch alles dienet | die Leute wie das Land.
Wie sind so viel der Burgen | an Rüdigern gewandt,
Deren er so manche | von dem König haben mag!
Er schlug in diesen Stürmen | noch keinen löblichen Schlag.

Mich dünkt, ihn kümmert wenig | was hier mit uns geschieht,
Wenn er nach seinem Willen | bei sich die Fülle sieht.
Man rühmt, er wäre kühner | als jemand möge sein:
Das hat uns schlecht bewiesen | in dieser Not der Augenschein.“

Mit traurigem Mute | der vielgetreue Mann,
Den er so reden hörte | den Heunen sah er an.
Er dachte: „Das entgiltst du | du sagst, ich sei verzagt:
Da hast du deine Mären | zu laut bei Hofe gesagt.“

Er zwang die Faust zusammen | da lief er ihn an
Und schlug mit solchen Kräften | den heunischen Mann,
Daß er ihm vor die Füße | niederstürzte tot.
Da war gemehrt aufs neue | dem König Etzel die Not.

„Fahr' hin, verzagter Bösewicht!“ | sprach da Rüdiger,
„Ich hatte doch des Leides | genug und der Beschwer.
Daß ich hier nicht fechte | was rügst du mir das?
Wohl trüg' auch ich den Gästen | mit Grunde feindlichen Haß,

Und alles, was ich könnte | tat' ich ihnen an,
Hätt' ich nicht hieher geführt | die Gunthern untertan.
Ich war ihr Geleite | in meines Herren Land:
Drum darf sie nicht bestreiten | meine unsel'ge Hand.“

Da sprach zum Markgrafen | Etzel der König hehr:
„Wie habt ihr uns geholfen | vieledler Rüdiger!
Wir hatten doch der Toten | so viel in diesem Land,
Daß wir nicht mehr bedurften | mit Unrecht schlug ihn eure Hand.“

Da sprach der edle Ritter | „Er beschwerte mir den Mut
Und hat mir bescholten | die Ehre wie das Gut,
Des ich aus deinen Händen | so große Gaben nahm,
Was nun dem Lügenbolde | übel auch zustatten kam.“

Da kam die Königstochter | die hatt' es auch gesehn,
Was von des Helden Zorne | dem Heunen war geschehn.
Sie beklagt' es ungefüge | ihre Augen wurden naß.
Sie sprach zu Rüdigeren | „Wie verdienten wir das,

Daß ihr mir und dem König | noch mehrt unser Leid?
Ihr habt uns, edler Rüdiger | verheißen allezeit,
Ihr wolltet für uns wagen | die Ehre wie das Leben;
Auch hört' ich viel der Recken | den Preis des Mutes euch geben.

Ich mahn' euch nun der Treue | die mir schwur eure Hand,
Da ihr mir zu Etzeln rietet | Ritter auserkannt,
Daß ihr mir dienen wolltet | bis an unsern Tod.
Des war mir armen Weibe | noch niemals so bitter not."

„Das kann ich nicht leugnen | ich schwur euch, Königin,
Die Ehre wie das Leben | gab' ich für euch dahin:
Die Seele zu verlieren | hab' ich nicht geschworen.
Zu diesem Hofgelage | bracht' ich die Fürsten wohlgeboren."

Sie sprach: „Gedenke, Rüdiger | der hohen Eide dein
Von deiner steten Treue | wie du den Schaden mein
Immer wolltest rächen | und wenden all mein Leid."
Der Markgraf entgegnete | „Ich war euch stets zu Dienst bereit."

Etzel, der reiche | hub auch zu flehen an.
Da warfen sie sich beide | zu Füßen vor den Mann.
Den edeln Markgrafen | man da in Kummer sah;
Der vielgetreue Recke | jammervoll begann er da:

„O weh mir Unsel'gem | muß ich den Tag erleben!
Aller meiner Ehren | soll ich mich nun begeben,
Aller Zucht und Treue | die Gott mir gebot;
O weh, Herr des Himmels | daß mir's nicht wenden will der Tod!

Welches ich nun lasse | das andre zu begehn,
So ist doch immer übel | und arg von mir geschehn.
Was ich tu' und lasse | so schilt mich alle Welt.
Nun möge mich erleuchten | der mich dem Leben gesellt!"

Da baten ihn so dringend | der König und sein Weib,
Daß bald viel Degen mußten | Leben und Leib
Von Rüdgers Hand verlieren | und selbst der Held erstarb.
Nun mögt ihr bald vernehmen | welchen Jammer er erwarb.

Er wußte wohl, nur Schaden | und Leid sei sein Gewinn.
Er hätt' es auch dem König | und der Königin
Gern versagen wollen | der Held besorgte sehr,
Erschlug' er ihrer einen | daß er der Welt ein Greuel wär'.

Da sprach zu dem Könige | dieser kühne Mann:
„Herr Etzel, nehmt zurücke | was ich von euch gewann,
Das Land mit den Burgen | bei mir soll nichts bestehn:
Ich will auf meinen Füßen | hinaus ins Elend gehn.“

Da sprach der König Etzel | „Wer aber hülfe mir?
Mein Land mit den Leuten | das alles geb’ ich dir,
Daß du mich rächest, Rüdiger | an den Feinden mein:
Du sollst neben Etzeln | ein gewalt’ger König sein.“

Da sprach wieder Rüdiger | „Wie dürft’ ich ihnen schaden?
Heim zu meinem Hause | hab’ ich sie geladen:
Trinken und Speise | ich ihnen gütlich bot,
Dazu meine Gabe | wie sänn’ ich ihnen den Tod?

Die Leute mögen wähnen | ich sei zu verzagt.
Keiner meiner Dienste | war ihnen je versagt,
Den hochedeln Fürsten | wie ihrem letzten Mann.
Nun reut mich die Freundschaft | die ich an ihnen gewann.

Geiselher, dem Degen | gab ich die Tochter mein:
Sie könnt’ auf Erden nimmer | besser verwendet sein,
Seh’ ich auf Zucht und Ehre | auf Treu’ oder Gut.
Nie ein so junger König | trug wohl tugendreichern Mut.“

Da sprach wieder Kriemhild | „Vieledler Rüdiger,
Nun laß dich erbarmen | unsres Leids Beschwer,
Mein und auch des Königs | gedenke wohl daran,
Daß nie ein Wirt auf Erden | so leide Gäste gewann.“

Da begann der Markgraf | zu der Kön’gin hehr:
„Heut’ muß mit dem Leben | entgelten Rüdiger,
Was ihr und der König | mir Liebes habt getan:
Dafür muß ich sterben | es steht nicht länger mehr an.

„Ich weiß, daß noch heute | meine Burgen und mein Land
Euch ledig werden müssen | von dieser Helden Hand.
So befehl’ ich euch auf Gnade | mein Weib und mein Kind
Und all die Heimatlosen | die da zu Bechlaren sind.“

Nun lohne Gott dir, Rüdiger!" | der König sprach da so;
Er und die Königin | sie wurden beide froh.
„Uns seien wohlbefohlen | alle Leute dein;
Auch trau' ich meinem Heile | du selber werdest glücklich sein."

Da setzt' er auf die Wage | die Seele wie den Leib.
Da begann zu weinen | König Etzels Weib.
Er sprach: „Ich muß euch halten | den Eid, den ich getan.
O weh' meiner Freunde! | wie ungern greif ich sie an."

Man sah ihn von dem König | hinweggehn trauriglich.
Da fand er seine Recken | nahe stehn bei sich:
Er sprach: „Ihr sollt euch waffnen | ihr all in meinem Lehn:
Die kühnen Burgunden | muß ich nun leider bestehn."

Nach den Gewaffen riefen | die Helden allzuhand,
Ob es Helm wäre | oder Schildesrand,
Von dem Ingesinde | ward es herbeigetragen.
Bald hörten leide Märe | die stolzen Fremdlinge sagen.

Gewaffnet ward da Rüdiger | mit fünfhundert Mann;
Darüber zwölf Recken | zu Hilf' er sich gewann:
Die wollten Preis erwerben | in des Sturmes Not;
Sie wußten nicht die Märe | wie ihnen nahe der Tod.

Da sah man unterm Helme | den Markgrafen gehn.
Scharfe Schwerter trugen | die in Rüdgers Lehn,
Dazu vor den Händen | die lichten Schilde breit.
Das sah der Fiedelspieler | dem war es ohne Maßen leid.

Da sah der junge Geiselher | seinen Schwäher gehn
Mit aufgebundnem Helme | Wie mocht' er da verstehn,
Wie er damit es meine | es sei denn treu und gut?
Da gewann der edle König | von Herzen fröhlichen Mut.

„Nun wohl mir solcher Freunde" | sprach da Geiselher,
„Die wir gewonnen haben | auf der Fahrt hieher!
Meines Weibes willen | ist uns Hilfe nah:
Lieb ist mir, meiner Treue | daß diese Heirat geschah."

„Wes ihr euch wohl tröstet!“ | sprach der Fiedelmann:
„Wann saht ihr noch zur Sühne | so viel der Helden nahn
Mit aufgebundnen Helmen | die Schwerter in der Hand?
Er will an uns verdienen | seine Burgen und sein Land.“

Eh’ der Fiedelspieler | die Rede sprach vollaus,
Den edeln Markgrafen | sah man schon vor dem Haus.
Seinen Schild den guten | setzt’ er vor den Fuß:
Da mußt’ er seinen Freunden | versagen dienstlichen Gruß.

Rüdiger der edle | rief da in den Saal:
„Ihr kühnen Nibelungen | nun wehrt euch allzumal!
Ihr solltet mein genießen | ihr entgeltet mein:
Wir waren ehmals Freunde | der Treue will ich ledig sein.“

Da erschraken dieser Märe | die Notbedrängten schwer.
Ihnen war der Trost entsunken | den sie gewähnt vorher,
Da sie bestreiten wollte | dem jeder Liebe trug.
Sie hatten von den Feinden | schon Leid erfahren genug.

„Das verhüte Gott vom Himmel!“ | sprach Gunther, der Degen,
„Daß ihr eurer Freundschaft | tätet so entgegen
Und der großen Treue | darauf uns sann der Mut:
Ich will euch wohl vertrauen | daß ihr das nimmermehr tut.“

„Es ist nicht mehr zu wenden“ | sprach der kühne Mann:
„Ich muß mit euch streiten | wie ich den Schwur getan.
Nun wehrt euch, kühne Degen | wenn euch das Leben wert,
Da mir die Königstochter | nicht andre Willkür gewährt.“

„Ihr widersagt uns nun zu spät“ | sprach der König hehr.
„Nun mög’ euch Gott vergelten | viel edler Rüdiger,
Die Treu’ und die Liebe | die ihr uns habt getan,
Wenn ihr bis ans Ende | auch halten wolltet daran.

Wir wollen stets euch danken | was ihr uns habt gegeben,
Ich und meine Freunde | lasset ihr uns leben:
Der herrlichen Gaben | als ihr uns brachtet her
In Etzels Land mit Treue | des gedenket, edler Rüdiger!“

Wie gern ich euch das gönnte" | sprach Rüdiger, der Degen,
„Daß ich euch meiner Gabe | die Fülle dürfte wägen
Nach meinem Wohlgefallen | wie gerne tat' ich das,
So es mir nicht erwürbe | der edeln Königin Haß!"

„Laßt ab, edler Rüdiger" | sprach wieder Gernot,
„Nie ward ein Wirt gefunden | der es den Gästen bot
So freundlich und so gütlich | als uns von euch geschehn.
Des sollt ihr auch genießen | so wir lebendig entgehn."

„Das wollte Gott," sprach Rüdiger | „viel edler Gernot,
„Daß ihr am Rheine wäret | und ich wäre tot.
So rettet' ich die Ehre | da ich euch soll bestehn!
Es ist noch nie an Degen | von Freunden übler geschehn."

„Nun lohn' euch Gott, Herr Rüdiger" | sprach wieder Gernot,
„Eurer reichen Gabe | Mich jammert euer Tod,
Soll an euch verderben | so tugendlicher Mut.
Hier trag' ich eure Waffe | die ihr mir gabet, Degen gut.

Sie hat mir noch nie versagt | in all dieser Not:
Es fiel vor ihrer Schärfe | mancher Ritter tot.
Sie ist stark und lauter | herrlich und gut:
Gewiß, so reiche Gabe | kein Recke je wieder tut.

Und wollt ihr es nicht meiden | wider uns zu gehn,
Erschlagt ihr mir die Freunde | die hier bei mir stehn,
Mit euerm Schwerte nehm' ich | Leben euch und Leib.
So reut ihr mich, Rüdiger | und euer herrliches Weib."

Das wolle Gott, Herr Gernot | und möcht' es geschehn,
Daß hier nach euerm Willen | alles könnt' ergehn
Und euern Freunden bleiben | Leben möcht' und Leib,
Euch sollten wohl vertrauen | meine Tochter und mein Weib."

Da sprach von Burgunden | der schönen Ute Kind:
„Wie tut ihr so, Herr Rüdiger? | Die mit mir kommen sind,
Die sind euch all gewogen | ihr greift übel zu:
Eüre schöne Tochter | wollt ihr verwitwen allzufruh.

Wenn ihr und eure Recken | mich wollt im Streit bestehn,
Wie war' das unfreundlich | wie wenig ließ' es sehn,
Daß ich euch vertraute | vor jedem andern Mann,
Als ich eure Tochter | mir zum Weibe gewann."

„Gedenkt eurer Treue" | sprach da Rüdiger.
„Und schickt euch Gott von hinnen | viel edler König hehr,
So laßt es nicht entgelten | die liebe Tochter mein:
Bei aller Fürsten Tugend | geruht, ihr gnädig zu sein."

„So sollt' ich's billig halten" | sprach Geiselher das Kind;
„Doch meine hohen Freunde | die noch im Saal hier sind,
Wenn die vor euch ersterben | so muß geschieden sein
Diese stete Freundschaft | zu dir und der Tochter dein."

„Nun möge Gott uns gnaden" | sprach der kühne Mann.
Da hoben sie die Schilde | und wollten nun hinan,
Zu streiten mit den Gästen | in Kriemhildens Saal.
Laut rief da Hagen | von der Stiege her zu Tal:

„Verzieht noch eine Weile | viel edler Rüdiger,"
Also sprach da Hagen | „wir reden erst noch mehr,
Ich und meine Herren | wie uns zwingt die Not.
Was hilft es Etzeln, finden | wir in der Fremde den Tod?

„Ich steh' in großen Sorgen" | sprach wieder Hagen,
„Der Schild, den Frau Gotlind | mir gab zu tragen,
Den haben mir die Heunen | zerhauen vor der Hand;
Ich bracht ihn doch in Treuen | her in König Etzels Land.

Daß es Gott vom Himmel | vergönnen wollte,
Daß ich so guten Schildrand | noch tragen sollte,
Als du hast vor den Händen | viel edler Rüdiger:
So bedürft' ich in dem Sturme | keiner Halsberge mehr."

„Wie gern wollt' ich dir dienen | mit meinem Schilde,
Dürft' ich dir ihn bieten | vor Kriemhilde!
Doch nimm ihn hin, Hagen | und trag ihn an der Hand.
Hei! dürftest du ihn führen | heim in der Burgunden Land!"

Als er den Schild so willig | zu geben sich erbot,
Die Augen wurden vielen | von heißen Tränen rot.
Es war die letzte Gabe | es durft' hinfort nicht mehr
Einem Degen Gabe bieten | von Bechlaren Rüdiger.

Wie grimmig auch Hagen | wie hart auch war sein Mut,
Ihn erbarmte doch die Gabe | die der Degen gut
So nah seinem Ende | noch hatt' an ihn getan.
Mancher edle Ritter | mit ihm zu trauern begann.

„Nun lohn euch Gott vom Himmel | viel edler Rüdiger!
Es wird eures Gleichen | auf Erden nimmermehr,
Der heimatlosen Degen | so milde Gabe gebe.
So möge Gott gebieten | daß eure Milde immer lebe."

„O weh' mir dieser Märe!" | sprach wieder Hagen.
„Wir hatten Herzensschwere | schon so viel zu tragen:
Das müsse Gott erbarmen | gilt's uns mit Freunden Streit!"
Da sprach der Markgraf wieder | „Das ist mir inniglich leid."

„Nun lohn' ich euch die Gabe | viel edler Rüdiger:
Was euch auch widerfahre | von diesen Recken hehr,
Es soll euch nicht berühren | im Streit meine Hand,
Ob ihr sie all erschlüget | die von der Burgunden Land."

Da neigte sich ihm dankend | der gute Rüdiger.
Die Leute weinten alle | daß nicht zu wenden mehr
Dieser Herzensjammer | Das war zu große Not.
Der Vater aller Tugend | fand an Rüdiger den Tod.

Da sprach von der Stiege | Volker, der Fiedelmann:
„Da mein Geselle Hagen | euch trug den Frieden an,
So biet' ich auch so steten | euch von meiner Hand.
Das habt ihr wohl verdient an uns | da wir kamen in das Land.

Ihr sollt, viel edler Markgraf | mein Bote werden hier:
Diese roten Spangen | gab Frau Gotlinde mir,
Daß ich sie tragen sollte | bei dieser Lustbarkeit:
Ich tu es, schauet selber | daß ihr des mein Zeuge seid."

„Wollt' es Gott vom Himmel!" | sprach da Rüdiger,
„Daß euch geben dürfte | die Markgräfin noch mehr!
Die Märe sag' ich gerne | der lieben Trauten mein,
Seh' ich gesund sie wieder | des sollt ihr außer Zweifel sein."

Nach diesem Angeloben | den Schild hob Rüdiger,
Sein Mut begann zu toben | nicht länger säumt' er mehr.
Auf lief er zu den Gästen | wohl einem Recken gleich.
Viel kraftvolle Schläge | schlug da dieser Markgraf reich.

Volker und Hagen | die zwei traten beiseit,
Wie ihm verheißen hatten | die Degen allbereit.
Noch traf er bei den Türen | so manchen Kühnen an,
Daß Rüdiger die Feindschaft | mit großen Sorgen begann.

Aus Rachewillen ließen | ihn ins Haus hinein
Gernot und Gunther | das mochten Helden sein.
Zurück wich da Geiselher | fürwahr, es war ihm leid;
Er versah sich noch des Lebens | drum mied er Rüdigern im Streit.

Da sprangen zu den Feinden | die in Rüdgers Lehn.
Hinter ihrem Herren | sah man sie kühnlich gehn.
Schneidende Waffen | trugen sie an der Hand:
Da zerbrachen viel der Helme | und mancher herrliche Rand.

Da schlugen auch die Müden | noch manchen schnellen Schlag
Auf die von Bechlaren | der tief und eben brach
Durch die lichten Panzer | und drang bis auf das Blut.
Sie frommten in dem Sturme | viel Wunder herrlich und gut.

Das edle Heergesinde | war alle nun im Saal.
Volker und Hagen | die sprangen hin zumal:
Sie gaben niemand Frieden | als dem einen Mann.
Das Blut von ihren Hieben | von den Helmen niederrann.

Wie da der Schwerter Tosen | so grimmig erklang,
Daß unter ihren Schlägen | das Schildgespänge sprang!
Die Schildsteine rieselten | getroffen in das Blut.
Da fochten sie so grimmig | wie man es nie wieder tut.

Der Vogt von Bechlaren | schuf hin und her sich Bahn,
Wie einer der mit Ungestüm | im Sturme werben kann.
Des Tages ward an Rüdiger | herrlich offenbar,
Daß er ein Recke wäre | kühn und ohne Tadel gar.

Hier standen diese Recken | Gunther und Gernot,
Sie schlugen in dem Streite | viel der Helden tot.
Geiselhern und Dankwart | am Heile wenig lag:
Da brachten sie noch manchen | hin zu seinem jüngsten Tag.

Wohl erwies auch Rüdiger | daß er stark war genug,
Kühn und wohl gewaffnet | hei, was er Helden schlug!
Das sah ein Burgunde | da schuf der Zorn ihm Not:
Davon begann zu nahen | des edeln Rüdiger Tod.

Gernot, der starke | rief den Helden an.
Er sprach zum Markgrafen | „Ihr wollt mir keinen Mann
Der Meinen leben lassen | viel edler Rüdiger.
Das schmerzt mich ohne Maßen | ich ertrag' es nicht länger mehr.

„Nun mag euch eure Gabe wohl | zu Unstatten kommen,
Da ihr mir der Freunde | habt so viel genommen.
Nun bietet mir die Stirne | ihr edler kühner Mann:
So verdien' ich eure Gabe | so gut ich immer nur kann."

Bevor da der Markgraf | zu ihm gedrungen war,
Ward noch getrübt vom Blute | manch lichter Harnisch klar.
Da liefen sich einander | die Ehrbegier'gen an:
Jedweder sich zu schirmen | vor starken Wunden begann.

Doch schnitten ihre Schwerter | es schützte nichts dagegen.
Da schlug den König Gernot | Rüdiger der Degen
Durch den steinharten Helm | daß niederfloß das Blut:
Das vergalt alsbald ihm | dieser Ritter kühn und gut.

Noch schwang er Rüdgers Gabe | die in der Hand ihm lag;
Wie wund er war zum Tode | er schlug ihm einen Schlag
Auf des Helmes Bänder | und durch den festen Schild,
Davon ersterben mußte | der gute Rüdiger mild.

So reicher Gabe übler | gelohnt ward nimmermehr.
Da fielen beid' erschlagen | Gernot und Rüdiger,
Im Sturm gleichermaßen | von beider Kämpfer Hand.
Da erst ergrimmte Hagen | als er den großen Schaden fand.

Da sprach der Held von Tronje | „Es ist uns schlimm bekommen.
So großen Schaden haben | wir an den zwein genommen,
Daß ihn nie verwinden | ihr Volk noch ihr Land.
Uns Heimatlosen bleiben | nun Rüdgers Helden zu Pfand."

„Weh mir um den Bruder! | der fiel hier in den Tod.
Was mir zu allen Stunden | für leide Märe droht!
Auch muß mich immer reuen | der edle Rüdiger:
Der Schad' ist beidenthalben | und großen Jammers Beschwer."

Als der junge Geiselher | sah seinen Bruder tot,
Die noch im Saale waren | die mußten leiden Not.
Der Tod suchte eifrig | wo sein Gesinde wär':
Deren von Bechelaren | entging kein einziger mehr.

Gunther und Hagen | und auch Geiselher,
Dankwart und Volker | die guten Degen hehr,
Die gingen zu der Stelle | wo man sie liegen fand:
Wie jämmerlich da weinten | diese Helden auserkannt!

„Der Tod beraubt uns übel" | sprach Geiselher das Kind.
„Nun laßt euer Weinen | und gehn wir an den Wind,
Daß sich die Panzer kühlen | uns streitmüden Degen:
Es will nicht Gott vom Himmel | daß wir länger leben mögen."

Den sitzen, den sich lehnen | sah man manchen Mann.
Sie waren wieder müßig | Die Rüdgern untertan
Waren all erlegen | verhallt war das Getos.
So lange blieb es stille | daß es Etzeln verdroß.

„O weh dieser Dienste!" | sprach die Königin:
„Die sind nicht so stetig | daß unsre Feinde drin
Müßten Buße zahlen | durch Rüdigers Hand:
Er will sie wiederbringen | heim in der Burgunden Land.

Was hilft's, König Etzel | daß wir an ihn vertan,
Was er nur begehrte? | Er tat nicht wohl daran:
Der uns rächen sollte | der will der Sühne pflegen."
Da gab ihr Volker Antwort | dieser zierliche Degen:

„Dem ist nicht also leider | viel edel Königsweib,
Und dürft' ich Lügen strafen | ein so hehres Weib,
So hättet ihr recht teuflisch | Rüdigern verlogen.
Er und seine Degen | sind um die Sühne gar betrogen.

„So williglich vollbracht' er | was ihm sein Herr gebot,
Daß er und sein Gesinde | hier fielen in den Tod.
Nun seht euch um, Frau Kriemhild | wem ihr gebieten wollt:
Euch war bis an sein Ende | Rüdiger getreu und hold.

Wollt ihr mir nicht glauben | so schaut es selber an."
Zu ihrem Herzeleide | ward es da getan:
Man trug ihn hin erschlagen | wo ihn der König sah.
König Etzels Mannen | wohl nimmer leider geschah.

Da sie den Markgrafen | tot sahn vor sich tragen,
Da vermocht' euch kein Schreiber | zu schildern noch zu sagen,
Die ungebärd'ge Klage | so von Weib als Mann,
Die sich aus Herzensjammer | da zu erzeigen begann.

König Etzels Jammern | war so stark und voll,
Wie eines Löwen Stimme | dem reichen König scholl
Der Wehruf der Klage | auch ihr schuf's große Not;
Sie weinten übermäßig | um des guten Rüdger Tod.

ACHTUNDDREISSIGSTES ABENTEUER

WIE DIETRICHENS RECKEN ALLE ERSCHLAGEN WURDEN

Der Jammer allenthalben | zu solchem Maße schwoll,
Daß von der Wehklage | Pallas und Turm erscholl.
Da vernahm es auch ein Berner | Dietrichs Untertan:
Der schweren Botschaft willen | wie eilends kam er heran!

Da sprach er zu dem Fürsten | „Hört mich, Herr Dieterich,
Was ich noch je erlebte | so herzensjämmerlich
Hört' ich noch niemals klagen | als ich jetzt vernahm.
Ich glaube, daß der König | selber nun zu Schaden kam.

Wie wären sonst die Leute | all' in solcher Not?
Der König oder Kriemhild | eins ward dem Tod
Von den kühnen Gästen | in ihrem Zorn gesellt.
Es weint übermäßig | mancher auserwählte Held."

Da sprach der Vogt von Berne | „Ihr Getreun in meinem Lehn,
Seid nicht allzu eilig | was hier auch ist geschehn
Von den Heimatlosen | sie zwang dazu die Not:
Nun laßt sie des genießen | daß ich ihnen Frieden bot."

Da sprach der kühne Wolfhart | „Ich will zum Saale gehn,
Der Mare nachzufragen | was da sei geschehn,
Und will euch dann berichten | viel lieber Herre mein,
Wenn ich es dort erkunde | worum die Klage möge sein."

Da sprach der edle Dietrich | „Wenn man sich Zorns versieht
Und ungestümes Fragen | zur Unzeit dann geschieht,
Das betrübt den Recken | allzuleicht den Mut:
Drum will ich nicht, Wolfhart | daß ihr die Frage da tut."

Da bat er Helfrichen | hin zu gehn geschwind,
Ob er erkunden möge | bei Etzels Ingesind
Oder bei den Gästen | was da war' geschehn.
Da wurde nie bei Leuten | so großer Jammer gesehn.

Der Bote kam und fragte | „Was ist hier geschehn?"
Da ward ihm zum Bescheide | „Nun mußt' uns auch zergehn
Der Trost, der uns geblieben | noch war in Heunenland:
Hier liegt erschlagen Rüdiger | von der Burgunden Hand.

„Nicht einer ist entkommen | der mit ihm ging hinein."
Das konnte Helfrichen | nimmer leider sein.
Fürwahr er mochte Märe | noch nie so ungern sagen:
Er kam zu Dietrichen | zurück mit Weinen und Klagen.

„Was bringt ihr uns für Kunde?" | sprach da Dieterich,
„Wie weint ihr so heftig | Degen Helferich?"
Da sprach der edle Recke | „Wohl hab' ich Grund zu klagen:
Den guten Rüdger haben | die Burgunden erschlagen."

Da sprach der Held von Berne | „Das wolle nimmer Gott!
Eine starke Rache wär' es | und des Teufels Spott.
Wie hätt' an ihnen Rüdiger | verdient solchen Sold?
Ich weiß wohl die Kunde | er ist den Fremdlingen hold."

Da sprach der kühne Wolfhart | „Und wär' es geschehn,
So sollt' es ihnen allen | an Leib und Leben gehn.
Wenn wir's ertragen wollten | es brächt' uns Spott und Schand',
Uns bot so große Dienste | des guten Rüdiger Hand."

Der Vogt von Amelungen | erfragt' es gern noch mehr.
In ein Fenster setzt' er sich | ihm war das Herz so schwer.
Da hieß er Hildebranden | zu den Gästen gehn,
Bei ihnen zu erforschen | was da wäre geschehn.

Der sturmkühne Recke | Meister Hildebrand,
Weder Schild noch Waffen | trug er an der Hand.
Er wollt' in seinen Züchten | zu den Gästen gehn;
Von seiner Schwester Kinde | mußt' er sich gescholten sehn.

Da sprach der grimme Wolfhart: | „Geht ihr dahin so bloß,
So kommt ihr ungescholten | nimmer wieder los:
So müßt ihr dann mit Schanden | tun die Wiederfahrt;
Geht ihr dahin in Waffen | so weiß ich, daß es mancher spart."

Da rüstete der Alte | sich nach des Jungen Rat.
Eh' er es inne wurde | standen in ihrem Staat
Die Recken Dietrichs alle | die Schwerter in der Hand.
Leid war das dem Helden | er hätt' es gern noch abgewandt.

Er frag, wohin sie wollten | „Wir wollen mit euch hin.
Ob von Tronje Hagen | wohl dann noch ist so kühn,
Mit Spott zu euch zu reden | wie ihm zu tun gefällt?"
Als er dieses hörte | erlaubt' es ihnen der Held.

Da sah der kühne Volker | wohlgewaffnet gehn
Die Recken von Berne | in Dietrichens Lehn,
Die Schwerter umgegürtet | die Schilde vor der Hand:
Er sagt es seinen Herren | aus der Burgunden Land.

Da sprach der Fiedelspieler | „Dorten seh' ich nahn
Recht in Feindesweise | die Dietrich Untertan,
Gewaffnet unter Helmen | Sie wollen uns bestehn.
Nun wird es an das Üble | mit uns Fremdlingen gehn."

Es währte nicht lange | so kam auch Hildebrand.
Da setzt' er vor die Füße | seinen Schildesrand
Und begann zu fragen | die Gunthern untenan:
„O weh, ihr guten Degen | was hatt' euch Rüdiger getan?

Mich hat mein Herr Dietrich | her zu euch gesandt,
Ob erschlagen liege | Helden, von eurer Hand
Dieser edle Markgraf | wie man uns gab Bescheid?
Wir könnten nicht verwinden | also schweres Herzeleid."

Da sprach der grimme Hagen | „Die Mär' ist ungelogen,
Wie gern ich's euch gönnte | wärt ihr damit betrogen,
Rüdigern zuliebe | so lebt' er uns noch,
Den nie genug beweinen | mögen Fraun und Mannen doch."

Als sie das recht vernahmen | Rüdiger sei tot,
Da beklagten ihn die Recken | wie ihre Treu' gebot.
Dietrichens Mannen | sah man die Tränen gehn
Übern Bart zum Kinne | viel Leid war ihnen geschehn.

Siegstab, der Herzog | von Bern sprach zuhand:
„O weh, wie all die Güte | hier gar ein Ende fand,
Die uns Rüdiger hier schuf | nach unsers Leides Tagen:
Der Trost der Heimatlosen | liegt von euch Degen erschlagen."

Da sprach von Amelungen | der Degen Wolfwein:
„Und wenn ich vor mir liegen | hier säh' den Vater mein,
Mir würde nimmer leider | als um Rüdgers Tod.
O weh, wer soll nun trösten | die Markgräfin in ihrer Not?"

Da sprach im Zornmute | der kühne Wolfhart:
„Wer leitet nun die Recken | auf mancher Heerfahrt,
Wie von dem Markgrafen | so oft geschehen ist?
O weh, viel edler Rüdiger | daß du uns so verloren bist!"

Wolfbrand und Helferich | und auch Helmnot
Mit allen ihren Freunden | beweinten seinen Tod.
Nicht mehr fragen mochte | vor Seufzen Hildebrand:
Er sprach: „Tut denn, ihr Degen | warum mein Herr uns gesandt.

Gebet uns den toten | Rüdiger aus dem Saal,
An dem all unsre Freude | erlitt den Jammerfall.
Laßt uns ihm so vergelten | was er an uns getan
Hat mit großer Treue | und an manchem andern Mann.

Wir sind hier auch Vertriebene | wie Rüdiger der Degen.
Wie laßt ihr uns warten? | Laßt uns ihn aus den Wegen
Tragen und im Tode | lohnen noch dem Mann:
Wir hätten es wohl billig | bei seinem Leben getan."

Da sprach der König Gunther | „Nie war ein Dienst so gut,
Als den ein Freund dem Freunde | nach dem Tode tut.
Das nenn' ich stete Treue | wenn man das leisten kann:
Ihr lohnt ihm nach Verdienste | er hat euch Liebes getan."

„Wie lange solln wir flehen?" | sprach Wolfhart, der Held.
„Da unser Trost der beste | liegt von euch gefällt
Und wir ihn nun leider | nicht länger mögen haben,
Laßt uns ihn hinnen tragen | daß wir den Recken begraben."

Zur Antwort gab ihm Volker | „Man bringt ihn euch nicht her:
Holt ihn aus dem Hause | wo der Degen hehr
Mit tiefen Herzenswunden | gefallen ist ins Blut:
So sind es volle Dienste | die ihr hier Rüdigern tut."

Da sprach der kühne Wolfhart | „Gott weiß, Herr Fiedelmann,
Ihr müßt uns nicht noch reizen | ihr habt uns Leid getan.
Dürft' ich's vor meinem Herren | so kämt ihr drum in Not,
Doch müssen wir es lassen | weil er den Streit uns verbot."

Da sprach der Fiedelspieler | „Der fürchtet sich zu viel,
Der, was man ihm verbietet | alles lassen will:
Das kann ich nimmer heißen | rechten Heldenmut."
Die Rede deuchte Hagnen | von seinem Heergesellen gut.

„Laßt's lieber unterwegen!" | fiel ihm Wolfhart ein,
„Ich verstimm' euch so die Saiten | daß ihr noch am Rhein,
Wenn je ihr heimreitet | habt davon zu sagen.
Euer Überheben | mag ich mit Ehren nicht ertragen."

Da sprach der Fiedelspieler | „Wenn ihr den Saiten mein
Die guten Töne raubtet | eures Helmes Schein
Müßte trübe werden | dabei von meiner Hand,
Wie ich halt auch reite | in der Burgunden Land."

Da wollt' er zu ihm springen | doch blieb nicht frei die Bahn.
Hildebrand, sein Oheim | hielt ihn mit Kräften an:
„Ich seh', du willst wüten | in deinem dummen Zorn;
Nun hätten wir auf immer | meines Herren Huld verlorn."

„Laßt los den Leuen, Meister! | er hat so grimmigen Mut;
Doch kommt er mir zu nahe“ | sprach Volker, der Degen gut,
„Hätt’ er mit seinen Händen | die ganze Welt erschlagen,
Ich schlag’ ihn, daß er nimmermehr | ein Widerwort weiß zu sagen.“

Darob ergrimmte heftig | den Bernern der Mut.
Den Schild ruckte Wolfhart | ein schneller Recke gut:
Gleich einem wilden Leuen | lief er auf ihn an.
Die Schar seiner Freunde | ihm rasch zu folgen begann.

Mit weiten Sprüngen setzt’ er | bis vor des Saales Wand;
Doch ereilt’ ihn vor der Stiege | der alte Hildebrand:
Er wollt’ ihn vor ihm selber | nicht lassen in den Streit.
Zu ihrem Willen fanden | sie gern die Gäste bereit.

Da sprang hin zu Hagen | Meister Hildebrand:
Man hörte Waffen klingen | an der Helden Hand.
Sie waren sehr im Zorne | das zeigte sich geschwind:
Von der beiden Schwertern | ging der feuerrote Wind.

Da wurden sie geschieden | in des Streites Not:
Das taten die von Berne | wie Kraft und Mut gebot.
Als sich von Hagen wandte | Meister Hildebrand,
Da kam der starke Wolfhart | auf den kühnen Volker gerannt.

Auf den Helm dem Fiedler | schlug er solchen Schwang,
Daß des Schwertes Schärfe | durch die Spangen drang.
Das vergalt mit Ungestüm | der kühne Fiedelmann:
Da schlug er Wolfharten | daß er zu sprühen begann.

Feuers aus den Panzern | hieben sie genug;
Grimmen Haß jedweder | zu dem andern trug.
Da schied sie von Berne | der Degen Wolfwein;
Wär’ er kein Held gewesen | so konnte das nimmer sein.

Gunther, der Recke | mit williger Hand
Empfing die hehren Helden | aus Amelungenland.
Geiselher, der junge | die lichten Helme gut
Macht’ er in dem Sturme | manchem naß und rot von Blut.

Dankwart, Hagens Bruder | war ein grimmer Mann:
Was er zuvor im Streite | Herrliches getan
An König Etzels Recken | das schien nun gar ein Wind:
Nun erst begann zu toben | des kühnen Aldrians Kind.

Ritschart und Gerbart | Helfrich und Wichart,
In manchen Stürmen hatten | die selten sich gespart:
Das ließen sie wohl schauen | die in Gunthers Lehn.
Da sah man Wolfbranden | in dem Streite herrlich gehn.

Da focht, als ob er wüte | der alte Hildebrand.
Viel gute Recken mußten | vor Wolfhartens Hand
Auf den Tod getroffen | sinken in das Blut:
So rächten Rüdgers Wunden | diese Recken kühn und gut.

Da focht der Herzog Siegstab | wie ihm der Zorn gebot.
Hei! was guter Helme | brach in des Sturmes Not
Dort an seinen Feinden | Dietrichens Schwestersohn!
Er könnt' in dem Sturme | nicht gewaltiger drohn.

Volker, der starke | als er das ersah,
Wie Siegstab, der kühne | aus Panzerringen da
Bäche Blutes holte | das schuf dem Biedern Zorn:
Er sprang ihm hin entgegen | da hatte hier bald verlorn

Von dem Fiedelspieler | das Leben Siegstab:
Volker ihm seiner Künste | so vollen Anteil gab,
Er fiel von seinem Schwerte | nieder in den Tod.
Das rächte Meister Hildebrand | wie ihm sein Eifer gebot.

„O weh des lieben Herren" | sprach Meister Hildebrand,
„Der uns hier erschlagen | liegt von Volkers Hand!
Nun soll der Fiedelspieler | auch länger nicht gedeihn."
Hildebrand, der kühne | wie konnt' er grimmiger sein?

Da schlug er so auf Volker | daß von des Helmes Band
Die Splitter allwärts stoben | bis zu des Saales Wand,
Vom Helm und auch vom Schilde | dem kühnen Spielmann;
Davon der starke Volker | nun auch sein Ende gewann.

Da drangen zu dem Streite | die in Dietrichs Lehn:
Sie schlugen, daß die Splitter | sich wirbelnd mußten drehn
Und man der Schwerter Enden | in die Höhe fliegen sah.
Sie holten aus den Helmen | heiße Blutbäche da.

Nun sah von Tronje Hagen | Volker, den Degen tot:
Das war ihm bei der Hochzeit | die allergrößte Not,
Die er gewonnen hatte | an Freund und Untertan!
O weh, wie grimmig Hagen | den Freund zu rächen begann!

„Nun soll es nicht genießen | der alte Hildebrand:
Mein Gehilfe liegt erschlagen | von des Helden Hand,
Der beste Heergeselle | den ich je gewann."
Den Schild rückt' er höher | so ging er hauend hindann.

Helferich, der starke | Dankwarten schlug:
Gunthern und Geiselhern | war es leid genug,
Als sie ihn fallen sahen | in der starken Not;
Doch hatten seine Hände | wohl vergolten seinen Tod.

Derweil schuf sich Wolfhart | hin und wieder Bahn,
Alles niederhauend | was Gunthern untetan.
Er machte nun zum dritten Mal | die Runde durch den Saal:
Da fiel von seinen Händen | gar mancher Recke zu Tal.

Da rief der edle Geiselher | Wolfharten an:
„O weh, daß ich so grimmen | Feind je gewann!
Kühner Ritter edel | nun wende dich hieher!
Ich will es helfen enden | nicht länger trag' ich es mehr."

Zu Geiselheren wandte | sich Wolfhart in den Streit.
Da schlugen sich die Recken | manche Wunde weit.
Mit solchem Ungestüme | er zu dem König drang,
Daß unter seinen Füßen | übers Haupt das Blut ihm sprang.

Mit schnellen grimmen Schlägen | der schönen Ute Kind
Empfing da Wolfharten | den Helden hochgesinnt.
Wie stark auch war der Degen | wie sollt' er hier gedeihn?
Es konnte nimmer kühner | ein so junger König sein.

Da schlug er Wolfharten | durch einen Harnisch gut,
Daß ihm aus der Wunde | niederquoll das Blut:
Zum Tode war verwundet | Dietrichens Untertan.
Wohl mußt' er sein ein Recke | der solche Werke getan.

Als der kühne Wolfhart | die Wund' an sich empfand,
Den Schild ließ er fallen | Höher in der Hand
Hob er ein starkes Waffen | das war wohl scharf genug:
Durch Helm und Panzerringe | der Degen Geiselhern schlug.

Den grimmen Tod einander | hatten sie angetan.
Da lebt' auch niemand weiter | der Dietrich Untertan.
Hildebrand, der alte | Wolfharten fallen sah:
Gewiß vor seinem Tode | solch Leid ihm nimmer geschah.

Erstorben waren alle | die in Gunthers Lehn
Und die in Dietrichens | Hilbranden sah man gehn,
Wo Wolfhart war gefallen | nieder in das Blut.
Er umschloß mit Armen | den Degen bieder und gut.

Er wollt' ihn aus dem Hause | tragen mit sich fort;
Er war zu schwer doch, lassen | mußt' ihn der Alte dort.
Da blickt' aus dem Blute | der todwunde Mann:
Er sah wohl, sein Oheim | Hilfe gern ihm hindann.

Da sprach der Todwunde | „Viel lieber Oheim mein,
Mir kann zu dieser Stunde | eure Hilfe nicht gedeihn.
Nun hütet euch vor Hagen | fürwahr, ich rat' euch gut:
Der trägt in seinem Herzen | einen grimmigen Mut.

Und wollen meine Freunde | im Tode mich beklagen,
Den nächsten und den besten | sollt ihr von mir sagen,
Daß sie nicht um mich weinen | das tu' nimmer not:
Von eines Königs Händen | fand ich hier herrlichen Tod.

Ich hab' auch so vergolten | mein Sterben hier im Saal,
Das schafft noch den Frauen | der guten Ritter Qual.
Will's jemand von euch wissen | so mögt ihr kühnlich sagen:
Von meiner Hand alleine | liegen hundert wohl erschlagen."

Da gedacht' auch Hagen | an den Fiedelmann,
Dem der kühne Hildebrand | das Leben abgewann:
Da sprach er zu dem Degen | „Ihr entgeltet nun mein Leid.
Ihr habt uns hier benommen | manchen Recken kühn im Streit."

Er schlug auf Hildebranden | daß man wohl vernahm
Balmungen dröhnen | den Siegfrieden nahm
Hagen, der kühne | als er den Helden schlug.
Da wehrte sich der Alte | er war auch streitbar genug.

Dietriches Recke | ein breites Waffen schwang
Auf Hagen von Tronje | das scharf den Stahl durchdrang.
Doch konnt' er nicht verwunden | Gunthers Untertan.
Da schlug ihm Hagen wieder | durch einen Harnisch wohlgetan.

Als der alte Hildebrand | die Wunde recht empfand,
Besorgt' er größern Schaden | noch von Hagens Hand.
Den Schild warf auf den Rücken | Dietrichs Untertan:
Mit der starken Wunde | der Held vor Hagen entrann.

Da lebt' auch von allen | den Degen niemand mehr
Als Gunther und Hagen | die beiden Recken hehr.
Mit Blut ging beronnen | der alte Hildebrand:
Er brachte leide Märe | da er Dietrichen fand.

Schwer bekümmert sitzen | sah er da den Mann.
Noch größern Leides Kunde | nun der Fürst gewann.
Als er Hildebranden | im Panzer sah so rot,
Da fragt' er nach der Ursach' | wie ihm die Sorge gebot.

„Nun sagt mir, Meister Hildebrand | wie seid ihr so naß
Von dem Lebensblute? | oder wer tat euch das?
Ihr habt wohl mit den Gästen | gestritten in dem Saal?
Ihr ließt es billig bleiben | wie ich so dringend befahl."

Da sagt' er seinem Herren | „Hagen tat es mir:
Der schlug mir in dem Saale | diese Wunde hier,
Als ich von dem Recken | zu wenden mich begann.
Kaum daß ich mit dem Leben | noch dem Teufel entrann."

Da sprach der von Berne | „Gar recht ist euch geschehn,
Da ihr mich Freundschaft hörtet | den Recken zugestehn
Und doch den Frieden brächet | den ich ihnen bot:
War mir's nicht ewig Schande | ihr solltet's büßen mit dem Tod."

„Nun zürnt mir, Herr Dietrich | darob nicht allzusehr:
An mir und meinen Freunden | ist der Schade gar zu schwer.
Wir wollten Rüdger gerne | tragen aus dem Saal:
Das wollten uns nicht gönnen | die, welchen Gunther befahl."

„O weh mir dieses Leides! | Ist Rüdiger doch tot?
Das muß mir sein ein Jammer | vor all meiner Not.
Gotelind, die edle | ist meiner Base Kind:
O weh der armen Waisen | die dort zu Bechlaren sind!"

Herzeleid und Kummer | schuf ihm sein Tod:
Er hub an zu weinen | den Helden zwang die Not.
„O weh der treuen Hilfe | die mir an ihm erlag!
König Etzels Degen | nie verschmerzen ich mag.

Könnt ihr mir, Meister Hildebrand | rechte Kunde sagen,
Wie der Recke heiße | der ihn hat erschlagen?"
Er sprach: „Das tat mit Kräften | der starke Gernot;
Von Rüdigers Händen | fand auch der König den Tod."

Er sprach zu Hilbranden | „So sagt den Meinen an,
Daß sie alsbald sich waffnen | so geh' ich selbst hinan.
Und befehlt, daß sie mir bringen | mein lichtes Streitgewand:
Ich selber will nun fragen | die Helden aus Burgundenland."

Da sprach Meister Hildebrand | „Wer soll mit euch gehn?
Die euch am Leben blieben | die seht ihr vor euch stehn:
Das bin ich ganz alleine | die andern die sind tot."
Da erschrak er dieser Märe | es schuf ihm wahrhafte Not,

Da er auf Erden nimmer | noch solches Leid gewann.
Er sprach: „Und sind erstorben | all die mir untenan,
So hat mein Gott vergessen | ich armer Dietrich!
Ich herrscht' ein mächt'ger König | hehr einst und gewaltiglich."

Wieder sprach da Dietrich | „Wie konnt' es nur geschehn,
Daß sie all' erstarben | die Helden ausersehn,
Vor den Streitmüden | die doch gelitten Not?
Mein Unglück schuf's alleine | sonst verschonte sie der Tod!

Wenn dann mein Unheil wollte | es sollte sich begeben,
So sprecht, blieb von den Gästen | einer noch am Leben?"
Da sprach Meister Hildebrand | „Das weiß Gott, niemand mehr
Als Hagen ganz alleine | und Gunther der König hehr."

„O weh, lieber Wolfhart | und hab' ich dich verloren,
So mag mich bald gereuen | daß ich je ward geboren.
Siegstab und Wolfwein | und auch Wolfbrand:
Wer soll mir denn helfen | in der Amelungen Land?

„Helferich, der kühne | und ist mir der erschlagen,
Gerbart und Wichart | wann hör' ich auf zu klagen?
Das ist aller Freuden | mir der letzte Tag.
O weh, daß vor Leide | niemand doch ersterben mag!"

NEUNUNDDREISSIGSTES ABENTEUER

WIE GUNTHER, HAGEN UND KRIEMHILD ERSCHLAGEN WURDEN

Da suchte sich Herr Dietrich | selber sein Gewand;
Ihm half, daß er sich waffnete | Meister Hildebrand.
Da klagte so gewaltig | der kraftvolle Mann,
Daß von seiner Stimme | das Haus zu schüttern begann.

Dann gewann er wieder | rechten Heldenmut.
Im Grimm ward gewaffnet | da der Degen gut.
Seinen Schild, den festen | den nahm er an die Hand:
Sie gingen bald von dannen | er und Meister Hildebrand.

Da sprach von Tronje Hagen | „Dort seh' ich zu uns gehn
Dietrich den Herren | der will uns bestehn
Nach dem großen Leide | das wir ihm angetan.
Nun soll man heute schauen | wen man den Besten nennen kann.

Und dünkt sich denn von Berne | der Degen Dieterich
Gar so starkes Leibes | und so fürchterlich,
Und will er's an uns rächen | was ihm ist geschehn,"
Also sprach da Hagen | „ich bin wohl Mann, ihn zu bestehn."

Die Rede hörte Dietrich | mit Meister Hildebrand.
Er kam, wo er die Recken | beide stehen fand
Außen vor dem Hause | gelehnt an den Saal.
Seinen Schild den guten | den setzte Dietrich zu Tal.

In leidvollen Sorgen | sprach da Dietrich:
„Wie habt ihr so geworben | Herr Gunther, wider mich,
Einen Heimatlosen? | Was tat ich euch wohl je,
Daß alles meines Trostes | ich nun verwaiset mich seh'?

Ihr fandet nicht Genüge | an der großen Not,
Als ihr uns Rüdigeren | den Recken, schluget tot:
Ihr mißgönntet sie mir alle | die mir untenan.
Wohl hätt' ich solchen Leides | euch Degen nimmer getan.

Gedenket an euch selber | und an euer Leid,
Eurer Freunde Sterben | und all die Not im Streit,
Ob es euch guten Degen | nicht beschwert den Mut.
O weh, wie so unsanft | mir der Tod Rüdgers tut!

So leid geschah auf Erden | niemanden je.
Ihr gedachtet wenig | an mein und euer Weh.
Was ich Freuden hatte | das liegt von euch erschlagen:
Wohl kann ich meine Freunde | nimmermehr genug beklagen."

„Wir sind wohl nicht so schuldig" | sprach Hagen entgegen.
„Zu diesem Hause kamen | alle eure Degen
Mit großem Fleiß gewaffnet | in einer breiten Schar.
Man hat euch wohl die Märe | nicht gesagt, wie sie war."

„Was soll ich anders glauben? | mir sagt Hildebrand:
Euch baten meine Recken | vom Amelungenland,
Daß ihr ihnen Rüdigern | gäbet aus dem Haus:
Da botet ihr Gespötte nur | den kühnen Helden heraus."

Da sprach der Vogt vom Rheine | „Sie wollten Rüdgern tragen,
Sagten sie, von hinnen | das ließ ich versagen
Etzeln zum Trotze | nicht aber deinem Heer,
Bis darob zu schelten | Wolfhart begann, der Degen hehr."

Da sprach der Held von Berne | „Es sollte nun so sein.
Gunther, edler König | bei aller Tugend dein
Ersetze mir das Herzeleid | das mir von dir geschehn;
Versühn' es, kühner Ritter | so daß ich's mög' dir zugestehn.

Ergib dich mir zum Geisel | mit Hagen, deinem Mann:
So will ich verhüten | so gut ich immer kann,
Daß euch bei den Heunen | jemand Leides tut.
Ihr sollt an mir erfahren | daß ich getreu bin und gut."

„Das verhüte Gott vom Himmel!" | sprach Hagen entgegen,
„Daß sich dir ergeben | sollten zwei Degen,
Die noch in voller Wehre | gewaffnet vor dir stehn
Und noch so frei und ledig | vor ihren Widersachern gehn."

„Ihr solltet's nicht verweigern" | so sprach Dietrich,
„Gunther und Hagen | ihr habt so bitterlich
Beide mir bekümmert | das Herz und auch den Mut,
Wollt ihr mir das vergüten | daß ihr es billiglich tut.

Ich geb' euch meine Treue | und reich' euch drauf die Hand,
Daß ich mit euch reite | heim in euer Land.
Ich geleit' euch wohl nach Ehren | ich stürbe denn den Tod,
Und will um euch vergessen | all meiner schmerzhaften Not."

„Begehrt es nicht weiter" | sprach wieder Hagen:
„Wie ziemt es, wenn die Märe | war' von uns zu sagen,
Daß zwei so kühne Degen | sich ergäben eurer Hand?
Sieht man bei euch doch niemand | als alleine Hildebrand."

Da sprach Meister Hildebrand | „Gott weiß, Herr Hagen,
Den Frieden, den Herr Dietrich | euch hat angetragen,
Es kommt noch an die Stunde | ihr möchtet gern ihn nehmen.
Der Sühne meines Herren | könnt ihr mit Fug euch bequemen."

Auch nahm' ich eh' die Sühne" | sprach Hagen entgegen,
„Eh' ich mit Schimpf und Schande | aus dem Saal vor den Degen
Flöhe, Meister Hildebrand | wie ihr hier habt getan:
Ich wähnt' auf meine Treue | ihr stündet besser euren Mann."

Drauf antwortet' Hildebrand | „Was verweiset ihr mir das?
Nun wer war's, der auf dem Schilde | vor dem Wasgensteine saß,
Als ihm von Spanien Walther | so viel der Freunde schlug?
Wohl habt ihr an euch selber | noch zu rügen genug."

Da sprach der edle Dietrich | „Wie ziemt solchen Degen,
Sich mit Worten schelten | wie alte Weiber pflegen?
Ich verbiet' es, Meister Hildebrand | sprecht hier nicht mehr.
Mich heimatlosen Recken | zwingt so große Beschwer.

Laßt hören, Recke Hagen" | sprach da Dieterich,
„Was spracht ihr zusammen | ihr Degen tugendlich,
Als ihr mich gewaffnet | sähet zu euch gehn?
Ihr sagtet, ihr alleine | wolltet mich im Streit bestehn."

„Das wird euch niemand leugnen" | sprach Hagen entgegen,
„Wohl will ich's hier versuchen | mit kräftigen Schlägen,
Es sei denn, mir zerbreche | das Nibelungenschwert:
Mich entrüstet, daß zu Geiseln | unser beider ward begehrt."

Als Dietrich erhörte | Hagens grimmen Mut,
Den Schild behende zuckte | der schnelle Degen gut.
Wie rasch ihm von der Stiege | entgegen Hagen sprang!
Niblungs Schwert, das gute | auf Dietrichen laut erklang.

Da wußte wohl Herr Dietrich | daß der kühne Mann
Grimmen Mutes fechte | zu schirmen sich begann
Der edle Vogt von Berne | vor ängstlichen Schlägen.
Wohl erkannt' er Hagen | diesen auserwählten Degen.

Auch scheut' er Balmungen | eine Waffe stark genug.
Nur unterweilen Dietrich | mit Kunst entgegenschlug,
Bis daß er im Streite | Hagen doch bezwang.
Er schlug ihm eine Wunde | die gar tief war und lang.

Der edle Dietrich dachte | „Dich schwächte lange Not;
Mir brächt' es wenig Ehre | gäb' ich dir den Tod.
So will ich nur versuchen | ob ich dich zwingen kann,
Als Geisel mir zu folgen" | Das ward mit Sorgen getan.

Den Schild ließ er fallen | seine Stärke, die war groß;
Hagnen von Tronje | mit den Armen er umschloß.
So ward von ihm bezwungen | dieser kühne Mann.
Gunther, der edle | darob zu trauern begann.

Hagen band da Dietrich | und führt' ihn, wo er fand
Kriemhild, die edle | und gab in ihre Hand
Den allerkühnsten Recken | der je Gewaffen trug.
Nach ihrem großen Leide | ward sie da fröhlich genug.

Da neigte sich dem Degen | vor Freuden Etzels Weib:
„Nun sei dir immer selig | das Herz und auch der Leib!
Da hast mich wohl entschädigt | aller meiner Not:
Ich will dir's immer danken | es verwehr' es denn der Tod."

Da sprach der edle Dietrich | „Nun laßt ihn am Leben,
Edle Königstochter | ob es sich mag begeben,
Gar wohl er euch vergütet | das Leid, das er euch tat:
Er soll es nicht entgelten | daß ihr ihn gebunden saht."

Da ließ sie Hagnen führen | in ein Haftgemach,
Wo niemand ihn erschaute | und er verschlossen lag.
Gunther, der edle | hub da zu rufen an:
„Wo blieb der Held von Berne? | Er hat mir Leides getan."

Da ging ihm hin entgegen | von Bern Herr Dieterich.
Gunthers Kräfte waren | stark und ritterlich;
Da säumt' er sich nicht länger | er rannte vor den Saal.
Von ihrer beider Schwerter | erhob sich mächtiger Schall.

So großen Ruhm erstritten | Dietrich seit alter Zeit,
In seinem Zorne tobte | Gunther so sehr im Streit:
Er war nach seinem Leide | von Herzen feind dem Mann.
Ein Wunder mußt' es heißen | daß da Herr Dietrich entrann.

Sie waren alle beide | so stark und mutesvoll,
Daß von ihren Schlägen | Pallas und Turm erscholl,
So hieben sie mit Schwertern | auf die Helme gut.
Da zeigte König Gunther | einen herrlichen Mut.

Doch zwang ihn der von Berne | wie Hagnen war geschehn.
Man mochte durch den Panzer | das Blut ihm fließen sehn
Von einem scharfen Schwerte | das trug Herr Dieterich.
Doch hatte sich Herr Gunther | gewehrt, der müde, ritterlich.

Der König ward gebunden | von Dietrichens Hand,
Wie nimmer Könige sollten | leiden solch ein Band.
Er dachte, ließ' er ledig | Gunthern und seinen Mann,
Wem sie begegnen möchten | die müßten all' den Tod empfahn.

Dietrich von Berne | nahm ihn bei der Hand,
Er führt' ihn hin gebunden | wo er Kriemhilden fand.
Der Fraun mit seinem Leide | des Kummers viel verschwand.
Sie sprach: „Willkommen, Gunther | aus der Burgunden Land!"

Er sprach: „Ich müßt' euch danken | viel edle Schwester mein,
Wenn euer Gruß in Gnaden | geschehen könnte sein.
Ich weiß euch aber, Königin | so zornig von Mut,
Daß ihr mir und Hagen | solchen Gruß im Spotte tut."

Da sprach der Held von Berne | „Königstochter hehr,
So gute Helden sah man | als Geisel nimmermehr
Als ich, edle Königin | bracht' in eure Hut.
Nun komme meine Freundschaft | den Heimatlosen zugut."

Sie sprach, sie tat' es gerne | Da ging Herr Dieterich
Mit weinenden Augen | von den Helden tugendlich.
Da rächte sich entsetzlich | König Etzels Weib:
Den auserwählten Recken | nahm sie Leben und Leib.

Sie ließ sie gesondert | in Gefängnis legen,
Daß sich nie im Leben | wiedersahn die Degen.
Bis sie ihres Bruders Haupt | hin vor Hagen trug.
Kriemhildens Rache | ward an beiden grimm genug.

Hin ging die Königstochter | wo sie Hagen sah;
Wie feindselig sprach sie | zu dem Recken da:
„Wollt ihr mir wiedergeben | was ihr mir habt genommen,
So mögt ihr wohl noch lebend | heim zu den Burgunden kommen."

Da sprach der grimme Hagen | „Die Red' ist gar verloren,
Viel edle Königstochter | Den Eid hab' ich geschworen,
Daß ich den Hort nicht zeige | solange noch am Leben
Blieb einer meiner Herren | so darf ich ihn niemand geben."

„Ich bring' es zu Ende" | sprach das edle Weib.
Dem Bruder ließ sie nehmen | Leben da und Leib.
Man schlug das Haupt ihm nieder | bei den Haaren sie es trug
Vor den Held von Tronje | da gewann er Leids genug.

Als der Unmutvolle | seines Herren Haupt ersah,
Wider Kriemhilden | sprach der Recke da:
„Du hast's nach deinem Willen | zu Ende nun gebracht;
Es ist auch so ergangen | wie ich mir hatte gedacht.

Nun ist von Burgunden | der edle König tot,
Geiselher der junge | dazu Herr Gernot.
Den Hort weiß nun niemand | als Gott und ich allein:
Der soll dir Teufelsweibe | immer wohl verhohlen sein."

Sie sprach: „So habt ihr üble | Vergeltung mir gewährt;
So will ich doch behalten | Siegfriedens Schwert.
Das trug mein holder Friedel | als ich zuletzt ihn sah,
An dem mir Herzensjammer | von euern Schulden geschah."

Sie zog es aus der Scheide | er könnt' es nicht wehren.
Da dachte sie dem Recken | das Leben zu versehren.
Sie schwang es mit den Händen | das Haupt schlug sie ihm ab.
Das sah der König Etzel | dem es großen Kummer gab.

„Weh!" rief der König | „wie ist hier gefällt"
Von eines Weibes Händen | der allerbeste Held,
Der je im Kampf gefochten | und seinen Schildrand trug!
So feind ich ihm gewesen bin | mir ist leid um ihn genug."

Da sprach der alte Hildebrand | „Es kommt ihr nicht zugut,
Daß sie ihn schlagen durfte | Was man halt mir tut,
Ob er mich selber brachte | in Angst und große Not,
Jedennoch will ich rächen | dieses kühnen Tronjers Tod."

Hildebrand im Zorne | zu Kriemhilden sprang:
Er schlug der Königstochter | einen schweren Schwertesschwang.
Wohl mußt' sie erfahren | von Hildebranden Pein;
Was könnt' ihr da helfen | ihr verzweifeltes Schrein?

Die da sterben sollten | die lagen all' umher:
Zu Stücken lag verhauen | die Königin hehr.
Dietrich und Etzel | huben zu weinen an
Und inniglich zu klagen | mancher Freund und manchen Mann.

Da war der Helden Herrlichkeit | hingelegt im Tod:
Die Leute hatten alle | Jammer und Not.
Mit Leide war beendet | des Königs Lustbarkeit,
Wie immer Leid die Freude | am letzten Ende verleiht.

Ich kann euch nicht bescheiden | was seither geschah.
Als daß man Fraun und Ritter | immer weinen sah,
Dazu die edeln Knechte | um lieber Freunde Tod.
Hier hat die Mär' ein Ende | das ist die Nibelungennot.

PETERSBERG
ist ein Imprint der

HEEL Verlag GmbH
Gut Pottscheidt
53639 Königswinter
Tel.: 02223 9230-0
Fax: 02223 9230-13
info@petersberg-verlag.de
www.petersberg-verlag.de

© 2022 HEEL Verlag GmbH
Petersberg Verlag ist ein Imprint der HEEL Verlag GmbH
Bearbeitete Neuauflage

Übertragen aus dem Mittelhochdeutschen von Karl Simrock
Bearbeitet von Prof. Dr. Andreas Heusler
Zeichnungen und Buchschmuck von Joseph Sattler
Umschlaggestaltung und Satz: Axel Mertens, HEEL Verlag GmbH

Alle Rechte, auch die des Nachdrucks, der Wiedergabe in jeder Form und der Übersetzung in andere Sprachen, behält sich der Herausgeber vor. Es ist ohne schriftliche Genehmigung des Verlags nicht erlaubt, das Buch und Teile daraus auf fotomechanischem Weg zu vervielfältigen oder unter Verwendung elektronischer bzw. mechanischer Systeme zu speichern, systematisch auszuwerten oder zu verbreiten. Ebenso untersagt ist die Erfassung und Nutzung auf Netzwerken, inklusive Internet, oder die Verbreitung des Werkes auf Portalen wie Google Books.

– Alle Rechte vorbehalten –

Printed in Czech Republic

ISBN 978-3-7553-0013-7